한울 김준원 큰스승님 법문집(제4권)
한울, 세상을 열다

한울, 세상을 열다(제4권)

초판1쇄 · 2018년 7월 14일
지은이 · 김상국
편 집 · 더레이아웃
펴낸곳 · 여의 출판사
주소 · 서울시 서초구 서초동 1658-17 우정빌딩 3층
전화 · (02)588-7456
전자우편 · kj06101205@naver.com
카페 · 네이버에서 "여의명상센터"를 검색하세요
값 20,000원
ISBN 978-89-960242-8-6

파본은 구입하신 서점에서 교환해드립니다.
이 책은 저작권법에 의하여 보호를 받는 저작물이므로 무단 전제와 복제를 금합니다.
이법문집은 큰스승님의 제자들이 채록한 한울문의 자료에서 발췌, 편집한 것입니다

한울, 세상을 열다

한울 김준원 큰스승님 법문집(제4권)

觀無見 김상국 엮음

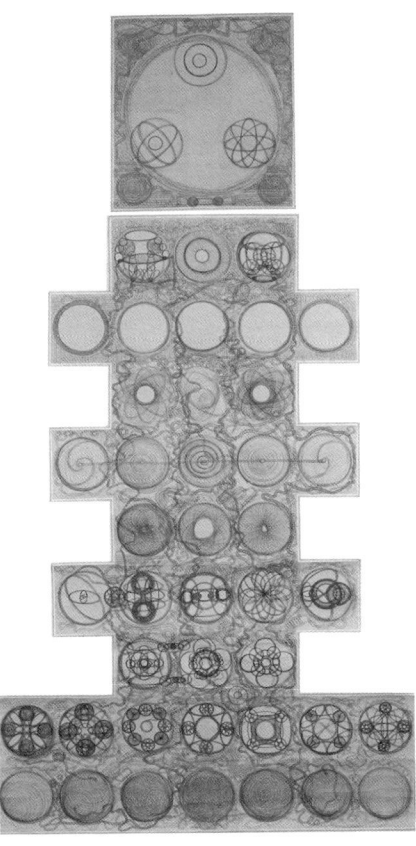

여의

한울 김준원 큰스승님 법문집(제4권)
한울, 세상을 열다

이 책은 觀無見 김상국 법사가 '한울 김준원 큰스승님'의 법문을 정리하여 엮은 책입니다. 이 책을 한울 김준원 큰스승님과 '참'을 찾는 모든 분들께 바칩니다.

한울사상 창시자 '한울 김준원 큰스승님'
한울사상 창시자 '한울 김준원 큰스승님 (1944~2004)'께서는 기존의 사상과 철학과 종교의 틀을 뛰어넘는 절대 척도인 『한울사상』을 창시하여 제자를 지도하고, 새로운 도리로 세상을 설계하고 다스리는 인류 초유(初有)의 『세상제도』를 주도하셨으며, 여러 분야의 다양한 계몽활동과 봉사활동과 문화교류활동을 전개하셨다.

표지와 각 장에 넣은 회로 설명

- 표지는 한울 큰스승님께서 직접 제도하신 것입니다.
제도란 우주의 근본 소(素)의 운동을 나타내는 회로를 특정한 목적을 위하여 우주도리에 맞게 조합하여 설계화한 것으로, 氣의 집적도(集積圖)이며, 영적 설계도로서 모든 조직화의 바탕이며, 모든 정보의 결집체입니다.

- 각 장에 넣은 회로는 우주의 근원이요 본질이며 실체인 ○의 자성(自性) 운동을 그림 형식으로 그려낸 기본 회로들 입니다.

회로의 진행 과정

| 서문 |

"왜 하늘을 가리려 합니까?
내 마음이 하늘과 통하면 하늘도 내 뜻을 따라줍니다."

1985년 9월 21일, 양산 통도사 주변에서 점심식사를 하고 나온 나는 큰스승님께 우산을 받쳐드렸다. 그 순간 한울 큰스승님께서는 "우산을 접으세요. 왜 하늘을 가리려 합니까? 내 마음이 하늘과 통하면 하늘도 내 뜻을 따라줍니다."

우산을 접은 나에게 의문이 구름처럼 밀려왔다. '아니, 비가 오면 우산을 쓰는 건 당연한데 이게 무슨 말씀이지? 그리고 우산 쓰는 걸 가지고 하늘을 가린다? 게다가 하늘과 통하면 하늘도 당신의 마음을 따라 준다고?' 나는 대체 무슨 말씀을 하시는 지 알아들을 수가 없었.

그런 나를 보고 빙긋 웃으신 큰스승님께서는 잠시 동작을 하시며 氣운영을 하셨다. 물론 당시에는 그게 氣운영인지도 몰랐다. 그런데 이게 무슨 조화란 말인가? 쏟아지던 비가 이내 멈추는 것이 아닌가! 나는 넋 나간 표정으로 큰스승님을 바라보았다.

그 순간 내 마음속에서는 엄청난 격동이 일었다. '이게 대체 어찌 된 일인가? 이게 어떻게 가능한 일인가? 어떻게 이런 일이 일어날 수

있단 말인가?'

큰스승님께서는 내 마음을 알아차리신 듯 빙긋 웃으시며 입을 여셨다.

"사람들은 만물이 각각 독립된 개체로 존재한다고 생각하지만 사실은 모두 이어져 있습니다. 따라서 상대와 진실로 통하면 조종이 가능해 집니다. 그건 사람이든 미물이든 자연이든 모두 마찬가지입니다."

"……!……"

대구로 돌아가시는 큰스승님을 배웅해 드리고 돌아오는 길에 깊은 생각에 잠겼다. 우선 오는 비를 멈추게 했다는 사실도 놀라웠지만, 그보다 더 크게 내 마음을 울린 것은 사물을 바라보는 남다른 시각과 스스로의 뜻을 구현해내는 실행 능력이었다. 비가 오면 피하거나 우산을 쓰는 것은 너무나 당연한 일이며, 나는 그때까지 그에 대해 의문을 가져 본 적이 없었다. 그런데 큰스승님께서는 대부분의 사람들이 별 의문 없이 순종하고 따르는 관습에 문제를 제기하셨던 것이다. 그리고 사물에 대한 깊은 이해와 통찰로 그것을 극복하고 다스리는 법을 일깨워 주신 것이었다. 이것이야말로 '말'과 '씀'이 하나가 되는 진정한 '말씀'이 아닌가! 그날의 그 가슴 벅찬 감동이 오늘의 나를 있게 한 원동력이 되었다.

그날 이후, 나는 정말 행복하게도 큰스승님을 스승으로 모시고 수행에 전념했다. 20여 년 간의 수행은 그 무엇으로도 바꿀 수 없는 은

혜와 감사 그 자체였다. 나는 영혼의 해방자를 만났고, 대 자유인을 만났으며, 무상한 깨달음의 표상을 만났고, 한울을 만났고, 우주를 만났다. 우주근원과 본질에서부터 우주만물에 이르는 '장대한 스케일'과 동서고금(東西古今)에 통하지 않는 바 없는 '지고무상(至高無上)한 지혜'와 '말'과 '씀'이 하나 되어 '자유자재하는 실행력'을 바탕으로 하는 가르침은 들어가면 갈수록 경이로움을 금할 수가 없었다.

큰스승님께서 모좌에 드신 지도 어언 12년이 흘렀다. 그간 나는 큰스승님의 그 귀한 말씀들을 마음속에 담아두고 곱씹고 있었다. 하지만 이제 더 이상 마음에만 간직할 수 없어 여러모로 부족하나마 용기를 내어 법문집으로 엮기로 했다.

1990년도부터 2004년도까지 기록으로 남아있는 큰스승님의 법문은 천여 편에 달하는데, 이 책(4권)은 2001년도 법문 중에서 발췌한 법문들을 정리해서 엮었다.

5권은 2002년도 법문부터 2004년도 법문을 정리해서 마무리 할 계획이다.

 법문 정리는 다음과 같은 기준으로 했다.
  첫째, 구어체를 문어체로, 사투리는 표준어로 바꾸었으며,
  둘째, 우주의 근본 도리를 설명하기 위한 부호는 그대로 두고 설명을 더했고,
  셋째, 보충설명이 필요한 부분은 주(註)를 달았다.

이 법문집은 큰스승님의 제자들이 채록한 한울문의 자료에서 발췌, 편집한 것이다.

여기에는 한울 큰스승님의 가르침을 따르는 한울문 법사들을 비롯한 한울인 한 분, 한 분의 열망이 오롯이 담겨 있다. 법문 채록을 위해 애써준 김석 채록팀장을 비롯한 30여 분의 한울인께 특별히 감사드리며, 결집을 위해 열과 성을 다해준 의제 김경희께도 진심으로 감사드린다. 아울러 법문집 출간을 위해 함께 해준 도문 고종일, 도정 김경욱, 도봉 조주연, 도제 곽현석, 심정은, 송은영, 정현옥, 장지원, 김애경, 고경덕, 한순상, 사공준, 그리고 나의 딸 지혜 등 여러분께 감사드리며, 특히 정성을 다해 편집해 주신 더레이아웃 대표 이정인님께 진심으로 감사드린다.

애쓴 분들의 소중한 마음은 이 책을 통해 '참'을 찾는 분들의 마음속에서 진리의 싹으로 돋아날 것이라 확신한다.

이 책을 통해 독자 여러분의 마음이 열리고, 하늘이 열리고, 우주가 열리고, 아름다운 미래가 열리기를 진심으로 소망한다.

觀無見 김상국

차례

서문

1. 경이로운 회로의 세계 　　　　　　　　　13

2. 깨달음은 착각으로부터 깨어나는 것 　　39

3. 올바른 지도자가 되려면 　　　　　　　65

4. 보이지 않는 그물 '생명장' 　　　　　　95

5. 진정한 만남을 위하여 　　　　　　　129

6. 영적 진화를 위한 선택 　　　　　　　167

7. 공부를 시도하려는 이에게 　　　　　193

8. 영적 탄생을 공부하다 　　　　　　　221

9. 우주본질인 ○의 도리 　　　　　　　271

(부록 1) 한울 김준원 큰스승님의 어록 '제3인류를 준비하며' 　　291

(부록 2) 한울 김준원 큰스승님의 '한울인' 　　305

1

경이로운
회로의 세계

나는 내 의지와 상관없이 돌아가는 내 의지와 전혀 다른 것을 하나 발견한 것입니다.
나는 그것이 콜럼버스가 미 대륙을 발견한 것보다 더 큰 것이라고 생각했습니다.

....
일 시 : 2001년 12월 22일
장 소 : 용인시 한울인연수원

    이제 여러분은 '21일 과정'을 마치고 '49일 과정'에 들어가면서 회로공부를 하게 되는데, 여러분은 회로가 얼마나 대단한 것인지 잘 모를 것입니다. 요즘은 회로공부를 시작하자마자 바로 회로가 나오지만 나는 처음에 볼펜이 조금 움직일 때까지 꼬박 1주일 걸렸습니다. 지금부터 나에게서 회로가 나온 과정을 얘기해 드리겠습니다.

    나는 아주 일찍부터 사업을 했습니다. 아버지가 대구에서 섬유제직사업을 하셨는데, 대학 때부터 거기에서 나오는 원단을 동대문시장에 팔면서 사업에 몸담게 되었습니다. 나는 2대 독자인 데다가 시력이 많이 안 좋아서 병역이 면제되어 동기들보다 비교적 일찍 사업을 시작했고, 동기들이 대학을 졸업하고 군에 갔다 오는 동안 사업을 계속했기 때문에 그들보다 사업 기반이 많이 앞서 있었습니다. 그래서 내가 동기들에게 차관(借款)을 받게 해주기도 하고, 상공부(商工部)에 연결도 해주었습니다. 당시 재계에서는 앞으로 경제계를 누가 끌고 갈 것인지 2세(二世)들을 지켜보고 있을 때였는데, 나는 상당히 많은 사람들에게 주목을 받고 있을 정도였습니다. 그렇게 왕성하게 사업을 하다가 서른네 살 때 사업이 부도가 났습니다. 당시 내가 끌어주던 사람들은 다 성공했는데 나는 부도가 나서 쫓기는 신세가 되었습니다. 그래서 곰곰이 생각해 보았습니다. '내가 왜 사업에 실패하게 되었지?' 내가 친구들보다 머리가 나쁜지, 성실하지 않았는지, 무엇이 부족했는지 조목조목 따져가면서 생각해 보았지만, 친구들 보다 모자란 것이 없다는 생각이 들었습니다. 그런데 친구들은 사업에서 성공을 하고 나는 성공을 못한 것입니다.

그 순간 문득 한 생각이 떠올랐습니다. 그즈음 나는 누군가의 소개로 한분을 만났는데, 그분은 나에게 '**자동동작**'[1]과 '**회로**'[2]에 대해 얘기해 주었습니다. 자신의 의지를 넘어서 작용하는 어떤 기운이 있어서 스스로 움직이게 한다고 했습니다. 그래서 강한 호기심에 따라해 보았지만 나는 회로는 물론 자동동작도 되지 않았습니다. 인간의 의지를 넘어서 작용하는 기운이 있다는 사실이 내게 큰 충격으로 다가왔지만, 당시는 사업이 부도나기 직전이라 거기에 계속 정신을 쏟을 여가가 없었습니다. 그래서 잠시 잊고 있었는데 그때 그것이 떠올랐습니다. 나는 간절한 마음에 자동동작을 통해 이 문제를 풀어보기로 했습니다.

'그래! 내가 사업을 하는데 분명히 내 지식과 노력과 의지를 넘어선 무엇인가가 있어서 나를 움직인 것임이 틀림없다. 내가 생각하고 노

---

1. 자동동작 : 우주 실체인 ○의 작용력인 氣의 운동을 몸으로 표현하는 것
2. 회로 : 우주 실체인 ○의 자성운동을 그림 형식으로 표현한 것

력하는 그 이상의 무엇이 있다면, 인간의 힘으로 어찌할 수 없는 그 이상의 무엇이 있다면 내가 움직이지 않으려고 해도 나를 움직일 것이다. 만약에 그런 것이 있다면 지금부터 나를 움직여봐라!' 하고 눌러앉았습니다. '나는 안 움직이겠다. 이 우주에 내 생각을 넘어서는 무엇인가가 있다면 나를 한번 움직여 봐라.' 하고 자리를 잡고 앉았습니다. 내가 조금만 움직여도 움직인 표가 나야 한다고 생각해서 종이 위에 볼펜을 들고 앉았습니다. 밥 먹고 화장실 가는 시간 외에는 꼼짝도 하지 않고 그대로 앉아있었습니다.

그렇게 1주일이 되었을 때 놀랍게도 종이 위에 4~5㎝ 정도 선(線)이 그어지는 것이 느껴졌습니다. 분명히 내가 그으려고 했던 게 아니었는데 선이 그어진 것입니다. 내 의지가 아닌 무엇인가가 나를 움직인 것입니다. 그 순간 나는 너무너무 놀라고 감동했습니다. 선이 그만큼 그어진 것을 보고 '이게 도대체 무엇인가? 나는 분명히 그으려고 하지 않았는데 무엇이 있어서 이렇게 그렸단 말인가?' 하고 너무나 놀라서 감동하고 있는데, 그것이 계속해서 나아가는 것입니다. 나아간다는 것은 어떤 힘을 계속해서 받고 있다는 것입니다. 놀라워하면서도 계속 흐름을 따라가는데, 볼펜이 종이 끝에 이르니까 홱 돌아가는 것입니다. 나는 또다시 놀랐습니다. 그냥 어떤 힘만 받았으면 그대로 쭉 흘러가 버릴 텐데, 가다가 종이 끝까지 가니까 돌아오는 것입니다. 그것은 의지가 있다는 것입니다. 그려나가고 있는 나는 '여기가 끝이구나.'라고 생각하는데, 내 생각 이상의 어떤 의지가 있어서 방향을 바꾼 것입니다. '이게 어디로 가지?' 하고 기다리고 있는데, 마치 뱀이 기어가는 것처럼 꾸불꾸불 움직였습니다. '아, 이 텅 빈 공간에 우리가 모르는 길이 있구나.' 나는 텅 빈 공간에서 길을 찾아낸 것입니다. 그냥 텅 빈 공간이라고 생각했는데 거기에 길이 있었던 것입니다. 어디에서는 밀고, 어디에서는 당기고 있는 것입니다. 그러면서 공간이 가득 차 있는 느낌이 들었습니다. 그렇게 꾸불꾸불 움직이다가 어느 순간 회전하기 시작했습니다. 그 순간에 '반 고흐'의 그림이 생각났습니다. 반 고흐의 그림 중에 '별이 빛나는 밤'을 보면 온 천지가 태풍처럼 회오리치고 있는 것을 볼 수 있습니다. 그의 눈에는 온 세상이 그렇게 회전하는 것으로 보인 것입니다. 그는 측백나무도 가만히 있는 것이 아니라 요동치고 있는 모습으로 그렸습니다.

반 고흐 作 '별이 빛나는 밤'

나는 볼펜이 종이 위에서 돌아가는 순간 얼마나 놀랐는지 모릅니다. 여러분은 지금 회로를 하면서 얼마나 놀라고 감동하는지 모르겠습니다.

돈다는 것은 정말 놀라운 일입니다. 돈다는 것은 중심이 있다는 것입니다. 중심에서 밀고 당기는 힘이 균형을 이루어야 돌 수 있습니다. 돈다는 것은 중심으로 당기는 구심력과 밖으로 나가려는 원심력이 균형을 이루고 있다는 것을 의미합니다. 공간에 길이 있다고 생각하다가 거기에 중심이 있다는 것을 발견하는 순간 더 놀랐습니다. 내가 존재하기 위해서는 나의 중심이 있어야 합니다. 그래야 의지를 갖고 움직이면서 살아갈 수 있습니다. 그렇게 한참을 돌다가 이번에는 타원으로 돌아가는 것이었습니다. 타원운동이 일어나려면 중심이 두 개가 되어야 합니다. 처음에 하나의 중심에서 시작했는데 이제 중심이 둘로 나누어진 것입니다. 이것만으로도 그날은 너무나 감동해서 가슴이 벅차 숨쉬기가 힘들었습니다. 가슴이 걷잡을 수 없이 쿵쾅거렸습니다. '이게 도대체 뭐지? 내가 이것을 다 풀어내면 노벨상을 받는 것은 문제도 아닐 것이다.'라고 생각했습니다. 지금은 그렇게 생각하지 않지만, 당시에는 노벨상을 대단한 것으로 생각했을 때였습니다. 그렇게 계속 돌리고 있으니까 신이 났습니다. 나는 내 의지와 상관없이 돌아가는, 내 의지와 전혀 다른 것을 하나 발견한 것입니다. 나는 그것이 콜럼버스가 미 대륙을 발견한 것보다 더 큰 것으로 생각했습니다. 신이 나서 그렇게 돌리고 있는데 크게 돌던 동그라미가 갑자기 작아졌습니다. '아, 이상하다. 왜 작아지지?' 하면서 일부러 크게 그리려고 하니까 잘 안 돌아갔습니다. 그래서 다시 본래의 흐름을 따라 그리니 아주 자연스럽게 잘 돌아갔습니다. 길이 아닌 것을 내 생각대로 하려니 저항에 걸려서 잘 안 돌아가다가 길을 따르니 저항에 안 걸리고 순하게 잘 그려지는 것이었습니다. 그때 장자(莊子)에 나오는 이야기가 생각났습니다. 장자의 이야기 중에 푸줏간에서 19년 동안 칼을 한 번도 갈지 않고 쓴 사람이 있었답니다. 누가 그에게 "당신은 어떻게 19년 동안 한 번도 칼을 갈지 않고 쓸 수 있습니까?" 하고 물으니 "뼈와 뼈 사이에 길이 있고, 살과 살 사이에 길이 있는데, 그 길만 따라가니까 칼날이 상할 리가 없습니다."라고 했답니다. '아, 우리가 살아가는데도 이 틈(길)을 따라 움직이면 상하지 않겠구나.'라는 생각이 들었습니다. 우리가 크고 작은 저항을 계속 받으니까 상하는 것입니다. 살아가면서 상하는 것은 무엇인가에 자꾸 부딪히기 때문입니다. 부딪힘이 피로가 되고 스트레스가 되고 상하게 하는 요인이 되는 것입니다. '옛 도인들이 장수하는 것도 이런 원칙인가 보다.'라는 생각을 했습니다.

그렇게 작게 돌다가 밑으로 내려가더니 거기에서도 돌아갔습니다. 그래서 거기에 종이를 덧대고 계속 그려나갔습니다. 그려나가면서도 너무너무 신기했습니다. 제일 처음에 '움직인다. 아! 어떤 힘이 있구나.' '되돌아간다. 아! 의지가 있구나.' '빙글빙글 돈다. 아! 중심이 있구나.' '타원으로 바뀌었다. 아! 중심이 두 개로 나뉘었구나.' '작아지면서 연결된다. 아! 무언가를 조직하는 능력이 있구나.' 여기까지의 과정이 불과 한 시간 안에 일어났는데, 그 감동은 무엇이라고 표현할 수 없을 정도로 굉장했습니다.

'다음에는 어떻게 되지?' 하고 계속했더니 뭔가가 계속 그려졌습니다. 뭔가 복잡하게 많이 그려졌습니다. 그게 뭔지 모르고 계속 그리는데 갑자기 형광등 불이 나가서 깜깜해졌습니다. 어두워서 계속할 수가 없어서 '이걸 계속하려면 어떻게 해야 하지?' 하다가 부엌에 들어가서 백열등을 켜보았더니 그나마 백열등은 빨갛게 불이 들어왔습니다. 그래서 부엌에서 계속 그려나갔습니다. 그렇게 해서 여러 장을 그렸습니다. 그러다가 어느 순간 더 이상 그려지지 않았습니다. 그 순간에 불이 환하게 밝아지는 것이었습니다. 그 원리를 나중에야 알았습니다. 우리가 氣를 강렬하게 운영할 때나 氣가 갑자기 한곳으로 모일 때 그 주변의 전압(電壓)이 뚝 떨어지는 현상이 일어납니다. 그리고 힘 있는 영들이 움직일 때 온도가 3~4℃ 떨어지는 현상이 나타나기도 합니다.

설레는 마음으로 그린 것을 가지고 방에 들어와서 형광등을 켜니까 나갔던 불이 다시 들어왔습니다. 전압이 정상이 된 것입니다. 그린 것을 쭉 펴놓고 동그라미 수를 세어보니까 32개였습니다. '왜 32개에서 끝났지?' 하고 생각해봐도 알 수가 없었습니다. 그래서 '어떤 힘이 내 손을 움직여 저절로 그리도록 했으니 다시 그 힘이 내 손을 움직여서 이것이 뭔지 가르쳐주면 알 수 있을 것이다.'라는 생각이 들었습니다. 그래서 '내가 그린 이것이 무엇인지 가르쳐 달라.'라고 생각하면서 기다렸습니다. 그때만 해도 이것이 무엇인지, 어디서 비롯되어 어떻게 움직이는지 전혀 모르는 상태였습니다. 그렇게 가르쳐달라며 기다리고 있는데 손이 움직여지더니 등 뒤에 가서 딱 멈추어졌습니다. 그 순간 '아! 척추(脊椎)구나.'라는 생각이 번개처럼 스쳤습니다. 내가 한때 무술 도장을 했었습니다. 그때 도장 벽에 걸어놓았던 인체해부도(人體解剖圖)가 있었는데, 그것을 찾아서 척추의 개수를 세어보니까 32개였습니다. 이건 또 얼마나 놀랍습니까? 나도 모르는 것을 나를 움직인 무엇인가는 이미 다 알고 있는 것입니다. 우리 몸의 **척추**[1]는 경추, 흉추, 요추, 천추, 미추가 하나로 연결되어 있는데 다 합하면 32개입니다. 그런데 내가 그려놓은 것이 꼭 32개였던 것입니다. 나는 너무너무 놀랐습니다. 내가 자동적으로 나오는 동작에 따라 그렸는데, 거기에 일정한 법칙이 있다는 것을 알게 된 것입니다. 자동동작에도 법칙이 있고, 회로로 설계되는 데도 법칙이 있다는 것을 알게 된 것입니다. 나는 시간 가는 줄 모르고 거기에 몰두했습니다.

내가 그렇게 새로운 세계를 만나고 있을 때, 내 사업은 부도(不渡)가 나서 공장과 집에 압류가 들어오고 경매에 넘어가는 등 말이 아니었습니다. 그런데도 내가 골방에 들어앉아서 그러고 있으니까 어머니와 아내가 찾아왔습니다. 와서 보니 기가 막힌 것입니다. 그래도 많은 사람의 기대를 한 몸에 받고 있던 사람이 이상한 걸 그려놓고 신기하다고 앉아있으니 그 심정이 어떠했겠습니까. 부도가 나서 정신이 돌아버린 줄 알고 걱정이 태산 같았을 것입니다. 내가 지금 대단한 것을

---

1. 척추 (엮은이 註) : 우리 몸의 척추는 경추 7개, 흉추 12개, 요추 5개, 천추 5개이며, 미추를 3개에서 5개로 보고 있다.

발견했다고 말하니 더 기가 막혀 하는 것입니다. 내가 대단하다고 할수록 더 걱정이 큰 것입니다.

"이게 도대체 뭐냐? 제발 이런 거 하지 말아라. 그게 뭔지 모르겠지만 제발 하지 말아라."라고 애원하는데도 내가 "지금 이 나라를 나한테 다 줘서 네 맘대로 하라고 해도 나는 그것을 하지 않고 이걸 하겠습니다."라고 하니까 기가 막혀서 아무 말을 못 하는 것이었습니다.

한숨을 푹푹 쉬던 어머니가 "이거 당장 그만두지 않으면 나가서 차에 치여 죽어버리겠다."라고 험한 말씀을 하셨습니다. 그래서 "어머니, 제게 두 달만 여유를 주십시오. 두 달만 여유를 주면 이게 뭔지를 내가 증명해 보이겠습니다."라고 했더니 그 약속을 믿고 대구로 내려가셨습니다.

당시 내 공장이 부천에 있었고, 공장 안에 내 집이 있었습니다. 내가 집에서도 그러고 있으니까 아내가 "도대체 그게 뭔데 그러고 있는 거예요? 언제까지 그러고 있을 거예요?"라고 언짢은 표정으로 말했습니다. 그래서 "내가 지금 세상에 없는 것을 발견했는데, 이게 뭔지 확인할 때까지 시간을 좀 줘요." 하면서 달랬습니다.

그런데, 어느 날부터 공장이고 집이고 벌레들이 들끓었습니다. 원래 망하려 하면 집에 벌레들이 많이 낍니다. 그때 공장 뒤에 버드나무를 많이 심었는데 그 나무에 꼭 송충이처럼 생긴 유충이 빽빽하게 붙어있었습니다. 이른 아침에 우리 집에서 집안일을 돕던 여자아이가 고함을 꽥 지르면서 부엌에서 뛰어나왔습니다. 그 벌레가 부엌 천장에 기어 다니다가 국솥에 들어갔던 것입니다. 그러니 얼마나 놀랐겠습니까. 그래서 '이 벌레를 없애야 되겠다.' 하고 회로를 했습니다. 그때는 회로가 뭔지도 모르고 그냥 나오는 대로 그려서 뒷문을 열고 나가서 시멘트로 된 담 기둥에 붙여놨습니다. 붙여놓고 안으로 들어오니 아내가 뭐 한 거냐고 묻기에 벌레를 쫓아내려고 회로를 그려서 붙여놨다고 하니까 '이 양반이 돌아도 완전히 돌았구나.' 싶어서 한숨을 푹 쉬고 방으로 들어가는 것이었습니다. 아마도 '이 사람하고 계속 살 수 있겠나?' 싶었을 것입니다. 그러고 나서 이튿날 아침에 문을 열어보니 기둥이 안 보였습니다. 그 기둥에 벌레들이 덕지덕지 붙어서 아예 기둥이 보이지 않았던 것입니다. 그것을 본 아내가 "당신은 벌레를 쫓아내준다더니 여기에 다 모아놨네요." 하기에 "어쨌든 변화가 일어났으니 좀 더 두고 봅시다."라고 했습니다.

그다음 날 아침이었습니다. 우리 공장 옆 대문 너머에 향나무 밭이 하나 있었습니다. 그 밭의 주인인 이기○이라는 사람은 나하고 술도 한 잔씩 하는 사람이었는데, 그 사람이 소독약이 든 통을 둘러매고 약을 치고 있었습니다.

"이기○씨, 거기서 뭐합니까?" 하니 "향나무 밭에 웬 벌레가 이렇게 많이 있는 것은 처음 봅니다."라고 툴툴거리면서 약을 쳤습니다. 그 말을 듣자 뛰어나가서 집 뒤쪽에 회로를 붙여놓은 곳에 가보니 그 기둥에는 벌레가 한 마리도 없었습니다. 거기에 있던 벌레들이 전부 그 향나무 밭으로 간 것입니다. 얼마나 놀랍습니까! 내가 벌레와 말이 통합니까? 몸짓이 통합니까? 사람과 벌레는 말도 몸짓도 통하지 않는데 벌레들이 이동한 것입니다. '이것이 도대체 뭘까?' 벌레를 움직였다는 것은 나와 그 벌레들이 통했다는 것입니다. 나와 벌레가 말로 통하지 않고도 통했다면 말이 아닌 더 근원적인 바탕에서 통했을 텐데, 거기에는 통하는 어떤 요소들이 있었기 때문일 것입니다.

  그런 현상을 보고 난 후 여러 가지 실험을 했습니다. 식물에 적용해서 잘 자라게도 해보고 못 자라게도 해봤습니다. 동물에게도 적용해서 닭에게 "제자리에서 계속 돌아라."하고 회로를 했더니 몇 시간을 돌다가 기진해서 죽어버렸습니다. 또 하루는 천기(天氣)에도 적용해 보았습니다. 회로를 해서 천기를 운영했더니 우리 공장으로 들어오는 길목에 전봇대가 있는데, 난데없이 그 전봇대에 벼락이 쳤습니다.

  그렇게 하나하나 실험해 나가다가 이제 인간에게 적용해 보기로 했습니다. 그런데 인간에게 적용한다는 것은 도덕적으로 문제가 있기에 우선 병(病) 치료에 적용해 보기로 했습니다. 마침 어머니 친구분 중에 벨벳 장사를 하는 분이 계셨는데, 그분은 제가 '어머니'라고 부를 정도로 가까운 관계였습니다. 당시에 나는 집중하면 기운이 눈에 보였습니다. 사실 눈으로 기운을 보는 것은 경계해야 합니다. 당시는 그것을 모르고 집중해서 그분을 보니까 목과 자궁(子宮)과 무릎관절에 기운이 새까맣게 모여 있는 것이 보였습니다.

  "어머니, 목하고 자궁하고 무릎관절이 안 좋으시네요."라고 하니까 깜짝 놀라셨습니다. 장사하는 사람은 아픈 것을 숨깁니다. 아픈 것이 알려지면 급할 때 돈을 못 빌리기 때문입니다. 누가 암(癌)에 걸렸다고 하면 돈을 빌려 주겠습니까? 그러면 장사를 못합니다. 그래서 숨기고 있던 사실을 내가 말하니까 깜짝 놀라는 것입니다.

"어머니, 제가 고쳐드릴까요?" 하니까 "고칠 수도 있나?" 하기에 "제가 고쳐드리죠." 하고는 회로를 그려서 그분에게 드렸습니다. 그때는 어떻게 하는 줄도 모를 때였으니까 무조건 '저분의 병이 나아라.'라고 생각하면서 회로를 했습니다. 그렇게 회로를 하니까 새까맣게 그려졌습니다. 그것을 주면서 "이것을 손으로 불을 쬐듯이 쪼이고 있어 보세요."라고 했습니다. 그러니까 내 말대로 잠시 회로를 쪼이고 있더니 무릎에 손이 가서 쓰다듬고 주무르면서, 자궁은 안 좋은 것이 확실한데 목이 안 좋다는 것은 이해가 안 된다고 했습니다. 그 말을 하는 순간 목에 붉은 반점(斑點)이 하나 생겼습니다. 그래서 내가 거울을 보여줬더니 깜짝 놀라면서 그 반점을 한참 쓰다듬으니까 스르르 사라졌습니다. 그리고 나자 자궁 쪽으로 손이 가는 동작이 나와서 나는 밖으로 나왔습니다. 한참 있다가 들어가니까 증상이 한결 가벼워졌다면서 좋아했습니다.

그렇게 해서 몸이 좋아지자 그분이 시장에 나가서 자랑삼아 얘기를 하니까 소문이 나서 환자들이 밀려들기 시작했습니다. 덕분에 나는 병명도 들어본 적이 없는 별별 병을 앓고 있는 환자들에게까지 다 적용해 봤습니다. 그렇게 여러 사람에게 적용해 보던 중에 놀라운 사실을 알게 되었습니다. 그것은 대부분의 사람들이 자기 '**본영**(䰢)'[1] 이 주도하는 삶을 사는 것이 아니라는 사실이었습니다. 우리 몸을 주도하

---

1. **본영**(䰢) : 개체의 핵심인 ㊀이 주체가 되어 ㊀을 보조하는 보조○들과 ○들 사이를 조절하는 조절○들이 조합되어 조직화한 영체이다. 䰢에 의해 우주영, 인간영, 사람영, 동물영으로 영체의 격이 결정된다.

는 것은 자기의 본영인데, 자기의 본영 외에 다른 영체가 들어와 있는 사람들이 참 많다는 것을 알게 되었습니다. 어떤 사람은 마치 아파트처럼 수많은 영들이 함께 있는데, 심한 경우 자기 외에 다른 영이 200여 개나 들어있는 경우도 있었습니다. 다른 영이 들어와서 자기 본영을 장악해서 조종하는 경우를 빙의(憑依)라고 하는데, 그렇게 된 사람은 자기가 한 행동을 거의 기억하지 못합니다.

우리가 모두 인간 몸을 가지고 있으니까 전부 인간영인 줄 알았는데 그게 아니라는 사실도 알게 되었습니다. 인간영을 가지고 있는 사람도 있고, 사람영을 가진 사람도 있고, 동물영을 가진 사람도 있는데, 내가 사람들의 영체를 점검해보니까 약 70프로 이상이 동물영이었습니다. 사람영보다 더 수준이 낮은 동물영을 가진 사람은 아예 공부를 못합니다. 그리고 사람영을 가진 사람은 영적인 공부를 받아들이지 못해서 공부를 시키면 조금 하다가 이내 포기하고 맙니다. 이 공부를 하려면 적어도 인간영의 수준이 되어야 할 수 있습니다. 인간영이 공부를 제대로 하면 우주영이 됩니다. 그때 여러 사람을 치료하던 중에 사람마다 영체들이 다르고, 영체에 따라 성품과 기질도 각각 다르다는 것을 알게 되었습니다.

그렇게 한동안 사람들에게 적용하면서 실험을 하다가 '치료를 계속하다가는 내 공부가 더 이상 진척이 없겠구나.'라는 생각이 들어서 한 1년 정도 하고 그만두었습니다. 그 후로도 한 2년 동안 환자들에게 시달렸습니다. 환자들이 와서 나를 찾으면 그런 사람 없다고 하면서 돌려보내곤 했습니다. 참 거절하기 곤란한 경우도 여러 번 있었습니다. 내가 거절하기 어렵게 인맥을 동원해서 오는 경우 설득해서 보내느라 아주 애를 먹었습니다. 그러던 중에 공장도 집도 다 경매로 넘어갔습니다. 나는 더 이상 환자들을 치료하기도 싫어서 나중에 나이가 들면 전원생활을 하겠다고 사놓았던 대구로 이사를 했습니다. 거기로 가서 농막을 살림집으로 개조해서 살았습니다.

나는 그렇게 해서 회로를 체득했는데, 지금 여러분은 시작하면 바로 회로를 할 수 있습니다. 공부 초기에 내가 사람들한테 동작을 시켜보면 좀 빨리 되는 사람도 있고, 상당히 더디게 되는 경우도 있었습니다. 대체적으로 보면 동작과 회로가 더디게 진행되는 사람들이 공부를 끈질기게 오래 합니다.

무견 선생이 공부 초기에 동작이 안 되었습니다. 무견 선생은 당시 무술 관장이었는데, 자기가 가르치는 사람들에게 내가 무술○을 파견해주면 그 자리에서 바로 무술을 하는데, 정작 그 자신은 동작이 안 나왔습니다. 그러던 어느 날, 무견 선생이 너무 흥분해서 부산에서 대구까지 올라와서 "스승님, 저 동작이 됩니다!" "아, 그래요. 축하합니다. 동작이 어떻게 되었습니까?" 하고 물어봤더니 "이렇게 되었습니다."라고 신이 나서 얘기했습니다. 동작을 유도한 지 석 달 만에 동작이 나오게 된 것입니다. 그런데 다른 사람들은 동작을 시켜보면 온갖 동작을 다 하는 데도 감동이 없습니다. 내가 "어떻습니까?" 하고 물어

보면 대수롭지 않은 듯이 "뭐가요?" 이럽니다. 자기가 경험하지 못한 새로운 세계를 경험하면서도 어떻게 감동이 없는지 난 도저히 이해가 안 됩니다. 새로운 세계를 발견한다는 것은 정말 감동이고 신나는 일입니다. 여러분은 지금 그 길에 들어선 것입니다.

내가 한동안 회로에 열중하다 보니 꽃도 그려지고 새도 그려지고 선인장도 그려지고 나무도 그려지고 산도 그려지고 온갖 희한한 것들이 다 그려졌습니다. 그러던 어느 날, 뭔가가 그려지는데 종이 한 장을 다 채워도 멈추어지지 않아서 계속 붙여나가면서 그렸습니다. 그렇게 한 일주일쯤 하다 보니 굉장히 커졌습니다. '이게 뭐지?' 하고 가만히 들여다보니 파리 모양이었습니다. 눈도 있고 날개도 있고 다리도 있는 것이 영락없는 파리였습니다. 그때 나는 크게 실망했습니다. '내가 꼬박 일주일을 해서 파리의 설계를 그렸구나.' 일주일을 그려서 겨우 파리 한 마리를 그렸는데, 이 세상에 있는 모든 것을 다 그려서 이해하는 것은 불가능하다고 생각되었습니다. 그 후 나는 회로를 접었습니다. 특별한 목적이 있을 때가 아니면 회로를 하지 않았습니다. 회로가 지닌 한계를 알게 되었기 때문입니다. '나는 더 이상 회로로는 접근하지 않겠다.' 하고 덮어버렸습니다. '파리의 설계도를 이렇게 해야 볼 수 있다면 어떻게 이 세상 모든 것을 다 파악할 수 있겠는가.' 하는 생각에 회로를 접었습니다. '파리의 종류만도 집파리, 똥파리, 체체파리, 무슨 파리 별별 것이 다 있는데, 내가 언제 그것들을 제도로서 다 할 것인가? 모기도 뇌염모기, 말라리아모기, 무슨 모기, 별별 모기가 다 있는데, 그 수많은 것을 내가 언제 제도로서 다 하고 있겠는가? 더 이상 제도로는 하지 않겠다.' 하고 덮어버렸습니다.

그러다가 문득 자동동작과 회로가 내 생각대로 된 것이 아닌 것처럼 여기에 무엇인가 내가 모르는 의미가 있을 것이라는 생각이 들었습니다. 그래서 다시 회로를 시작했습니다. 그러면서 이런저런 실험을 하게 되었습니다. 氣를 운영해서 하늘의 기운을 조종해 보기도 하고, 땅의 기운을 조종해 보기도 하는 등 다양한 실험을 하게 되었습니다.

그러던 중 이런 일도 있었습니다. 대구 외곽으로 나가면 남지라는 곳이 있는데, 거기에 사는 사람이 내게 공부를 하러 다녔습니다. 합기도를 하던 사람이었는데, 산속에 움막을 지어놓고 혼자 공부를 했습니다. 내가 그 사람한테 갔다가 내려오는 길에 보니까 팔 한쪽이 없는 총각이 소를 몰면서 농사를 짓고 있었습니다. '두 팔이 다 있어도 농사일을 하기가 힘들 텐데 한쪽 팔로만 농사를 지으려니 얼마나 힘이 들겠나.' 하는 생각에 "자네 이렇게 힘들게 농사를 안 지어도 먹고 살 수 있으면 좋지 않겠나?" "좋지요." "그러면 나를 따라 오게." 하고 데려와서 공부를 시켰습니다. 그렇게 한 달 정도 공부를 시켰는데 어느 날 그 사람이 없어졌습니다. 그리고 나서 얼마 후 '남지에 도사 났다.'라는 소문이 파다했습니다. 가만히 생각해보니 분명히 그 젊은이 같았습니다. 그래서 합기도 하는 친구하고 같이 남지에 갔더니 집에 사람들이 빽빽하게 모여 있었습니다. 안으로 들어가니까 회로를 그려서 벽과 천장에 붙여놓고 난리도 아니었습니다. 내가 들어서자 그 사람이 벌떡 일어나서 내게 절을 하니까 사람들이 '도사 위에 또 도사 있다.'고 눈이 휘둥그레졌습니다.

내가 그를 크게 나무랐습니다. "지금 무슨 짓을 하는 것이냐? 당장 그만두어라. 아직 네가 운영 할 때가 안 되었는데 하면 크게 다친다. 제비가 삼월에 나와야 하는데 이월에 나오면 얼어 죽는다. 네가 농사를 안 짓고 이것을 하도록 해주려 했는데 아직은 때가 아니다. 공부를 좀 더 한 후에 해라."라고 크게 꾸짖고 회로를 다 떼어내서 태워버렸습니다. 그렇게 다 걷어치우고 사람들을 내보내고 그를 데려왔습니다. 그랬는데 그다음 날 온다간다 말도 없이 가버렸습니다. 자기는 지금 도가 트였는데 스승이 자기를 막는다고 생각한 것입니다. 자기가 하면 다 되는데 내가 못하게 막는다고 생각하고 도망을 가버린 것입니다. 얼마 후 자동동작으로 찾아낸 독초를 약초로 알고 자기 아버지에게 잘못 드려서 사망하게 되었다는 얘기가 들려왔습니다. 아들이 달여 준 약을 먹고 죽었다는 소문이 나자 그 지역에 살지도 못하고 종적을 감추었다고 했습니다. 여러분도 자기를 과신해서 함부로 운영하면 안 됩니다. 스승이 하지 말라고 하면 하지 않아야 합니다.

나는 내게 가르쳐 주는 사람이 없어서 직접 몸으로 부딪히면서 공부를 한다고 몸을 많이 상했습니다. 지금은 괜찮지만 한때는 건강이 많이 안 좋았습니다. 그렇게 몸을 상해가면서 원리를 하나하나 터득해 갔습니다.

그러는 사이에 이런 일도 있었습니다. 당시 대구 어른들이 계시는 집 2층에 내 공부방이 있었습니다. 한밤중에 모기장을 쳐놓고 공부를 하고 있었는데, 우리 집에서 집안일을 거들고 있던 젊은 여자아이가 올라오더니 한쪽 구석에 앉아서 훌쩍훌쩍 우는 것이었습니다. 누가 보면 오해하기 딱 좋은 상황이었습니다. 나는 "왜 이러냐? 무슨 일이냐?"라고 물어보았지만 아무 말도 하지 않고 계속 훌쩍훌쩍 우는 것이었습니다. 그 순간 문득 '아, 임신이구나.' 하는 생각이 들어서 "너 임신했구나." 하니까 그렇다는 것이었습니다. 그래서 내가 "어떻게 할래? 아이 아버지는 뭐라고 하더냐?" "아이 아버지는 모릅니다." 이야기를 들어 보니 자기들끼리 놀러갔다가 실수해서 원치 않는 임신이 된 것이었습니다. "그렇구나. 그래 어찌하려느냐?" "사장님이 온갖 병을 다 고치시니 아이를 떼어주세요." 하고 간절하게 애원했습니다. 나는 이것도 되는가 싶은 호기심에 "그래. 한번 해보자." 하고 회로로 조치해 주었습니다. 그러고 나서 사흘 후에 유산이 된 것을 확인할 수 있었습니다.

그 후에 비슷한 예가 또 있었습니다.

어느 날 한 사람이 찾아와서 원하지 않은 임신을 한 것 같다고 했습니다. 점검을 해보니까 아닌 것으로 나왔습니다. 그래서 자신만만하게 "임신이 아니니 걱정하지 마세요."라고 했습니다. 그런데 이 사람은 입덧도 하고 배도 불러온다고 했습니다. 나는 가상임신이 있는데, 가상임신을 하면 입덧도 하고 배도 불러온다고 설명을 해서 보냈습니다. 그리고 두어 달 후, 그 여성이 배가 이만큼 불러서 다시 찾아왔습니다. 병원에 가서 초음파(超音波) 사진을 찍어 확인을 했는데 임신이 확실하다는 것입니다. 그러니 내가 그 사람한테 얼마나 미안합니까. 나이든 사람이 뱃속의 아이를 떼는 것이 얼마나 힘듭니까. 몸도 많이 상(傷)하고 아이에게 죄의식도 들어서 얼마나 힘들겠습니까. 나는 정말 미안하다고 정중하게 사과하고 필요한 지원을 하겠다고 했습니다.

나는 도저히 이해가 안 되었습니다. '왜 임신이 분명한데 내 점검에는 임신이 아니라고 나왔을까?' 그날 밤 그 문제를 가지고 몰두해 들어갔습니다. '혹 내가 물음을 잘못 했나?' 하는 생각이 들어서 '임신'이라고 다시 쓰고 점검을 해봤지만 안 나왔습니다. '수정란(受精卵) 부착'이라고 쓰고 점검해 봐도 안 나왔습니다. 그 외에도 온갖 것으로 점검을 해봤지만 나오지 않는 것이었습니다. 그날 밤 한숨도 못 잤습니다. 지금까지 잘 맞던 점검이 왜 안 맞았는지, 분명히 임신했는데 왜 내 점검에 임신이 아닌 것으로 나오는지 알 수가 없었습니다. 이렇게 해도 안 되고, 저렇게 해도 안 되고, 밤새도록 해도 알 수가 없었습니다. 그 원인을 알고 싶어서 잠을 잘 수가 없었습니다. 허리는 끊어지는 것 같고 머리가 깨질 것 같이 아픈 상태로 밤새도록 그 문제를 가지고 씨름을 했습니다. 새벽녘에 동이 훤히 터 오는데 문득 '우균'이라고 쓰게 되는 것이었습니다. '우균'이라고 쓰고 나서 점검을 하니까 그제야 나오는 것입니다. 자궁에 있는 아이의 크기와 모양까지 다 나왔습니다. 그 순간 나는 알아서 기쁘다는 생각보다 인간을 '우균(宇菌)'이라고 하는 것에 너무도 허탈했습니다. 우주에서는 인간을 우주균(宇宙菌)으로 본다는 것입니다. 인간이 대단한 줄 알았는데 우주적으로 보면 하나의 균(菌)에 지나지 않는다니 그 허탈감을 이루 말로 다 할 수 없었습니다. 갑자기 모든 것이 와르르 무너져 내리는 것 같았습니다. 우주적으로 볼 때 인간이 하나의 균이라면 내가 살아가는 것 자체가 병(病)이라고 생각되었습니다. 우리가 인간으로서 자부심을 가지고, 삶의 보람을 느끼고 가치를 찾는 것이 우주적으로 보면 균이 하나 부착되어서 병을 앓고 있는 것에 지나지 않는다는 것입니다.

허탈감에 빠진 나는 공부를 걷어치우고 한동안 술로 나날을 보냈습니다. '인간의 존재가 그 정도라면 내가 이 공부를 해서 뭐 하나?' 하는 생각에 술로 살았습니다. 그러는 중에 문득 '그렇다면 죽는다는 것은 병이 낫는 것이 아닌가. 삶이 병이라면 죽는다는 것은 병이 낫는 것이니 한번 굶어 죽어 보자.'라고 생각한 나는 죽음 속으로 깊이 들어가 보기로 했습니다. 물과 소금만 조금씩 먹으며 계속 굶었습니다. 일주일, 열흘, 스무날이 지나도 아무렇지도 않았습니다. 그렇게 해서 40일을 굶었습니다. 그러다가 우리 농막에 굴뚝이 무너져서 수리 한다고 해머(hammer)를 들고 내려치는 순간 힘이 쫙 빠졌습니다. 그 직전까지만 해도 일상생활을 하는데 전혀 불편함이 없었는데, 해머 한번 휘두르고 나니까 힘이 빠져서 일어나지도 못했습니다. 그 순간 문득 '죽음보다 더 큰 삶의 의미가 있을 것이다.'라는 생각이 들어서 굶는 것을 그만두었습니다.

그 후에 '인간이 한자리에 얼마나 오래 앉아있을 수 있는가?' 해서 20일간을 한자리에 앉아있어도 봤습니다. 그러면서 우주의 근본도리를 하나하나 깨닫기 시작했습니다. 공부를 계속하면서 이 세상의 근원이 ○이라는 것도 알게 되었고, 氣가 ○의 작용력이라는 것도 알게 되었습니다. 그렇게 이치를 하나하나 깨달아가면서 나는 누가 이 세상을 다 준다 해도 이 공부와 바꾸지 않겠다고 생각하게 되었습니다. 나는 세상을 다 얻은 기쁜 마음으로 공부를 계속했습니다.

○의 속성은 도는 것입니다. 돈다는 것은 순환한다는 것입니다. 그런데 사람들은 대체로 직선적인 사고를 합니다. 직선적인 사고를 하니까 어디까지든 계속 나아간다고 생각합니다. 그것이 아닙니다. 나에게서 나간 것은 반드시 돌아옵니다. 자기가 누군가에게 베풀면 그것이 언젠가는 되돌아온다는 것을 모르기 때문에 베풀지를 못합니다. 베풀면 언젠가는 자기에게 돌아온다는 것을 모르니까 옹졸해지고 인색해지고 이기적이게 됩니다. 회로를 해보면 빙글빙글 돌아갑니다. '아! 이 우주가 돌고 있구나.' 회로를 하면서 모든 것이 돌아간다는 우주원리를 알아차리게 됩니다. 우주운동인 '자동동작'과 '회로'를 하면서 물질계를 넘어선 의미의 세계와 깊이 통하게 됩니다. 의미의 세계는 근원의 세계와 통합니다. 따라서 의미는 도(道)와 통하는 통로라고 할 수 있습니다. 우리는 '도(道)' 또는 '깨달음'이라는 것을 현실과 다르게 생각하는 사고(思考)를 버려야 합니다. 만약에 동작이나 회로가 우리의 현실, 우리의 삶과 무관하다면 할 이유가 없습니다. 그것을 통

해서 우주의 근본도리를 깨달아 우리의 삶을 개선하고, 영적으로 진화하여 더욱 높은 차원으로 대도약하고자 하는 것입니다. 그래서 이 공부를 하는 것입니다. 그런데 사람들은 공부를 현실과 무관하게 생각합니다. 나는 이 세상에 어떤 도(道)가 있다고 할지라도 그것이 우리 삶에 불필요하고, 영적 진화에 도움이 되지 않고, 우리를 더욱 높이 승화시킬 수 있는 것이 아니라면 그것은 의미 없고 가치 없는 것으로 생각합니다. 우리를 더욱 나아지게 하고, 진화하게 하며, 승화할 수 있게 해주는 도(道)라야 진정한 도이지, 환상적인 얘기, 꿈같은 얘기는 아무런 의미가 없다고 생각합니다.

 나는 지금까지 사람들에게 공부를 가르치면서 이런 것들이 우리의 삶을 변화하게 해야 한다고 얘기하는데, 제대로 알아듣는 사람들이 별로 없었습니다. 나를 어떻게 다스려야 하고, 우리가 어떻게 변화되어야 하며, 우리나라가 어떻게 되어야 하고, 우리 인류가 어떻게 되어야 하는가에 대한 얘기를 하고 있는데, 이 말을 알아듣지 못합니다. 사람들은 공부를 한다고 하면 회로를 그리는 것으로만 생각합니다. 그래서 "그게 뭐지?" 하고 물으면 그 회로가 무엇을 의미하는지 전혀 모릅니다. 열심히 그리는데 그것이 무엇을 의미하는지 모르는 것입니다. 나는 이 법(法)이 어디서 나와서 세상에서 어떻게 운용이 되는지, 그것이 우리의 영을 어떻게 진화 발전하게 하는지를 얘기하고 있습니다. 내가 얘기하는 것이 우리의 삶에 불필요한 것이라면 이 공부를 할 필요가 없습니다.

나는 우주의 근본원리를 알아내기 위해서 온갖 방법으로 시도했습니다. 그러는 사이에 몸도 많이 상했습니다. 지금 여러분은 제 설명으로 이런 도리가 쉽게 이해되겠지만 저는 정말 몸을 내놓고 공부를 해왔습니다. 그렇게 해서 체득한 것이 지금 여러분에게는 이런 이야기로 전해지고 있는 것입니다. 나는 이것이 그저 지나가는 얘기가 되지 않기를 바랍니다. 내가 이런 얘기를 이렇게 길게 한 것은 여러분이 지금 대단한 길에 들어왔다는 것을 얘기하기 위함입니다. 내가 이런 과정을 겪어온 것은 대단히 어렵고 힘들었지만 여러분에게 전해줄 때는 아주 쉽게 전해 줄 수 있습니다. 이런 세계를 이론으로 전해주는 것은 머리로 전해주는 것입니다. 그런데 氣로써 전해주면 그 자리에서 바로 능력을 줄 수도 있습니다. 내가 여러분에게 당부하고 싶은 것은 이것을 능력으로 생각해서 탐하지 말라는 것입니다. 능력을 주는 것은 하루 만에도 다 줄 수 있습니다. 당장 사람을 치료하게도 할 수 있고, 온갖 것을 다 하게 할 수도 있습니다. 그런 능력보다 여러분은 진실로 공부를 해야 합니다.

'참'은 스스로 찾는 사람에게만 보입니다. 자기의 존재 가치를 스스로 높여가야 합니다. 그러니 여러분은 여러분과 만나는 모든 것을 스쳐 보내지 말고 삶을 더욱 의미 있고 보람 있고 가치 있게 만들어 가시기 바랍니다.

2

깨달음은
착각으로부터
깨어나는 것

자기만의 깨달음을 위함이 아니라 온 인류를 깨워내고 온 중생을 제도하고자 할 때, 우리는 가장 의미 있고 가치 있는 일을 하는 것입니다. 우리는 자신의 삶이 그렇게 되도록 최선을 다해야 합니다

....
일 시 : 2001년 4월 3일
장 소 : 창원호텔

우리에게는 감성이 있어 느끼고 이성이 있어 올바른 판단을 합니다. 감성과 이성이 조화를 이루지 못하면 심각한 문제가 생깁니다.

우리 모두 잘 아는 화가 '반 고흐'는 목사였던 아버지의 영향으로 신앙심이 깊었습니다. 그의 삶의 바탕에는 깊은 신앙심이 자리하여 불쌍한 사람을 보면 모든 것을 희생하고 베풀어야 한다는 의식이 아주 깊었습니다. 선교활동 중 순간적인 정열에 사로잡혀 모든 재산을 가난한 사람들에게 나누어주었는데, 이 때문에 그리스도의 가르침을 지나치게 문자 그대로 해석했다는 이유로 교회에서 전도사로 받아들여지지 못했습니다. 성직자의 길을 포기하고 화가의 길로 나아갔을 때도 예술을 통해 인류에게 위안을 주는 것이 자신의 소명이라고 생각하여 자신의 창조력을 그림을 통해 구현했지만 현실과 타협하지 않고 시대를 너무 앞서 간 나머지 그림이 생계수단이 되지 못했습니다. 그가

생존했을 당시에 유일하게 판매된 작품은 '붉은 포도나무들'로 그것도 단돈 400프랑에 팔린 것이 전부라고 합니다.

그가 너무너무 가난했고 정신병 발작과 무절제하고 과격한 태도를 보여 친구들도 짐스러워서 모두 떠났다고 합니다. 그렇게 고통스럽고 외로운 나날을 보내던 어느 날 그는 결국 희망을 포기하고 스스로 총을 쏘아 자살을 했습니다. 그는 베풀어야 한다는 감성이 너무 강해서 사리에 맞는 이성적인 판단을 하지 못한 것입니다.

감성과 이성은 균형과 조화를 이루어야 합니다. 감성을 이성으로 사리에 맞게 판단하고 조절할 수 있어야 합니다. 그렇다고 정성을 다해야 할 사람에게 따지고만 있으면 안 됩니다. 예를 들어 '부모와 자식 간에도 거래 관계는 철저히 해야 한다.'라고 생각해서 부모님이 집에 오셨는데 식사를 차려놓고 "이게 얼마짜린데요. 계산은 분명해야 하지 않습니까?"라고 한다면 어떨까요? 그것은 자식으로서 부모님께 정성을 다해야 함에도 불구하고 되지도 않은 사리만 내세운 것입니다. 그것처럼 정성을 다하는 것도 사리에 맞추어야 하고, 사리에 맞추되 정성을 다해야 하는 것입니다.

감성과 이성이 두 개의 축이라면 두 축이 균형과 조화를 이루어야 합니다. 감성은 충만한데 이성이 결여되어 있어도 안 되고, 반대로 감성을 무시하고 이성적으로만 보아서도 안 됩니다. 정성의 축과 이성의 축이 어느 한쪽으로 치우치면 자칫 위험하게 됩니다. 정성과 이성이 다 필요한데 그 둘을 조화롭게 하지 못할 때는 오히려 부담스럽거나 위험할 수도 있습니다.

　스토커는 상대의 입장은 전혀 고려하지 않고 무작정 상대를 따라다닙니다. 상대를 광적으로 좋아해서 오히려 상대방에게 고통을 줍니다. 그러면 상대는 끔찍해서 도망가게 됩니다.

　또, 자기가 너무도 존경하는 사람이 있다면 그 사람이 쓰던 작은 물건이라도 하나 가지고 싶어 합니다. 그를 너무도 존경하기 때문에 그가 지니고 있던 것을 가지면 행복해합니다. 그래서 존경받는 사람은 자기가 지니고 있던 물건들을 나누어주기도 합니다. 그러면 그것을 가진 사람은 굉장히 행복해합니다. '그분이 입던 옷을 입으면 얼마나 좋을까?' '그분의 머리카락 하나라도 가지고 있으면 얼마나 좋을까?' 이것이 점점 심해지면 자기도 그분과 같이 되었다고 생각하게 됩니다. 그런데 이것은 감성을 바탕으로 하는 정성과 논리를 바탕으로 하는 이성의 조화가 무너진 상태입니다. 정성과 이성은 조화를 이루어야 합니다. 그렇지 못하면 오히려 탈이 되고 인격적으로도 큰 문제가 됩니다.

　정성은 그 성질이 안으로 농축되어서 아주 조밀합니다. 그래서 힘을 모읍니다. 반대로 이성은 그 성질이 밖으로 펼쳐져서 대상을 조리 있게 관찰합니다. 따라서 이성이 너무 강하면 굳이 따지지 않아도 되는 것도 따지고 듭니다. 그런 사람은 회의를 하면 안 따질 것까지도 굳이 하나하나 따지며 사사건건 물고 늘어집니다. 그러면 그 회의는 엉망이 됩니다. 그 사람은 정성과 이성을 조화롭게 할 줄 모르는 것입니다. 그런 사람은 "아, 이 정도면 됐으니 넘어가자." 이럴 줄을 모릅니다.

제자들과의 문답

최재○ : 제가 큰스승님의 말씀을 이해하는 데 오랜 시간이 걸렸는데, 큰스승님의 가르침을 대중들에게 쉽게 전하는 방법이 있을까요? 그들이 깨어날 때까지 기다려야 합니까?

큰스승님 : 무작정 기다려서는 안 됩니다. 대중에게 예술을 이해하게 하는 것과 사상을 세상에 펴는 것은 다릅니다. 예술가는 자기 정신의 농밀한 부분을 다 풀어놓지 않고 농축해서 작품화하지만 세상에 법을 펴는 것은 이해하기 쉽게 설명해야 합니다. 사상을 펴려면 설명을 잘 해야 합니다. 그런데 똑같은 이야기라도 이해하기 쉽게 얘기하는 사람이 있는가 하면, 어떤 사람은 굉장히 쉬운 얘기도 어렵게 얘기합니다. 우리 한울사상도 대중에게 다가가기 위해서는 이해하기 쉽게 해야 합니다.

최재○ : 우리의 법을 처음 만나는 사람 중에는 기존에 없는 새로운 법이기에 신선함을 느끼는 동시에 기존의 자기 것이 무너질까 봐 불안감을 느끼기도 합니다.

큰스승님 : 그것은 잘못 전해줘서 그렇습니다. 어떤 사람이 법을 만나

불안을 느끼는 것은 그가 가진 것을 놓으라고 하기 때문입니다. 그가 뭔가를 잡고 있는데, "그걸 버리고 이걸 잡아라. 이것이 더 가치 있는 것이다."라고 한다면 그는 불안해할 수밖에 없습니다. 그런데 권하는 것이 그가 잡고 있는 것보다 더 가치 있다는 것을 확실하게 인식시켜 주면 자신이 갖고 있던 것을 놓고 이것을 잡을 것입니다. 그런데 그런 확신을 주기도 전에 "이걸 잡아라!"라고 하면 아무리 그것이 가치 있다고 해도 자기가 생각할 때는 이것이 정말 가치 있는 것인지 모르는 것입니다. 그것은 설득이 안 된 것입니다. 그러면 불안해서 자기가 잡고 있던 것을 놓고 이것을 잡지 못합니다.

우리 한번 생각해 봅시다. 내가 돌덩이를 하나 쥐고 있는데 내 앞에 금덩어리가 있다고 합시다. 그것이 금이라는 것과 그 가치를 이해하도록 잘 설명해주면 잡고 있던 돌덩이를 놓고 금덩이를 잡을 것입니다. 그런데 설명하는 사람이 금이라는 것을 제대로 설명하지 못하면 불안해서 자기가 가진 것이 돌덩이라 할지라도 놓지 못합니다.

어떤 사람이 얘기하는데 굉장히 믿음이 가는 사람이 있는가 하면, 전혀 믿음이 안 가는 사람도 있습니다. 상대가 믿음을 갖게 하는 것은 지금 그 사람의 언행뿐만 아니라 그의 과거 행동까지도 다 포함됩니다. 그의 설명 속에는 그 모든 것이 조합되어 믿음을 갖게 합니다. 그래서 얘기하는 것을 아무리 들어도 그가 신뢰할 수 있는 사람이 아니라고 생각하면 그 얘기를 믿으려 하지 않습니다. 그래서 남을 설득하고 많은 사람에게 감동을 줄 수 있는 사람이 되려면 그 자신이 그만큼 갖추어야 합니다.

안성○ : 저는 큰스승님께서 말씀하시는 '○계'를 논리적으로 설명하기 어려웠는데, 어제 큰스승님의 법문을 듣고 '○계'를 대중에게 확실하게 설명할 수 있겠다는 자신감이 생겼습니다.

큰스승님 : 우주의 근원으로 세상 모든 것을 주도하는 '○계'를 설명하기는 결코 쉽지 않은데 바다에 비유하면 쉽게 이해됩니다. 바다는 여러 강에서 흘러온 물들을 다 받아줍니다. 그리고 증발해서 다시 곳곳으로 돌려주어 순환하게 합니다. ○계 또한 세상 모든 것을 다 받아주며, 세상과 통하여 모든 것을 주도하고 조종합니다. 이렇게 바다와 ○계의 의미가 통하기 때문에 ○계를 바다에 비유해서 설명하면 쉽게 이해됩니다. 이런 이유로 예로부터 선각자들은 자기가 깨달은 바를 직설적으로 설명하지 않고 비유법을 썼습니다. 예수가 이렇게 말합니다.

"공중의 새를 보라. 심지도 않고, 거두지도 않고, 창고에 모아들이지도 아니하되, 너희 하나님께서 기르시나니 너희는 이들보다 귀하지 아니하냐? 그러니 너희는 무엇을 먹을까, 무엇을 마실까, 무엇을 입을까 걱정하지 말라."라고 합니다. 또 어떤 사람이 굉장히 시기하고 질투를 하니까 예수는 비유를 들어 얘기합니다. 모임에서 여러 사람이 무엇을 하면 자기가 한 것에 대해 대가로 받은 것이 다른 사람보다 적다면서 시기하고 질투하는 모습을 볼 수 있는데, 예수님 시대에도 그랬던 것 같습니다. 예수님이 그에 대한 설명을 다음과 같은 비유를 들어서 얘기합니다. 포도밭 주인이 일꾼을 구하는데, 이른 아침에 나가서 하루 종일 일하는 데 1데나리온을 주기로 하고 한 사람에게 일을 시킵니다. 그러고 나서 오전 9시에 또 한 사람을 데리고 와서 일을 시킵니다. 그리고 11시에 또 한 사람을 데리고 와서 일을 시키고, 오후 3시와 5시에도 각각 사람을 불러와서 일을 시킵니다. 하루의 일을 마치고 나서 먼저 온 사람은 자기가 더 많이 받을 줄 알았는데, 똑같이 1데나리온씩 주니까 원망하면서 화를 냅니다. "나는 아침부터 와서 지금까지 일했는데 1데나리온을 주고, 저녁이 다 되어 와서 일을 한 사람도 왜 같이 1데나리온을 줍니까?" 그러자 포도밭 주인이 다음과 같이 얘기합니다. "그건 너와 관계없지 않으냐? 내가 네게 하루 일 하는 데 1데나리온을 주기로 약속하지 않았느냐? 내가 나중에 온 사람에게 같은 1데나리온을 주는 것은 내 뜻이다."라고 합니다. 마찬가집니다. 공부하는 데 와서도 자기 공부만 하면 되는데, 누구에게 좀 더 잘해준다 싶으면 시기가 나서 투정을 부립니다. '스승님이 누구를 더 편애하는 것 같다.'라고 생각하면서 시기가 나서 어쩔 줄을 모릅니다.

  자기가 받을 것만 받으면 됩니다. 포도밭에 올 때 1데나리온을 받기로 했으면 그것만 받으면 되는데, 자기 뒤에 온 사람이 1데나리온을 받든, 2데나리온을 받든 상관할 일이 아닙니다. 그런데 우리 속에는 비교하고 질투하는 마음이 있습니다. 잘 보면 행복도 불행도 모두 비교하는 마음에서 생깁니다. 자기 일만 하면 행복할 수 있는데 남과 비교하면서 불행을 느낍니다.

  예전에 보릿고개가 있을 때는 대부분이 먹을 것이 없어서 힘들었습니다. 우리도 어릴 때 나무껍질로 끓인 죽을 먹고, 쌀겨로 만든 개떡을 먹고 자랐습니다. 그래도 행복했습니다. 그런 가난이 아무렇지도 않았습니다. 그런데 지금 누가 개떡밖에 못 먹는 사람이 있으면 그 사람은 다른 사람과 비교가 되어서 못 견딜 것입니다. 자기가 너무너무 불행하게 느껴질 것입니다. 사실 절대적인 가치는 없습니다. 모두 비교하는 마음으로 인해서 행복과 불행을 느낍니다. 그런 분별하는 마음 때문에 불행해지는 것입니다. 그래서 부처님도 분별심을 없애라고 했고, 예수님도 "네가 주인과 약속한 대로 자기가 받을 것을 받았으면 됐지, 왜 내가 다른 사람에게 선한 일을 한 것까지 시샘해서 못하게 하느냐."라고 한 것입니다.

이렇게 성인들은 비유해서 설명했습니다. 있는 그대로 직설적으로 얘기하는 것이 아니라 비유해서 설명합니다. 왜 그렇게 비유를 할까요? 그래야 알아듣기 쉽고, 상대에게 상처를 주지 않기 때문입니다. 비유와 은유를 잘 하는 사람이 설득을 잘합니다.

우리가 점수를 매기고 어떤 목표를 정하는 것은 전체를 향상하기 위함입니다. 그렇게 하려면 어떤 목표가 있어야 하고, 그 목표에 도달하기 위해서는 어떤 때는 채찍을 들어야 하고, 어떤 때는 격려를 해야 합니다. 이것을 적절하게 잘하는 사람이 잘 가르치는 사람입니다. 그런데 자기 마음에 드는 사람한테는 점수를 높이 주고, 마음에 들지 않는 사람들은 낮게 주면 그 사람은 선생의 역할을 잘 못하는 것입니다. 좋은 선생이라면, 점수가 못 나온 사람에게는 "다음에는 조금만 더 열심히 해봐라."라고 격려하면 점수가 올라가게 됩니다. 이렇게 격려해서 공부를 열심히 하도록 만들어야 하고, 점수가 많이 나와서 1등 했다고 자만하면 "1등 했다고 자만하지 마라. 게을리하면 또 내려간다."라고 주의를 줘야 합니다. 이처럼 잘 한 사람이 자만에 빠지지 않고, 못한 사람이 좌절에 빠지지 않도록 하는 것이 선생의 역할입니다. 선생은 상과 벌을 적절하게 잘 써야 하는데 지금 우리나라에서는 스승이 벌을 못 쓰게 하고 있습니다. 그러니까 적절하게 조절하지 못합니다. 잘못했으면 벌을 줘야 하고, 잘했으면 상을 줘야 하는데 그걸 제대로 못 합니다. 심지어 어떤 학교에서는 전교생에게 다 상을 준다고 합니다. 이러면 상의 의미가 없습니다. 그것을 대단히 잘 한다고 텔레비전에서 집중적으로 다루어줍니다. 이것은 큰 문제입니다. 잘했을 때는 상을 줘야 하고 잘못했을 때는 벌을 줘야 합니다. 우리 교육이 제대로 되려면 스승에게 상과 벌을 줄 수 있는 권한을 줘야 합니다. 그렇지 않으면 교육이 제대로 안 됩니다. 교육은 그 나라의 백년대계(百年大計)입니다. 그런데 상이나 벌을 못 쓰게 함으로써 교육을 방치고 있습니다. 지금 교육이 엉망이 되어 버렸습니다. 선생이 나무란다고 학생이 웃통 벗고 덤벼듭니다. 학부모까지 합세해서 덤벼듭니다. 교육이 이래서는 안 되는 것입니다.

최재○ : 대학 신입생 중에 자신감을 상실한 학생들이 많습니다. 군대 갔다 와서도 한동안 흔들리는데, 그것은 교수들의 성적에 의한 비교 때문에 그런 것 같습니다.

큰스승님 : 인간을 지식으로 평가해서는 안 되는데 평가할 기준이 없어서 그렇다고 봅니다. 평가할 기준이 없으니까 지식으로만 평가하는 것입니다. 그것은 인간을 평가할 바른 지표가 무너졌다는 것입니다. 옛날에는 공부는 못해도 효자라면 그것으로 높이 평가해 줄 수 있었는데, 요즘은 효자든 아니든 점수가 안 나오면 인정받지 못합니다. 지금 세상에서는 강한 것이 약한 것을 억압하고 지배합니다. 그것을 사람들은 너무도 익숙하게 봐 와서 당연하게 생각합니다. 고양이가 쥐를 잡아먹는 것을 당연시하듯이 말입니다. 그런데 반드시 그런 것만은 아닙니다. 쥐와 고양이를 같이 길러보니 사이좋게 잘 어울리기도 합니다. 그렇다면 고양이가 쥐를 잡아먹는 것이 당연한 게 아닙니다. 천국을 얘기할 때, 천국에는 사자하고 사슴하고 같이 어울려서 놉니다. 모두 그렇게 어우러져서 존재합니다. 우리 의식으로는 그것이 불가능할 것 같은데 실제로는 서로 안 잡아먹고 안 잡아먹히는 그런 방법이 있습니다. 다만, 우리가 그 방법을 모르는 것일 수도 있는 것입니다. 그런 것들을 실제로 증명한 사람들이 있습니다. 우리가 오늘 차를 타고 오면서 이런 얘기를 했습니다.

지금 우리는 하루에 세끼를 먹고 삽니다. 그것이 삶의 당연한 법칙인 것으로 생각하기 쉬운데, 사실 인간의 역사에서 하루에 세끼를 먹기 시작한 것이 얼마 안 되었습니다. 우리가 상식적으로 생각할 때 사람은 하루에 여섯 시간 이상은 자야 한다고 생각합니다. 그것을 원칙인 것처럼 생각하는데 반드시 그런 것은 아닙니다. 어떤 사람은 하루에 세 시간 자고도 거뜬하게 사는 사람도 있고, 어떤 사람은 하루에 여덟 시간을 자고도 맥을 못 추고 빌빌거리는 사람도 있습니다. 알고 보면 정말 많은 것이 우리에게 습관이 되어 있습니다. 습관이 되어서 그것이 진리인 것처럼 믿고 삽니다. 우리가 늘 채소만 먹고 살면 힘을 못 쓸 것 같아서 고기를 먹으러 갑니다. 정말 초식만 계속하면 힘을 못 쓸까요? 자연에서 보면 풀만 먹고 사는 동물들이 오히려 힘이 더 센 경우도 많습니다. 소, 말, 코끼리가 얼마나 힘이 셉니까. 육식을 해야 힘이 세다는 것도 착각입니다. 우리는 너무 많은 착각 속에서 살아갑니다.

그것처럼 우리가 서로 잘 어울려서 살 방법이 있는데, 그냥 억압하고 잡아먹고 잡아먹히는 것이 진리인 것처럼 용인하고 살아갑니다. 깡패들 세계에서는 여차하면 주먹이 먼저 나가는 것이 그들에게는 진리입니다. 먼저 주먹을 날려서 상대를 꺾어야 합니다. 그런데 예술가가 예술에 관해 토론 하다가 주먹이 먼저 나간다면 어떻게 될까요? 우리가 살아가는 이 사회에서 진리가 아닌데도 마치 진리인 것처럼 여기는 것들이 너무도 많습니다.

옛날에 노예가 있는 사회에서는 노예로 한 십 년 정도 살고 나면 채찍을 맞으면서 일을 하는 것이 당연하다고 생각합니다. '아, 이것이 아니다. 뭔가 잘못되었다.'라는 것을 인식하지 못합니다. 옛날에 우리나라에서도 종으로 태어나면 머슴으로 일하다가 죽는 것이 당연하다고 여겼습니다. 그러다가 인식이 깨어나서 보니 '우리가 찾아야 할 권리를 못 찾고 있었구나!' 해서 봉기가 일어나는 것입니다. 그런 것처럼 우리는 일상에서 너무 많은 것을 당연시하며 살아갑니다.

우리가 우주를 얘기하고 바른 삶을 사는 법에 대해 얘기하면 "뭐 하러 골치 아프게 그런 것을 하느냐? 지금 술 한 잔 먹고 고스톱 치는데 분위기 망치게 말이야."라고 합니다. 그들은 그렇게 사는 것을 당연한 것으로 여기며 살아갑니다. 사람들은 어쩔 수 없이 그 길을 가지 않으면 안 된다고 생각합니다. 그것은 그야말로 동물적이고 본능적인 의식입니다. 물론 우리가 동물적인 요소를 가지고 태어났기 때문에 어쩔 수 없이 식욕, 성욕, 수면욕 등의 본능적인 요소를 무시하고 살 수는 없습니다. 그런데 만약에 그런 식욕, 성욕, 수면욕 등이 절대로 벗어날 수 없는 요소라면 어떻게 금욕 생활을 하는 사람이 나올 수 있겠습니까? 그런 것이 절대로 벗어날 수 없는 것이라면 금욕생활을 할 수가 없을 텐데 금욕생활을 하면서도 잘 살아갑니다. 먹는 것도 마찬가집니다. 우리가 하루 세 끼를 먹고 산다는 것이 정말 당연 한지 다시 생각해 봐야 합니다. 습관이 되어서 그렇게 하는 것을 당연한 것처럼 받아들이는 것은 아닐까요? 나는 40일간 아무것도 안 먹고 물과 소금만 먹으며 금식을 한 적이 있었습니다. 그런데도 전혀 불편한 것이 없었습니다. 굶었을 때 음식을 보면 음식에 대한 탐욕이 생겨야 하는데, 한 삼일 정도 지나고 나니까 음식을 봐도 나와는 아무 관련이 없는 것같이 느껴졌습니다. 금식을 하는 동안에도 나는 항상 식구들과 같이 밥상에 앉아 있었습니다. 하지만 아무렇지도 않았습니다. 일반적으로 생각할 때는 며칠 굶었으니 되게 힘들 것으로 생각하는데 정작 나는 아무렇지도 않았습니다. 굶으면 식탐으로 되게 힘들 것이라는 것도 착각입니다. 우리는 너무도 많은 착각 속에서 살아갑니다. 나폴레옹은 하루에 세 시간만 자고도 세계를 정복했습니다.

　어쩌면 이 대자연에 서로 잡아먹거나 먹히지 않고 공기만으로도 살아가고, 물 한 잔만 먹어도 살아가는 법칙이 있을지도 모르는데, 우리는 잡아먹고 희생시키는 것을 당연하게 여기며 살아가는지도 모릅니다. 자연계에는 그런 것을 실증해 보이는 생물체가 있습니다. 호주 사막지역에 사는 보수개구리가 있습니다. 사막이니까 물이 금방 스며들고 금방 말라버립니다. 그러니 그들은 비가 왔을 때 재빨리 짝짓기를 하고 알을 낳아서 올챙이가 되어야 합니다. 웅덩이에 물이 바싹 말라버리면 개구리가 된 놈은 되고 못된 놈은 올챙이로 남습니다. 거기서 개구리가 된 놈은 땅속으로 파고 들어갑니다. 들어가서 다시 비가 올 때까지 기다립니다. 그런데 거기에서 이런 일이 있었다고 합니다. 그곳을 개발하려고 땅을 파 들어가는 중에 이상한 돌멩이가 나와서 깨보니 그 안에서 개구리가 나왔다고 합니다. 개구리가 되어 땅속으로 들어갔는데 그때 이후로 비가 안 온 것입니다. 비가 올 때까지 기다리고 기다리다가 자기를 싸고 있는 흙이 돌처럼 굳어져 버린 것입니다. 그래서 나오지 못하고 있었던 것입니다. 그 돌을 깨서 연대를 측정해보니까 약 300년이나 되었답니다. 그 개구리는 300년 동안 아무것도 먹지 않고 돌 속에서 생명을 유지하고 있었던 것입니다.

　피라미드가 생긴 것이 BC 3000년경인데, 지금이 2001년이니까 약 5000년 전입니다. 그런데 피라미드 속에서 곡식을 발견했습니다.

그것을 학자들이 발아(發芽)시키니까 싹이 나더라는 것입니다. 어쩌면 태어나고 죽는다는 것이 우리의 착각인지도 모릅니다. 사실은 죽음이라는 것이 없고, 어떤 상황에 적응하는 형태인데 그것을 우리가 죽음으로 받아들이는 것인지도 모릅니다. 그래서 내가 쓴 시(詩)에서 '죽음은 도망을 가다가 절벽에 이르러 날아가 버리는 것이다.'라고 한 것입니다.

 단양에 가면 구인사가 있습니다. 우리가 거기에 갔을 때가 십수 년 전인데, 그때 그곳에서 키우는 고추나무가 칠 년이 되었다고 했습니다. 그 후 거기에 가 본 사람이 그 고추나무가 계속 살아있었다고 합니다. 우리가 심는 고추는 농사를 지어서 고추를 따고 나면 말라 죽는데, 그것은 말라 죽을 수밖에 없는 환경이기 때문입니다. 그런데 그것을 온실에서 키우니까 살아서 고추나무가 된 것입니다. 본래 다년생인 고추를 일년생이라고 잘못 알고 있는 것입니다. 얼마든지 살 수 있는 나무인데 자기가 살 수 있는 환경이 안 되니까 다른 형태로 바뀌어버리는 것입니다. 씨를 남기고 자기는 다른 형태로 바뀌어 버리는 것입니다.
 또 생명이 생기려면 반드시 음양(陰陽)이 있어야 한다고 착각하는데 다 그렇지는 않습니다. 지렁이는 자웅(雌雄)이 한 몸에 있습니다. 지렁이는 자웅동체인 것입니다. 그런데 우리는 딱 구분이 되어서 남성과 여성이 만나야 생명이 잉태된다고 생각합니다. 이것도 착각입니다. 나는 개구리의 무정란으로 실험을 했습니다. 비가 오는 여름 어느 날, 내가 툇마루에 앉아 있는데 배가 불룩한 개구리 한 마리가 마당으로 들어왔습니다. 알을 배고 있다고 생각한 나는 그 개구리를 잡아서 항아리에 넣고 관찰했습니다. 얼마 되지 않아 개구리가 알을 낳았습니다. 나는 개구리를 들어내서 풀어주고 난 다음, 그 알이 부화되도록 회로를 했습니다. 그리고 나서 그 알을 회로 위에 올려놓았습니다. 그로부터 며칠 후, 대부분 다 죽은 알 속에서 올챙이 한 마리가 꼬물거리는 것을 발견했습니다. 그 개구리는 수놈을 만날 기회가 없었습니다. 그러니 무정란임에 틀림없습니다. 무정란은 암수가 만난 것이 아닙니다. 그런데 무정란에 기운을 주니까 거기에서 올챙이가 나온 것입니다. 이걸 보면 반드시 암수가 만나야 생명이 잉태된다는 것도 착각인 것 같습니다.

좀 더 들어가 보기로 하겠습니다. 세균은 계속 분열하므로 죽음이 없습니다. 자기 스스로 이분법으로 두 개, 네 개 이렇게 나누어집니다.
세균은 증식력이 엄청나서 한 번 분열하는데 15~20분 정도 걸리고, 조건이 좋으면 하나의 세균이 24시간 안에 10^{21}이 되며, 그 무게는 약 4톤이 된다고 합니다. 그야말로 기하급수로 불어나는 것입니다. 거기에는 성(性)이 필요 없습니다. 죽음도 없습니다.

좀 더 깊이 들어가 보겠습니다. 우리가 생명이라고 하는 데는 몇 가지 조건이 있습니다. 첫째, 증식(增殖)을 합니다. 증식을 해서 성장하고 유지합니다. 그리고 효소작용을 해서 스스로를 변화시킵니다. 또한 대사 작용을 합니다. 뭔가 들어가고 나옵니다. 이런 조건을 모두 갖추고 있어야 생명체라고 할 수 있습니다. 그런데 묘하게도 암말하고 수탕나귀 사이에서 생긴 노새는 생식 능력이 없습니다. 그렇다면 노새는 생명체가 아닙니까? 우리가 생각하고 있는 생명체의 기준이 거기서 무너지고 맙니다. 우리는 엄청난 착각 속에서 살아가고 있습니다. 위기로 쫓길 때는 밥을 안 먹어도 거뜬히 지나가는데, 평상시에는 아침을 거르고 나오면 한 끼 덜 먹었다는 생각에 사로잡혀서 힘이 없습니다. 밤에 잠을 한잠도 못 자면 자야 한다는 생각이 머릿속에서 빙빙 돕니다. 그런데 전투 중일 때는 하루, 이틀 안 자는 것은 별 문제가 안 됩니다. 심할 때는 눈을 뜨고 걸어가면서도 잡니다. 극한 상황에서는 우리가 상상할 수 없는 그런 일들이 벌어지는 것입니다. 우리에게는 그런 숨겨진 능력들이 있는 것입니다.

또 갓난아이가 놀고 있는데 뒤에 있던 자동차의 사이드 브레이크가 풀려서 슬슬 아이가 있는 쪽으로 내려오니까 그것을 본 아이 엄마가 그 자동차를 번쩍 들었다고 합니다. 그 엄마에게 어디서 그런 힘이 나와서 자동차를 들었겠습니까? 우리에게는 비상한 능력들이 있는데 그것이 숨겨져 있어서 우리가 발견을 못하고 있는 것입니다.

근세의 마술사 중에 '후디니'라는 사람이 있었습니다. 그 사람은 탈출의 명인이었습니다. 이 사람이 개발한 것이 자기에게 수갑을 채우게 하고, 쇠사슬로 묶은 후 철재 통에 넣은 다음 자물쇠를 채워서 물속에 집어넣게 했습니다. 그런데 그는 수많은 관객이 보고 있는 상황에서 탈출합니다. 그런 것까지 해냈던 사람인데 어느 날 갑자기 사라졌습니다. 얼마 후에 그의 시체를 찾았습니다. 어느 날 그의 아내가 자다가 갑자기 벌떡 일어나서 펜을 잡더니 뭘 쓰기 시작했습니다. 그 순간 자동기술을 한 것이었습니다. 처음에 'darling!'이라고 나와서 '이게 뭐지?' 하면서 계속 써내려갔더니 남편인 후디니가 아내인 자기에게 보내는 메시지였습니다. 그 내용은 '나는 죽은 후의 세계가 너무 궁금해서 영계로 왔다. 나는 영계에서 이렇게, 이렇게 지내왔다. 여보, 당신을 지금도 사랑해.'라고 쓰인 것입니다. 그 편지가 얼마 후에 공개되었습니다. 공개되고 보니 그 글이 아내의 필체가 아니라 후디니의 필체였다고 합니다. 사인(signature)까지 했는데 보니까 후디니의 사인이었다고 합니다. 우리가 생각할 때 죽으면 끝인 줄 알았는데, 아내를 통해서 얘기한 것입니다. 어쩌면 지금 우리가 얘기하고 있는 이 현실이 사실은 착각인지도 모릅니다.

　이런 것도 있습니다. 꿈에 뭔가에 쫓겨 도망을 가는데 발은 안 떨어지고 죽을 지경입니다. 그러다가 잠에서 깼습니다. 그런데 깼다고 생각했는데 또 한 번 더 깬 것입니다. 깼다고 생각하는 것이 꿈속의 꿈이었던 것입니다. 내가 현실이라고 생각하는 이것이 눈을 뜨고 보면 꿈 같은 가상일 수도 있다는 것입니다.

　부처님이 크게 대각을 하고 보니까 그때까지 실체인 줄 알았던 것이 전부 공(空)이더란 말입니다. 사바(娑婆)라는 것이 '춤 너울너울 출 사(娑)'에 '춤 너울너울 출 파(婆)' 자입니다. 뭔가 서로 어울려서 출렁출렁하는 것입니다. 그것이 사바세계입니다. 대각(大覺)이라는 것이 꿈을 깬 것과 같은 것입니다. 깨보니까 '잡으러 오니', '도망을 가니',

'연애를 하니' 하는 것들이 모두 꿈같은 것입니다. 그렇게 보일 뿐이라는 것입니다. 이런 얘기는 하려면 끝이 없습니다.

우리가 당연시하는 것들이 너무 많습니다. 우리는 당연하다고 생각하는 것으로부터 깨어나야 하고 개선해나가야 합니다. 그런 사람들이 선각자입니다. 모르고 당연시하고 사는 것을 '그게 아니야. 너의 삶은 그게 아니야.'라고 깨우쳐 주는 사람, 그 사람이 선각자입니다.

예전에 맹물로 가는 자동차라고 하니까 사람들이 다 비웃었습니다. 말도 안 되는 거라고 비웃었습니다. 그런데 맹물로 가는 자동차가 요즘은 상당히 성공적인 상태에까지 이르러 있습니다. 물이 H_2O니까 수소와 산소의 결합체입니다. 그것을 분해하면 산소는 불이 타는 것을 도와줍니다. 수소 자체는 완전히 불입니다. 잘만 활용하면 맹물로 가는 자동차가 나올 수도 있습니다. 그것이 웃기는 얘기라고 하는 것은 자기가 무지한 것입니다.

그다음에, 요즘은 물로 쇠를 자릅니다. 그런 기계가 있습니다. 물을 고속으로 분사하면 쇠가 잘려나갑니다. 그야말로 상상을 뒤집는 것입니다. 몰라서 웃고 말았던 것이 현실에서 드러나고 있습니다. 그것처럼 지금 우리가 살아가는 것도 수많은 것이 그와 같습니다. 몰라서 무시했던 것이 알고 보니 정말 있는 것입니다. 그러니까 처음에 정의(定義)가 잘못 내려지면 그 뒤의 결과가 엄청나게 달라집니다.

지금 로봇 기술이 세계에서 가장 발달한 곳이 일본입니다. 일본에서 로봇 산업이 발달한 이유가 있습니다. 그것은 '**데즈카 오사무**'[1] 라는 한 외과 의사의 영향이 큽니다. 일본이 2차 세계대전에서 지고 난 후 온 국민이 좌절하고 있었습니다. 너무도 큰 실의에 빠져서 살아갈 희망이 없었습니다. 패배한 민족이니까 희망이 없었습니다. 당시 일본에서는 히로뽕을 길거리에서 팔았다고 합니다. 너무도 좌절하고 있으니까 그것으로라도 극복하도록 국가에서 묵인해 준 것입니다. 그런데 데즈카 오사무가 그걸 보면서 '이렇게 가다가는 일본이라는 나라가 영원히 망하겠다. 어떻게 하면 기운을 다시 북돋울 수가 있지?' 그래서 만화를 그렸는데, 그것이 『우주소년 아톰』입니다. 만화에서 아톰(ATOM)이 좋은 일을 수없이 많이 합니다. 아톰은 원자라는 뜻입니다. 일본이 원자탄에 의해 세계 2차 대전에서 굴복했습니다. 그래서 원자에 대해 두려움을 가지고 있었습니다. 그것을 극복하기 위해서 주인공 아톰이 인류를 위해 좋은 일을 하는 만화를 그린 것입니다. 그로 인해 로봇이라는 것이 자라나는 아이들한테 좋은 개념으로 자리 잡게 된 것입니다. 그 영향으로 일본이 로봇 산업의 최첨단을 달리고 있는 것입니다. 그런데 서양은 왜 일본보다 로봇 산업이 발달하지 않았을까요? 서양에서 인간을 개량하기 위해 만든 것이 '프랑켄슈타인'입니다. 그런데 인위적으로 만든 것이 잘못되어서 주인을 살해합니다.

---

1. 데즈카 오사무 : 1928년 11월 3일 오사카 토요나라 시 태생. 오사카대학 의학전문부 졸업. 의학박사 1946년 『마아짱의 일기장』으로 데뷔했으며, 1947년 『신보물섬』은 대히트를 기록했다. 이후 일본 스토리 만화의 확립에 힘썼다. 또한 애니메이션 세계에서도 큰 업적을 남겼다.

그러니까 그쪽으로 접근하는 것에 대한 두려움을 가지고 있습니다.

일본에서 「대망」이라는 소설이 나왔습니다. 일본이 패망하고 힘을 다 잃고 실의에 빠져 있을 때 '우리는 이런 민족이 아니다. 고대로부터 찬란한 역사를 지니고 있는 위대한 민족이다.'라며 일본인들이 그 소설을 보고 기운을 냈습니다. 온 국민이 좌절하고 실의에 빠져서 기운을 잃느냐, 기운을 차리느냐가 그런 작은 것에 달린 것입니다. 그것이 어떻게 세상에 퍼지고, 어떻게 알려지느냐에 따라 작고 새로운 개념이 이 세상을 변화시키는 것입니다.

'마틴 루터'와 '장 칼뱅' 교수는 성경 구절을 새로운 시각으로 해석했습니다. 예를 들면, '베드로, 너 위에 나의 교회를 세우겠다.'라는 말씀을 '내 교회를 무너지지 않는 반석(盤石) 위에 세우겠다.'라고 해석한 것입니다. 히브리어에서 베드로는 반석을 의미합니다. '베드로'라는 말이 베드로라는 사람을 지칭한 것이 아니라 반석이라고 해석한 것입니다. 그때까지 사람들이 반석으로 해석해야 하는 것을 예수의 제자 베드로인 줄로 잘못 생각했다는 것입니다. 베드로가 초대 교황이 되어 예수의 가르침을 이어받았기 때문에 모두가 그렇게 해석한 것입니다. 그렇게 맥을 이어 내려간 것이 '가톨릭'입니다. 그렇게 해서 교황제도가 생긴 것입니다. 교황은 예수의 대행자로서 역할을 한 것입니다. 하지만 루터와 칼뱅은 그렇게 해석하지 않고 베드로를 반석으로 본 것입니다. 나아가서 성경도 다시 해석했습니다. 그렇게 해서 종교개혁을 일으킨 것입니다. '베드로'에 대한 생각의 전환이 세계를 변화시킨 것입니다.

그리고 모두가 하늘이 지구를 중심으로 돈다는 천동설(天動說)을 믿고 있을 때, 코페르니쿠스는 이 지구가 태양 주위를 돌고 있다고 보았습니다. 그 생각이 이 세상을 바꿔 놓았습니다. 만약에 지금까지 하늘이 돌고 있다고 보았다면 절대로 인공위성을 띄울 수 없었을 것입니다. 측정방식 자체가 다른데 어떻게 인공위성을 띄울 수 있습니까?

자, 처음으로 돌아가 봅시다. 사실은 이 세상에는 고통과 아픔과 지배와 굴욕과 불행이 없을 수도 있는데, 우리가 아직 그렇게 하는 방법을 완벽하게 찾아내지 못해서 그걸 당연시하고 살고 있는지도 모릅니다. 이렇게 사는 것이 당연하다고 결론지을 때가 아니라는 것입니다.

이와 같은 시각으로 보면 새로운 법이, 새로운 깨달음이 이 세상에 나온다는 것은 그 자체가 어마어마한 힘이고 세상을 바꾸는 원동력이 됩니다. 지금 우리들은 이 깨달음의 씨앗을 잘 심고 가꾸어서 큰 나무로 성장시켜야 합니다. 바쁘게 돌아가는 세상에서 우리가 모여 앉아 이런 얘기 하는 것이 무슨 의미가 있고 가치가 있을까 생각할 수 있지만 그렇지 않습니다. 이것이 불씨가 되어 온 세상으로 퍼져나가게 되는 것입니다. 우리들 마음속에 진리의 씨가 뿌려지고, 그 씨가 자라나서 내 삶을 통해서 그 법이 밖으로 발현(發現)되어 나와야 합니다. 그렇게 발현된 법을 들은 사람들의 마음속에도 씨가 생겨야 합니다. 이렇게 보면, 소수이지만 지금 우리가 이런 얘기를 하는 것이 대단히 중요한 일을 하는 것입니다.

이를 비유한 얘기가 있습니다. 부처님이 탁발하러 나갔습니다. 그랬더니 누군가가 부처님께 물었습니다. "우리는 이렇게 열심히 일해서 먹고 사는데, 왜 부처님은 일도 하지 않고 얻어먹습니까?"라고 하니까 부처님이 "나도 일을 하고 있다."라고 합니다. "부처님께서는 남이 해놓은 음식을 얻어먹고 있지 않습니까?"라고 하니까 부처님이 "나는 법(法)을 깨달았고, 이 법을 펴기 위해 일하고 있다. 법이 소라면 나는 쟁기를 가지고 밭을 갈고 있다. 나는 법을 심고 법을 가꾸는 농부와 같다. 내가 그대에게 그저 얻어먹는 것이 아니라 일을 하고 먹는 것이다."라고 했습니다.

우리도 뭘 열심히 들고 왔다 갔다 하는 사람은 일하는 것 같고, 명상을 하고 법을 얘기하고 있으면 놀고 있는 것으로 생각하기 쉽습니다. 아닙니다. 우리는 더 큰 일을 하고 있는 것입니다. 다만, 자기만의 깨달음을 위함이 아니라 온 인류를 깨워내고, 온 중생을 제도하고자 할 때 우리는 가장 의미 있고 가치 있는 일을 하는 것입니다. 우리는 자신의 삶이 그렇게 되도록 최선을 다해야 합니다.

3

올바른
지도자가 되려면

'모두가 가는 길이라도 반드시 옳은 길은 아닙니다. 세상사람 모두가 가는 길이라도 틀린 길이라면 그대 혼자서라도 가지 말라. 또한, 세상사람 모두가 가지 않는 길이라고 해도 그것이 진리의 길이라면 그대 혼자서라도 가라.' 이것이 지도자의 첫 번째 덕목입니다.

....
일 시 : 2001년 5월 5일
장 소 : 서울 삼성동 한울센터

　

영화 '시스터 액트'에서 '우피 골드버그'라는 배우가 가짜 수녀로 나옵니다. 그녀가 성가대에 들어가서 콘테스트에 나가게 되는데, 다른 성가대는 전부 똑같은 옷을 맞춰 입고 나란히 줄을 서서 노래를 합니다. 그렇게 고정된 형태로 노래하는 모습은 청중들에게 마음 깊은 곳에서 우러나오는 기쁨과 주에 대한 진실한 마음을 보여주지 못했습니다. 오히려 그런 틀을 과감하게 벗어던진 우피 골드버그가 이끄는 성가대가 그랑프리상을 받습니다.

여러분도 마찬가지입니다. 여러분 또한 사람들이 만들어 놓은 규칙과 틀을 존중해야 하지만 그 틀에만 머무르고자 해서는 안 됩니다. '지도자는 어떻게 해야 한다.'는 이론은 이미 책에 다 있습니다. 지금 여러분은 진실로 지도자가 무엇인지를 터득해야 합니다. 우리 속에서 진실로 무엇이 움터 나와야 하는지를 터득해야 합니다. 진실로 사람과 사람 사이가 어떻게 되어야 하는지를 터득해야 합니다. 여기에서는 그런 공부를 해야 합니다.

지금 여기에 모인 여러분은 지도자가 되려는 분들입니다. 지도자는 공동체를 이끌어가는 사람입니다. 공동체에는 두 가지 형태가 있습니다. 그것은 '우리'와 '무리'입니다. 여러분은 우리가 무엇이고 무리가 무엇인지부터 알아야 합니다. '우리'는 내적 질서가 갖추어져 있는 공동체를 말하고, '무리'는 내적 질서가 없는 단순한 집합체를 말합니다.

지금부터 지도자가 되려면 무엇을 어떻게 해야 하는지부터 공부해봅시다.

자, 그럼 여러분이 가지고 있는 『명상록』[1] 을 펴보세요. 3장 64페이지에는 다음과 같은 글이 있습니다.

모두가 가는 길이라도 반드시 옳은 길은 아니다. 세상사람 모두가 가는 길이라도 틀린 길이라면 그대 혼자서라도 가지 말라. 또한, 세상사람 모두가 가지 않는 길이라고 해도 그것이 진리의 길이라면 그대 혼자서라도 가라.

이것이 지도자의 첫 번째 덕목입니다. 지도자는 이 마음을 가지고 있어야 합니다. 이 마음을 가지고 있는 지도자라야 많은 사람을 바른

---

1. 명상록 : 큰스승님께서 직접 쓰신 명상록. 이 내용은 5권 중 1권에 실린 내용이다.

길로 이끌 수 있습니다. 그런데 대부분의 지도자는 대중의 기준에 맞추어야 한다고 생각합니다. 그것은 잘못된 생각입니다. 사실 군중은 개인보다 수준이 낮습니다. 그래서 대부분의 지도자는 대중의 낮은 수준에 편승해서 거기에 맞춰야 한다고 생각하는데, 나는 그렇게 생각하지 않습니다. 올바른 지도자는 그 공동체가 나아가야 할 길을 깨달아 비전을 제시하고 앞장서서 그리로 이끌어가야 합니다. 여러분은 단순히 대중의 비위를 맞추려는 자가 되어서는 안 됩니다. 지도자는 자기 확신이 없으면 안 됩니다. 사람들이 투표해서 뽑아줬다고 지도자가 되는 것이 아닙니다. 그것은 선두에 섰을 뿐이지 진정한 지도자가 아닙니다. 지도자 수련에 들어왔으면 여러분이 무엇을 하려는 가에 대한 뚜렷한 목표와 비전이 있어야 합니다. 여러분은 무엇을 하기 위해서 지도자가 되려고 합니까? 아마도 '진리의 삶을 살고 싶다.', '영적 진화를 이루고 싶다.', '주와 하나가 되고 싶다.' 이런 목표가 있을 것입니다. 그런데 여러분은 주와 하나가 되는 것과 주와 같이 되는 것이 다르다는 것을 아십니까? 여러분은 주와 같이 되는 것이 아니라 하나가 되어야 합니다.

하나가 되는 것은 비유하면 ◎ 이와 같습니다. 이것을 보면 처음에 그린 동그라미가 점점 확대되어서 더 큰 동그라미가 되어갑니다. 이 전체는 여러 개의 동그라미로 이루어져 있는데, 그 전체가 하나의 장(場)을 이루고 있습니다. 이것이 하나가 되는 것인데 사람들은 자꾸 똑같이 되려고 합니다. 우리는 같이 되려고 하는 것이 아니라 하나가 되어야 합니다.

한 가족에는 아버지도 있고 어머니도 있고, 형도 있고 동생도 있습니다. 가족 구성원은 각자마다 고유한 개성이 있습니다. 그들이 어울려서 한 가족이 됩니다. 그것이 가족이고 '우리'입니다. 전부 아버지가 되려고 하거나 전부 아들이 되려는 것은 '우리'가 아닙니다. 우리가 똑같이 되지 않고 하나가 되기 위해서는 먼저 '한울'을 이해해야 합니다. 우리는 모두 '한울'이라는 하나의 장에서 각각의 고유한 개성을 지니고 존재하고 있기 때문입니다. 각자마다 개성도 뚜렷하고 각자의 역할도 분명합니다. 이렇게 전체가 하나로 어울려서 '한울'을 이루는 것입니다. 그 속에서 전체를 주도하는 주와 하나가 되는 것입니다.

여러분이 지도자가 되기 위해서는 확고한 목적과 확신을 가지고 시도해야 합니다. 자기 확신이 분명한 사람은 모두가 가지 않는 길이라 할지라도 자기가 옳다고 판단되면 그 길을 갑니다. 인도가 영국의 식민지로 압박을 받고 있을 때 간디라는 지도자가 나타났습니다. 그때 간디가 무엇을 했는지 아십니까? 여러분은 간디에 대한 기억을 더듬어 보면 무엇이 생각납니까? 혹, 간디의 연설문을 기억하는 사람 있습니까? 아마 없을 것입니다. 간디를 생각하면 웃통을 벗고 물레를 젓고 단식하는 것밖에 생각나지 않을 것입니다. 그것이 그의 리더십이었습니다. 많은 말보다 자기의 확신을 그대로 밀고 나간 것입니다. 그렇게 확신을 가지고 밀고 나가니까 차츰 동조하는 사람들이 생기기 시작해서 온 인도인들이 그를 따르게 된 것입니다. 간디가 자기 확신 없이 일일이 사람들의 의견을 물어서 그들의 의견을 대변했다면 결코 그와 같은 큰 지도력을 발휘할 수 없었을 것입니다. 여러분도 마찬가집니다. 여러분이 지도자가 되려면 무엇보다도 뚜렷한 자기 확신이 있어야 합니다.

그다음에, 자기 확신이 생겼다면 그 확신의 근원이 무엇인지를 알아야 합니다.
명상록 65페이지에는 다음과 같은 글이 있습니다.

인류는 지금까지 밝은 사회, 정의 사회, 공정 배분을 위해서 노력해 왔다. 그것이 지금까지 인간이 찾아낸 최상의 사회이다. 그러나 완벽하지 않은 것이 확실하다. 그것은 아직도 불공정, 불균형, 불합리가 세계에 만연하고 있기 때문이다.

현재가 잘 되어 있으면 새로운 지도사가 나올 필요가 없습니다. 이미 완전한데 나와서 무엇을 하겠습니까? 현재가 완전하지 않으니까 그 공동체를 새로운 방향으로 이끌기 위해 뜻을 세우는 것입니다. 내가 무엇을 하려고 할 때는 반드시 분명한 이유와 목적이 있어야 합니다. 지금까지 인간이 이루어낸 것이 완벽하지 못하기 때문에 '우리 인류가 어디로 가야 하는가?', '무엇을 개선해야 하는가?'를 생각하면서 그것을 실천할 지도자를 필요로 하게 되는 것입니다.

그다음 장에 보면 앞에서 얘기한 '우리'와 '무리'에 대한 설명이 다시 나옵니다.

우리는 '참나'의 의미를 갖기 위하여 모인 공동체이고,
무리는 '참나'의 의미를 분열시키기 위한 집합체이다.

군중 속으로, 무리 속으로 들어가면 '나'라는 존재가 사라져 버립니다. 그러나 공동체에서는 자신의 개성과 존재가 분명하게 있습니다. 여러분이 '한울인'이 된다는 것은 각자의 개성을 잃는 것이 아니라 자기의 확신과 개성을 가지고 더불어 존재하는 것입니다. 전체의 질서 속에서 조화롭게 존재하는 것입니다. 그와 같이 '우리'와 '무리'는 나릅니다. 우리는 목표를 향해서 같이 가지만 무리는 선동하는 자도, 그 선동에 따르는 자도 모두 떠밀려 갑니다. 어디로 가는지도 모르고 흘러갑니다. 선동하는 자도 처음에는 앞장서서 선동하지만 나중에는 군중에게 끌려다니게 됩니다. 우리는 그렇게 되어서는 안 됩니다. 우리는 한울공동체로서의 분명한 목표가 있어야 합니다. 그런 것 없이 우~ 모였다, 우~ 흩어졌다 하면 옳은 지도자가 안 나오고, 올바른 공동체도 안 됩니다. 여러분은 '우리'라는 의식을 가지고 확신을 실천해가야 합니다. 여기에서 지도자를 발굴해내고, 그 사람은 지도자로서의 역량을 키워서 우리를 잘 이끌어나가야 합니다. 그래야 우리 모두가 바라는 좋은 공동체가 됩니다.

그리고 지도자는 공동체를 운영하기 위해서 무엇이 필요한가를 알

아야 합니다. 필요한 요소를 끝내 찾아내지 못하면 그 공동체는 제대로 운영되지 못합니다. 마차를 만들 때 다른 재료를 다 모아도 바퀴가 없으면 안 되듯이 반드시 필요한 것을 갖추지 못하면 뜻만 있지 실행하지 못합니다. 하나의 공동체를 생각할 때 제일 먼저 생각해야 하는 것이 공동체를 구성하는 구성원입니다. 어떤 구성원으로, 어떻게 일구어가야 하는가를 먼저 생각해야 합니다.

**군중이 열광하면 영웅이 탄생되고,
군중이 분노하면 처형하게 된다.**

개인과 군중에 대해서도 분명한 구분이 있어야 합니다. 혼자 있을 때는 생각을 많이 하게 되어 감정보다는 이성적으로 행동할 가능성이 큽니다. 그러나 '와' 하고 몰려다닐 때는 이성보다 감정적인 행위에 치우치게 됩니다. 그런 개인과 군중의 차이로 인해서 많은 문제가 생깁니다. 군중은 쉽게 열광합니다. 군중이 열광해서 누군가를 떠받들면 금방 영웅이 됩니다. 그러다가 어느 순간 군중이 분노하면 영웅이라고 떠받들던 그를 가차 없이 처형해 버립니다. 지금까지 영웅이라고 하던 사람을 거꾸로 매달아 처형합니다. 군중은 감정에 치우치기 때문에 올바른 사리판단을 못 합니다. 군중 심리에 의해 영웅이 탄생하기도 하고 영웅이 일시에 처단되기도 하는 것입니다. 그런 힘이 '무리'의 힘입니다. 그것은 '우리'의 힘이 아니고, 이성적인 사고에서 나오는 행동이 아니고, 감성에서 마구 흔들리는 파도와 같은 힘입니다. 과연 무엇이 이렇게 만드는 것일까요? 그것은 영적 파동의 증폭 현상입니다. '와' 하고 감성적으로 흥분해서 그 파동이 증폭되면 엄청난 큰 파도가 일어납니다. 그 큰 파도가 지금까지 귀중했던 것들을 한 번에 다 쓸어버립니다. 그렇게 해서 혁명이 일어나는 것입니다. 처음에 개인이 생각했던 것과 전혀 다른 결과를 만들어내는 것입니다.

여러분은 '닥터 지바고'라는 영화를 보셨을 것입니다. 그 영화는 '볼셰비키 혁명' 당시를 배경으로 한 영화인데, 군중이 이리 휩쓸리고 저리 휩쓸리는 동안에 개인의 개성이나 존엄성이 완전히 무시됩니다. 그래서 처음에 구상했던 나라가 아닌 전혀 엉뚱한 방향으로 가게 됩니다. 군중에 의한 세상의 변화를 『닥터 지바고』에서 잘 보여주고 있습니다.

그러하기에 군중의 방향과 그들의 목표도 전혀 엉뚱한 곳으로 떠밀려갈 수 있다.

역사적으로 기억할만한 사건들은 인간의 영적 파동의 변화가 표면으로 드러난 결과입니다. 그런데 군중심리를 잘 활용하는 사람이 지도자가 되는 경우가 있습니다. 그런 지도자는 군중에 떠밀려가다가 끝내 군중에 의해 처형됩니다. 독재자로 군림하다가 끝내는 군중에 의해 처형됩니다. 그것이 역사가 우리에게 보여주고 있는 교훈입니다. 열등한 군중에게 신앙을 심어주면 그들은 노예가 되어버립니다. 군중의 수준이 낮으면 낮을수록 신앙을 심어주면 전부 노예가 되어버립니다.

그렇기 때문에 군중을 노예로 만들려는 지도자는 무리의 수준을 낮춥니다. 어느 단체에 가더라도 개인의 수준을 높여주지 않고 계속 세뇌하는 지도자가 있다면 그는 여러분을 노예로 만들려고 한다는 것을 알아야 합니다. 오늘 애니메이션 '이집트 왕자'를 봤습니다. 거기에 모세와 모세를 따르는 이스라엘 백성들이 나오는데, 그들 스스로 기적을 행하는 것이 아닙니다. 기적을 행하는 신에게 굴복하고 신의 종이 됩니다. 그런 종교들은 인간의 영적인 수준을 높이려고 하지 않습니다. 그래서 그들은 처음부터 자신을 주의 종이라고 생각합니다.

인류 역사상 두 개의 큰 종교 사상이 일어났습니다. 하나는 스스로 완성에 이르는 길을 제시한 종교 사상이고, 다른 하나는 신에게 복종해서 보호받으면서 살고자 하는 종교 사상입니다. 여러분은 어떤 것을 선택하겠습니까? 내가 여러분에게 끊임없이 '여러분이 주이다.', '세상의 주인이 돼라.'라고 하는 것은 여러분이 종이 되는 것을 원치 않기 때문입니다. 여러분의 내면에 있는 것을 계발하고 깨우쳐 나가면 여러분이 바로 주와 하나가 될 수 있다는 것을 얘기하고 있는 것입니다. 내가 얘기하는 중에 불교적인 성향이 많이 나오지만, '주' 또는 '계시'라는 내용도 많이 나옵니다. 그래서 자칫 혼동이 일어날 수도 있을 것입니다. 내가 얘기하는 '주'라는 개념은 각자의 내면에 있는 주체를 이야기할 때의 '주'로서 절대자에게 굴복하거나 복종하라고 하는 개념이 아닙니다. 여러분의 심연(深淵)에 있는 우주본성을 깨워내서 영적 진화를 이루면 여러분 스스로 주와 하나가 된다는 것을 가르치고 있는 것입니다. 그리고 깨달음에 이르는 과정은 스스로 영적 진화를 이루어야 하므로 불교적인 성향을 가지고 있는 것입니다. 궁극적으로는 여러분의 내면에 있는 '주'를 일깨우라는 말입니다. 일깨워서 여러분 스스로 주인이 되라는 것입니다. 절대로 여러분에게 복종하라는 얘기가 아닙니다.

우리 『한울계시록』 제일 뒤에 보면 '기도문'이 있습니다. 그 기도는 스스로를 낮춤으로써 주와 통하고자 하는 기도입니다. 조금만 칭찬해도 우쭐해서 자만하는 경우가 허다합니다. 그렇게 하면 안 됩니다. 자신이 어느 경지에 이르렀다고 하더라도 스스로를 겸허하게 낮추는 것이 도리입니다.

불국사 다보탑

다보탑을 보면 위쪽에 구슬처럼 생긴 세 개의 보륜(寶輪)이 있습니다. 구(球)라는 것은 완전하면서도 가장 효율적인 입체입니다. 가장 작은 표면적으로 가장 큰 부피를 수용할 수 있는 것이 구형입니다. 이 우주는 그렇게 가장 효율적인 방법으로 짜여 있습니다. 또한, 효율적으로 짜기 위해서 질서를 유지하고, 그 질서를 유지하기 위한 많은 움직임이 있습니다. 그중에는 별똥별처럼 끌려들어 가기도 하고, 혜성처럼 튕겨 나오는 것도 있지만 기본적으로는 전체 질서를 잡기 위해서 이런 구형을 지니고 있는 것입니다. 이 우주는 효율적으로 존재하려 합니다. 그렇기 때문에 대부분의 별이 구형으로 이루어져 있습니다. 구형은 완벽이라는 의미를 담고 있습니다. 그런데 다보탑의 제일 위에 있는 보륜은 살짝 눌린 구형의 모양입니다. 그것은 비록 자기가 완벽에 이르렀다 할지라도 스스로 겸양하고, 스스로를 제어해야 한다는 것을 의미하고 있는 것입니다. 다보탑은 그 자체로서 이미 심오한 법을 설명하고 있는 것입니다. 단순한 예술품이 아니라 불교의 큰 가르침을 설명하고 있는 설법체인 것입니다. 그러한 다보탑의 의미를 읽어내지 못하면 우리는 다보탑과 석가탑을 단순히 예술적인 가치로밖에 못 봅니다. 그 의미를 읽어낸 사람이 많은 사람에게 숨겨진 의미를 가르쳐 주면 법 보시를 하는 것이 됩니다. 그렇게 하는 것이 법을 널리 펴는 것입니다.

그와 같이 우리가 우리 속에 있는 주와 함께하고, 영적 진화를 해서 주와 하나가 된다고 할지라도 스스로 겸허한 자세를 가지기 위해서 그런 기도를 하는 것입니다. 그 기도문을 읽고 '스스로 주가 되라고 하더니 종이로구나.' 이렇게 생각하면 잘못 생각하는 것입니다. 어떤 종교에서는 사람들을 계속 세뇌해서 무조건 복종하게 만듭니다. 나는 우리 아이들이 어릴 때 신앙을 갖지 말라고 했습니다. 그랬더니 그것을 보고 공부를 그만두고 돌아선 사람도 있었습니다. 나는 우리 아이들에게 "세뇌되어서 신앙을 갖지 말고 진리를 추구해라. 그리고 세상사람 모두가 간다 해도 그것이 진리가 아니라면 너 혼자라도 가지 않아야 한다. 또 모두가 가지 않더라도 그 길이 진리의 길이라면 너 혼자라도 가야 한다."라고 얘기했습니다. 그랬더니 그 얘기를 들은 사람이 '저들은 내가 믿고 있는 하나님을 부정하는구나. 우리 종교를 비판하는구나.' 하고 돌아서 버렸습니다. 그것을 보고 세상에는 말귀를 못 알아듣는 사람이 정말 많다는 생각이 들었습니다. 지금 내 얘기를 듣는 사람들의 수준이 천층만층이라 각자의 수준에 따라 생각하는 가치가 전부 달라집니다.

그다음에, 앞에서 얘기한 바와 같이 내적 질서를 제대로 갖추고 있는 것이 공동체인데 '우리'라는 공동체가 이루어져도 그 속에는 두 가지 부류(部類)가 생깁니다. 그 속에는 질서를 유지하려는 사람들이 있고, 질서를 파괴하려는 사람들이 있습니다. 그래서 서로 갈등하게 됩니다. 두 부류가 서로 조화를 이루면 발전을 이루고, 조화를 이루지 못하면 무너지고 맙니다. 공동체가 무너지는 것은 질서를 범하는 무리와 그것을 방관하는 무리에 의해서입니다. 우리는 간혹 자기는 잘못을 저지르지 않았으니까 괜찮다고 생각합니다. 그런데 그것이 잘못입니다. 공동체에서는 방관하는 자도 잘못하는 자와 똑같은 잘못을 하는 것입니다. 동생이 계속 집안 살림을 가지고 나가서 노름으로 탕진해 버리는데 자기가 노름을 안 하니까 괜찮다고 생각하면 되겠습니까? 그것을 바로 잡아주지 않으면 그 집안이 망해버립니다. 망해버린 결과는 누구에게 돌아갑니까? 집안 전체가 감당하게 됩니다. 일반적으로 사람들은 남의 일에 간섭하거나 남의 잘못을 지적하는 것을 안 하려고 합니다. 공연히 남의 잘못을 지적해서 나쁜 인상을 줄 필요가 어디 있느냐며 회피합니다. 그는 그것이 자기가 죽는 길이라는 것을 모릅니다. 잘못을 보고도 방관하는 것은 자기가 잘못을 저지르고 있는 것과 똑같습니다. 또한, 그것으로 인해 전체가 죽는다면 자기도 죽는 것입니다. 사회도 마찬가집니다. 잘못하는 것을 방관하고 있으면 그 사회는 망하고 맙니다. 가정도 마찬가지고 공동체도 마찬가지입니다. 그래서 여러분 중에 누군가 잘못을 저지르고 있거나 잘못되어가고 있다면 모두가 나서서 바로잡아줘야 합니다. 그렇게 하지 않으면 공동체가 아니라 그냥 군중이 모여 있는 무리에 지나지 않습니다. 그렇게 되어서는 안 됩니다.

어떤 운동이 일어나면 그 운동에 반대되는 운동이 동시에 일어납니다. 그것을 '작용'과 '반작용'이라고 합니다. 반작용은 어떤 것을 밀어주는 역할도 합니다. 그런데 큰 추진력을 내고 큰 목표를 달성하기 위해서는 하나의 운동으로 통일되어야 합니다. 거기에 반대운동이 들어가서 반작용을 일으키면 전체가 흔들립니다. 여러분은 이런 것을 해보셨는지 모르겠습니다. 빵을 만들 때 계란을 한 방향으로 저어서 거품을 냅니다. 그런데 한 방향으로 젓다가 반대방향으로 몇 번 저으면 거품이 다 사라집니다. 그것은 마요네즈를 만들 때도 마찬가지입니다. 공동체 내에서도 마찬가집니다. "우리 이렇게 하자!"라고 하는데, 누군가 "나는 그렇게 안 할래." 이러면 전체 기운이 다 빠집니다. 여러분이 하나의 목표를 달성하기 위해서는 그런 사람들이 끼어있는지 없는지를 반드시 확인해야 합니다. 그렇게 하지 않으면 한참 가다가 기운이 다 빠져서 더 이상 나아갈 수 없게 됩니다. 그렇기 때문에 그런 사람들을 반드시 찾아내서 조치해야 합니다. 모두가 "열심히 합시다."라고 하는데 혼자 냉랭하게 비판하고 앉아있으면 나아가지를 못합니다. 그렇기 때문에 우리가 무엇을 이루려고 할 때는 작은 반대운동이라도 간과해서는 안 됩니다.

그다음에 명상록 76페이지를 보면 지도자에 대한 내용이 나옵니다.

진정한 지도자는 바른 표가 되어야 한다.
단지 무리의 선두에 서서 떠밀려 가는 자가 되어서는 안 된다.

앞에서 얘기한 것처럼 분명한 자기 확신을 가지고 나아가는 노력이 있어야 합니다. 그래야 지도자이지 '와' 하는 함성에 떠밀려 가면 안 됩니다. 과거에 그런 경험이 많습니다. 대표를 뽑는데 정말 제대로 일을 할 사람은 안 뽑고, 할 일이 없어서 노는 사람한테 하라고 하면 잘 될 리가 없습니다. 그러면 전체가 무너져 버립니다. 우리가 리더를 뽑을 때는 잘 판단해서 뽑아야 합니다. 그리고 리더로 뽑혔으면 그때는 지지를 확보해야 합니다. 최선의 노력을 다해서 많은 사람이 자기를 지지하도록 해야 합니다. 그렇게 지지를 얻으려면 어떻게 해야 할까요?

제일 먼저 공평해야 합니다. 어느 한쪽 편만 들어서는 절대로 다수의 지지를 얻지 못합니다.

그다음은 목표가 확실해야 합니다.

"이렇게 하는 것이 좋은지 나는 잘 모르겠는데 여러분은 어떻게 생각하느냐?" 이러면 절대로 지지를 받지 못합니다.

그다음에는 상대의 의견을 존중해야 합니다. 상대의 의견을 묵살하거나 짓밟아버리면 절대로 다수의 지지를 얻지 못합니다.

그다음에는 각자가 목표를 달성하는 데 대한 긍지를 갖게 해야 합니다. 자기가 하는 일에 스스로 자긍심을 갖도록 확신을 주어야 합니다. 그러면서도 결과가 성공할 수 있다는 확신을 주어야 합니다.

"자, 우리 이렇게 해보자. 그런데 성공할지 실패할지는 모르겠다."라고 하면 누가 따르겠습니까? "여러분이 자긍심을 가지고 지지해주면 분명히 이 일은 성공합니다."라고 확신을 심어주어야 합니다. "나도 아직 잘 모르겠습니다." 이러면 안 됩니다. 자기도 확신이 없는데 어떻게 다른 사람을 설득할 수 있겠습니까. 어디에서 어떤 지도자가 되든지 지도자가 되려면 분명한 목표를 설정해주고, 자긍심을 주고, 성공할 수 있다는 확신을 심어주어야 합니다. 지금 여기에서 말하는 것은 지도자로서 공통의 필수 요소를 말하는 것입니다.

그다음 명상록 78페이지에는 '지도자 자신에 대해서는 어떻게 생각해야 하느냐'에 대한 내용이 있습니다.

**태양계에서 태양은 자기가 중심이 아니라
태양계의 중심에 가장 가까이 있다.**

'태양계에서 태양은 자기가 중심이 아니라 태양계의 중심에 가장 가까이 있는 것이다.', '부처는 부처세계의 중심에 가장 가까이 있으며,

공동체의 지도자는 그 공동체의 중심에 가장 가까이 있는 자이다.' 이렇게 생각해야 합니다. 지도자는 그 공동체의 중심에 가장 가까이 있으려 해야지 자기가 공동체의 중심이 되려고 해서는 안 됩니다. 자기가 공동체의 중심이 되려고 하면 독재자가 됩니다. 독재자가 되면 그다음부터는 전부 독선적이게 됩니다. 자기가 중심이니까 자기가 다 옳다면서 밀어붙입니다. 그러다가 자기한테 거치적거리면 바로 제거해 버립니다. 그러나 사람들은 그런 독재자를 끝까지 용납하지 않습니다. 한동안은 봐주겠지만 이내 그 독재자를 밀어내 버립니다. 그렇게 밀어낼 때는 평범한 상식에 의해서 무너집니다. 독재가 무너질 때 또 다른 독재자에 의해 무너지는 것이 아닙니다. 독재자를 무너뜨리기 위해 또 다른 독재자가 나타나는 것은 권력 쟁탈입니다. 독재자를 무너뜨리는 것은 평범한 대중이 무너뜨립니다. 그래서 지도자는 그 공동체의 중심에 가장 가까이 있으려고 해야지, 자신이 중심이라고 생각하면 안 됩니다. 지도자는 그 공동체의 중심을 잘 잡아주는 역할을 해야지, 자기가 중심 자체가 되면 독재자가 되어 끝내는 무너지고 맙니다.

그다음에, 한 공동체의 지도자는 그 공동체를 이끌어나갈 원칙을 알아야 합니다. 원칙을 알아야 하므로 지도자 수업이 필요합니다. 지도자는 누군가가 지도자로 지명했다고 바로 훌륭하게 해낼 수 있는 것이 아닙니다. 지도자 수업을 받아서 그 원칙을 배워야 합니다. 그렇다고 원칙만을 고집해서는 안 됩니다. 지도자가 원칙만 알고 변칙을 모르면 좋은 지도자가 될 수 없습니다. 우리가 만나는 상황은 끊임없이 변화합니다. 그렇기 때문에 원칙대로만 하면 그 공동체는 죽은 공동체가 되어버립니다. 어떤 때는 지도자가 카리스마를 발휘할 때가 있는가 하면, 어떤 때는 아주 매력적인 존재가 되기도 하고, 어떤 때는 아주 유머가 넘치기도 해야 합니다. 그렇게 해서 전체를 한 손에 쥘 수 있는 온갖 변칙을 알고 있어야 합니다.

그다음에, 지도자에게는 여러 가지를 사용할 수 있는 권한이 주어지는데 그것을 사용만 하고 있어서는 안 됩니다. 그것을 응용해서 발전시켜나가야 합니다. 사용만 하고 응용을 하지 못하면 발전이 없습니다. 그래서 지도자는 조그마한 것이라도 문제가 있으면 연구해서 개선하고 새로운 것을 만들어 내야 합니다. 제품을 개발하는 사람은 별거 아닌 것을 응용해서 쓸모 있는 새로운 제품을 만듭니다. 그래야 발전합니다. 원칙도 모르고 변칙도 모르면 시도하는 것마다 실패하고, 원리도 모르고 사용도 못 하고 응용도 할 줄 모르면 망하고 맙니다. 기업체가 제품을 끊임없이 개발하지 않고 한 가지 제품만 우려먹고 있으면 결국 망합니다. 경쟁 회사에서는 새로운 제품을 계속 개발하는데, 한 가지 제품만 고집하고 있으면 그 회사는 망하고 맙니다. 러닝셔츠를 사면 라벨이 목 뒤에 붙어있어서 몸에 닿아 까끌까끌합니다. 그래서 나는 러닝셔츠를 사면 그것부터 먼저 떼 냅니다. 떼다가 잘못 하면 올이 빠져서 구멍이 나버리는 경우가 종종 있습니다. 그러다가 그걸 만드는 사람에게 물어봤습니다.

"라벨을 여기에 붙여놓으면 목이 까끌까끌하다는 것을 압니까?"라고 물으니까 안다고 했습니다. "안다면서 왜 이걸 여기에 계속 붙입니까?"라고 했더니 지금까지 계속 붙여 와서 그렇게 한다는 것이었습니다. 그 말을 듣고 '아, 이 사람은 곧 망하겠구나.' 하고 생각했습니다. 불편한 것은 개선해야 발전합니다. 잘못되어 있으면 바로 고쳐야 합니다. 그런데 자기가 먼저 고치려니까 겁이 나서 못합니다. '내가 먼저 했다가 만약에 안 되면 어떻게 하지?' 그런 사람은 절대로 개척자가 될 수 없습니다. 그는 주도자가 아니라 종입니다. 그는 그 길을 벗어나면 불안해서 못 삽니다. 그래서 그는 다른 사람들이 간 길을 따라서 갑니다. '이건 불편해. 편리하게 고쳐야 해.' 이렇게 자꾸 고쳐나가야 합니다. 그러면 아이디어가 끊임없이 솟아납니다. '이건 이렇게 고치면 더 좋겠다.' 그렇게 하다가 세계적인 발명가가 될 수도 있습니다.

발명에 관한 얘기를 해드리겠습니다. 여기에는 이미 들은 분도 있을 텐데 못들은 분들을 위해 다시 한번 얘기해 드리겠습니다.
옛날에 미국에서 각설탕을 수출하는데 수송 중에 설탕의 각이 무너져서 골머리를 앓고 있었습니다. 각설탕이 왜 좋은가 하면 냉커피를 탈 때 각설탕이 잔에 떨어지면서 '땡그랑' 하고 나는 소리가 아주 청량감을 주기 때문입니다. 그래서 여름에 시원한 냉커피를 마실 때는 각설탕의 각이 정확하게 나 있는 것이 좋습니다.
미국에서 각설탕을 수출하는데 배에 싣고 가는 동안 각이 무너져서 청량감이 떨어졌습니다. 그래서 각설탕의 각이 무너지지 않게 하기 위해서 온갖 방법을 다 동원해 보았습니다. 비닐로 싸보기도 하고,

진공 상태를 만들어보기도 했지만 배에 싣고 적도를 건너 유럽에 도착하면 각이 다 녹아 버리는 것이었습니다. 그래서 각설탕의 각이 무너지지 않게 하는 방법을 현상 공모했습니다. 그랬더니 어떤 사람이 각설탕을 싼 비닐봉지에 구멍을 뚫었습니다. 그랬더니 적도를 지나가도 각이 무너지지 않았습니다. 그 전까지 사람들은 공기 중에도 수분이 있으니까 포장지에 들어있는 공기까지 빼야 한다고 생각한 것입니다. 각설탕이 고체로 되어 있어서 그 각설탕 속에도 수분이 있다는 사실을 간과했던 것입니다. 사실은 고체로 된 각설탕 속에 미량이지만 수분이 들어있어서 그것이 적도를 지날 때 증발해서 각을 무너뜨렸던 것입니다. 그런데 구멍을 뚫어놓으니 각설탕에서 증발한 수분이 그 구멍으로 다 빠져나가서 각이 그대로 유지될 수 있었던 것입니다. 그 아이디어를 낸 사람은 그 당시 현상금으로서는 가장 많은 백만 불을 받았다고 합니다. 각설탕의 수출량이 어마어마하니까 그 정도의 현상금을 주어도 괜찮았던 것입니다. 그 내용이 신문에 대서특필되어 나왔습니다. 그 당시에 백만 불이면 어마어마한 돈이었습니다. 그는 갑자기 백만장자가 된 것입니다.

그러고 나니 너도나도 여기저기에 구멍을 뚫어보았습니다.(웃음) 송곳을 가지고 다니면서 아무 데나 찔러보았습니다. 그러던 중에 한 사람이 휘발유 라이터에 구멍을 뚫었습니다. 당시 휘발유 라이터는 며칠을 못 써서 기름이 전부 소진되었습니다. 휘발유 라이터의 불꽃이 올라오는 옆 부분을 보면 구멍이 나 있습니다. 금속으로 된 거기에 누군가 구멍을 뚫은 것입니다. 휘발유 라이터를 켜는데 산소공급이 안 되니까 불완전연소 되어서 그을음이 나고 휘발유는 휘발유대로 빨리 소모되었던 것입니다. 그래서 거기에 구멍을 뚫었더니 그런 문제가 해결되었습니다. 특허를 냈더니 당장 50만 개의 주문이 들어왔습니다. 그는 그것을 기반으로 사업을 확장해 부자가 되었습니다. 그 소문이 나니까 또 너도나도 찔러대기 시작했습니다. (웃음) 어떤 사람이 여자 오버코트의 단추에 구멍을 내고 향수를 넣었습니다. 단추에 향수를 넣으니까 여자에게서 장미 향기가 나고, 국화 향기가 나는 것입니다. 단추만 바꿔달면 국화 같은 여자가 되고, 장미 같은 여자가 되는 것이었습니다. 그것이 또 크게 히트해서 그 사람도 돈을 엄청나게 많이 벌었습니다.

또 어떤 사람은 종이에 구멍을 냈습니다. 그는 회사에서 전표를 끊는 사람이었는데, 자기가 받는 월급이 너무 적어서 그것을 가지고는 먹고살기도 힘들었습니다. '다른 사람들은 구멍을 뚫어서 엄청난 부자가 되었다는데, 나는 이게 뭐냐?'라고 생각하면서 전표 위에다 볼펜으로 구멍을 꾹꾹 찍었습니다. 그리고 나서 무심하게 쭉 찢었더니 찍은 선에 맞춰서 쫙 찢어지는 것이었습니다. 그 순간 '그래, 이거야!' 하면서 그 길로 사표를 내고 그 사업을 시작했습니다. 요즘 쫙 찢으면 직선으로 찢어지는 것이 바로 거기서 나온 것입니다.

또 한 노총각이 있었는데, 그는 재산도 없고 직업도 변변치 않아서 결혼도 못하고 있었습니다. 그러던 어느 날 한 여자를 만나기로 했습니다. 그런데 한참을 기다리는데도 약속한 여자가 오지 않았습니다. '이번에도 또 딱지 맞는구나!' 하고 생각하며 길바닥을 보니까 철사 조각이 떨어져 있었습니다. 그 철사를 주워서 주물럭거리면서 기다리고 있었습니다. 그러다 보니까 철사가 이렇게 저렇게 굽혀져 있었습니다. 그것이 지금의 클립이 된 것입니다. "아, 이거다!" 하고 있는데 그 여자가 왔습니다. 예전 같으면 저자세일 텐데, "자기 왔어?" 하고 자신 있게 얘기하면서 멋지게 키스해 주었습니다. 그는 그 클립으로 부자가 되었습니다. 이런 것들로 부자가 되니까 세계에서 발명 붐이 일어났습니다.

일본 사람들은 매일 목욕을 하는데, 목욕하고 나서 '유카타'라는 가운을 입습니다. 그 가운을 입고 밥도 먹고 손님도 맞이합니다. 그런데 예전의 팬티는 앉으면 앞섶이 좌우로 벌어졌습니다. 그러다 보면 성기가 밖으로 나오기가 일쑤였습니다. 무안해하던 부인이 생각하다가 팬티의 앞부분을 일자 형태가 아니라 기역자 형태로 만들었습니다. 요즘 나오는 팬티는 소변을 보려면 옆으로 손을 넣어야 합니다. 그렇게 기역자 형태로 되어 있으니까 앞섶이 벌어지지 않게 되었습니다. 그것이 또 히트해서 부자가 되었습니다.

옛날에는 생선을 짚으로 묶어서 팔았습니다. 그러니 생선을 들고 가면서 옷에 묻을까 신경을 썼습니다. 그러는 중에 통 비닐이 나왔습니다. 통 비닐을 걸어놓고 손님이 오면 밑에 한 번 묶고 툭 잘라서 위에 묶어주었습니다. 그렇게 해서 생선을 파니까 손님이 마구 밀려들었습니다. 그래서 이번에는 아예 밑을 붙여서 비닐봉지를 만들었습니다. 요즘 쓰는 비닐봉지가 거기에서 나온 것입니다.

여러분 주위에도 부자 될 수 있는 길이 수없이 널려 있습니다. 그렇게 많아도 관심이 없으면 안 보입니다. 보는 눈이 안 떠지니까 생각이 안 열리는 것입니다. 내가 젊은 나이에 섬유사업을 할 때, BYC라는 백양 메리야스에 납품을 하게 되었습니다. 백양에서 같이 디자인을 검토 하자고 해서 들어갔습니다. 공장이 컸고 마당도 아주 넓었는데, 거기서 검은 고무신을 신은 한 노인이 뭔가를 줍고 있었습니다. 안에 들어가서 담당 부장을 만나 한참 얘기하고 있는데 "우리 회장님이십니다."라고 하기에 돌아보니 마당에서 뭔가를 줍고 있던 바로 그 노인이었습니다. "아, 회장님이시군요. 그런데 좀 전에 마당에서 뭘 그렇게 주우셨습니까?" 하니 못을 주웠다고 했습니다. 그래서 "직원들에게 시키시지 왜 직접 하십니까?"라고 했더니 "직원들 눈에는 이게 안 보여." 자기 눈에는 그것이 보이는데 직원들 눈에는 안 보인다는 것입니다. 자칫하면 그 못에 직원들의 발이 찔릴까 걱정이 되어서 줍는데, 직원들의 눈에는 그 못이 안 보인다는 것입니다.

우리 건물 입구에 셔터가 있었습니다. 건물 관리인이 셔터를 내리는데 내가 보니 삑 하는 소리가 나는데도 그냥 내리기에 "거기에 기름을 좀 치면 소리가 안 나지 않겠느냐?"라고 했더니 관리인이 거기에 기름을 쳤습니다. 그런데 옆에 있는 셔터에서도 소리가 나는데도 얘기를 하기 전에는 조치를 안 하는 것입니다. 그것이 그 사람에게는 안 보이고 안 들리는 것입니다. 그에게 주인의식이 있었다면 내가 얘기하기 전에 기름을 쳤을 것입니다. 그리고 기름을 칠 때 그 옆에 소리 나는 다른 셔터에도 쳐야 하는데 그게 안 되더란 말입니다. 그것이 얼마나 큰 차이인지 모릅니다. 그런 사람이 세상에서 성공할 수 있을까요? 성공하지 못합니다. 그런 사람이 성공하는 세상이라면 이 세상이 잘못된 것입니다.

여러분에게 정말 중요한 것은 창의적인 눈, 개선하려는 눈이 뜨여야 한다는 것입니다. '그 차이가 무엇일까?' 하고 보니 하나는 주인의 사고이고, 하나는 종의 사고인 것입니다. 자기가 주인일 때는 이것저것 스스로 찾아서 합니다. 그런데 월급쟁이라고 생각하면 시간만 보내려고 합니다. 분명히 보여야 할 것이 그에게는 안 보입니다. 여러분이 주인이 되어야 이 세상의 잘못된 것도 보이고, 공동체의 잘못도 보입니다. '우리가 이렇게 가야 한다. 저렇게 가야 한다.'라는 것이 보입니다. 가정에서도 보이고, 자기 자신에게서도 보입니다. 잘못된 것도 보이지만 이렇게 하면 더 잘되겠다는 것도 보입니다. 그게 창의입니다. 여기에 두 신이 있다고 합시다. 한 신은 지금 어마어마한 능력을 갖추고 있습니다. 그에 비교해서 다른 신은 지금 아무 능력이 없고 다만 창조하는 능력만을 지녔다고 합시다. 현재 능력 있는 신은 지금 있는 것을 다 쓰고 나면 더 쓸 것이 없습니다. 그렇지만 창조력이 있는 신은 지금 아무것도 없어도 새로운 것을 끊임없이 창조해내니까 무엇이든지 다 만들어낼 수 있습니다. 진정한 신은 창조의 신입니다. 지금은 아무것도 없어도 창조력을 지니고 있으면 모든 것을 만들어 낼 수 있습니다. 그와 같이 우리 속에서 창조력이 발휘되지 않으면 신성이 나올 수가 없습니다. 우리 속에 있는 신성은 창의성이 깨어나야 깨어납니다. 그것은 훈련되는 것이 아닙니다. 나는 창의력이 깨어나도록 하는 것이 진정한 지도자 수련이라고 생각합니다.

그다음에 명상록 80페이지를 보겠습니다.

모든 집단은 그 나름대로의 정당성을 가지고 있다. 그런데 깡패집단은 그들의 요구가 받아들여지지 않으면 폭력을 행사하고, 그들에게 대립하면 파괴하고, 돌아서면 반드시 보복한다.

자신들의 요구가 받아들여지지 않는다고 폭력을 행사하고, 자기들과 대립한다고 파괴하고 보복한다면 그들은 깡패집단입니다. 여러 단체에서 하는 모습들을 보면 그들이 깡패집단인지 아닌지를 바로 알 수 있습니다. 요즘은 사이비종교 집단이 깡패집단으로 변했습니다. 자기들의 종교를 믿다가 다른 종교를 믿으면 큰 화(禍)를 당한다고 협박을 합니다. 자기와 반대되는 것은 파괴합니다. 자기들의 종교가 아니면 반드시 깎아내립니다. 만약에 정치지도자가 그런 짓을 한다면 그는 깡패지도자입니다. 내가 이 말을 하는 것은 우리가 지도자로 성장해 가는 데 있어 절대로 이런 깡패의 마음을 가져서는 안 되기 때문입니다.

폭력을 행사한다든지, 대립하는 것을 파괴하겠다든지, 돌아서면 보복하려고 해서는 안 됩니다.

다음 명상록 82페이지에는 관리에 대한 내용이 있습니다.

무리한 관리는 부서지게 하고 관리를 너무 소홀하게 하면 허물어진다.

잘못된 관리에는 두 가지가 있습니다. 하나는 무리하게 하는 것이고 다른 하나는 소홀하게 하는 것입니다. 무리하게 관리하면 부서지게 됩니다. 조직은 관리를 잘 해야 합니다. 그래서 조직관리라는 학문도 있습니다. 관리는 소홀히 해서도 안 되고 무리하게 해서도 안 됩니다. 이것을 지도자들이 지혜롭게 배워 나가야 합니다.

이상은 지도자가 갖추어야 할 기본적인 소양입니다. 여러분이 지도자를 꿈꾼다면 이런 내용을 명심해서 지도자로서의 소양을 잘 갖추어 나가야 할 것입니다.

4

보이지 않는 그물
'생명장'

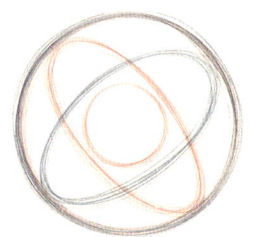

나는 여러분이 생명장을 이해할 수 있게도 하고, 자기에게 지장을 주는 보이지 않는 그물인 생명장으로부터 자유롭게 되는 방법도 가르쳐 주고, 나아가 생명장을 직접 쓸 수 있게 지도하고자 합니다.

....
일 시 : 2001년 10월 28일
장 소 : 용인 한울인연수원

며칠 전, 제가 어른들을 모시고 단풍 구경을 갔었습니다. 단풍이 너무도 아름답게 물들어 있었습니다. 그것을 보고 아버지께서 말씀하셨습니다.

"나무는 해가 갈수록 저렇게 아름다워지는데 왜 우리는 나이가 들수록 추해지는 걸까?"

그 순간 나도 '왜 그럴까?' 하는 의문이 들었습니다. 사실 나무는 고목이 되어도 참 아름답습니다. 그런데 사람은 그렇지 못합니다. '왜 그럴까?' 생각하다가 문득 이런 생각이 떠올랐습니다. '저 나무는 자기의 죽음을 자기 속에 차곡차곡 쌓아놓는데, 인간은 자기의 죽음을 끊임없이 밖으로 버린다. 자기의 죽음을 내부에 차곡차곡 쌓아서 승화시킨 나무는 저렇게 아름답게 보인다. 그런데 인간은 자기의 죽음을 계속 버리고 교체한다. 계속 버리고 교체하다가 더 이상 버릴 힘이 없어지고 교체할 능력이 없어지면 버려야 할 노폐물들이 내부에 쌓이게 된다. 그래서 추하게 보이는 것이다. 우리는 우리의 죽음을 쌓아가는 방법을 모른다. 죽음은 버려야 할 것이고, 나로부터 격리해야 하는 것이라는 생각 때문에 우리 스스로 추해진다.'라는 생각이 들었습니다.

큰 나무를 잘라보면 그 안에 나이테가 소복하게 있는데, 나이테 하나하나는 그해 그해의 모든 정보를 담고 있습니다. 자기 내부에 기후의 상태, 햇볕의 상태, 공기의 상태 등을 차곡차곡 쌓아놓고 있습니다. 그런데 우리는 살아오는 동안 수많은 것들을 자기 내면에 쌓지 못하고 버려버립니다. 그런 것들이 너무도 많습니다. 지금부터 나와 여러분의 만남이 여러분의 내면에 차곡차곡 쌓이기를 바라면서 이야기를 시작하겠습니다.

조금 전에 나누어드린 자료들을 하나하나 읽으면서 설명해 드리겠습니다.

우리가 수도를 한다는 것은 다른 세계로 뛰어드는 것과 같습니다. 그 세계는 상세하게 지도가 그려져 있는 것도 아니고, 위험이 표시된 것도 아닙니다. 그런 세계로 뛰어든 과정을 제 나름대로 쓴 글이 있습니다. 한 구절씩 읽어 보겠습니다.

수도를 한다는 것은 지도 없이 미지의 세계에 뛰어드는 모험적 행위를 뜻한다. 이는 성공 여부가 불확실한 모험이기에 누구나 선뜻 뛰어들려고 하지 않는 세계이다. 나는 그 모험을 했고, 여러분은 지금 그 모험을 선택하려는 것이다. 나는 내가 경험한 세계에서의 성공과 실패-주로 실패를 통해 알게 된 것이지만-좌절과 오만, 시행착오 등으로부터 그려진 지도를 내보이려는 것이다.

　수도에 대한 성공 여부가 불확실하다는 것입니다. 그것이 수도의 세계에 쉽게 뛰어들지 못하는 이유입니다. 나는 그런 모험을 했고, 지금 여러분은 그 모험을 선택하려 하고 있다는 것입니다. 우리가 깨달아가는 과정은 성공보다 실패를 통해서 깨닫는 것이 더 많습니다. 다른 사람에게 조언을 받거나 충고를 받을 때도 성공한 자보다 실패한 자에게서 오히려 배울 것이 더 많습니다. 나도 마찬가지로 수많은 실패 속에서 배운 것이 많습니다. 그러는 중에 때로는 내가 누구보다도 더 깨달은 것 같아서 오만해지기도 하고, 때로는 가도 가도 진전이 없는 것 같아서 좌절하기도 했습니다. 내가 여러분에게 내보이려는 지도는 이런 수많은 시행착오를 통해서 그려낸 지도라는 것입니다.

　그동안 내가 극복하기 힘들었고, 남의 비판에서 자유롭지 못했던 것들은 기존의 윤리, 도덕, 관습, 정의, 종교 그리고 인간 내면에 끓고 있는 감정, 자존심 등이었으며, 질서의 새로운 의미를 알게 되기까지 불건전한 호기심, 그리고 오기로는 뛰어 넘어설 수 없는 큰 골이 존재한다는 것을 알게 되었다.

　우리가 수도를 할 때 오기로 '좋다. 나도 수도를 하자.'라며 덤빈다고 수도가 되는 것이 아닙니다. 그리고 호기심만 가지고 추구한다고 되는 것도 아닙니다. 진정한 수도는 그런 것으로는 도저히 뛰어넘을 수 없는 깊은 골이 있습니다.

이 골은 인간 사이에도 존재하고, 모든 사물들 사이에도 존재함으로써 개체성과 유일성을 부여한다. 이 골이 깊을수록 사고나 활동에 있어서는 유연성을 지니고 다양성을 수용하게 되지만, 어느 누구에게나 권할 수 있을 만큼 그 골을 극복하기가 만만한 것이 아니었다.

이런 골이 있기 때문에 너와 내가 있는 것입니다. 너와 나 사이에 골이 없으면 너도 없고 나도 없습니다. 우리가 살아가는 과정은 골이 있음으로써 온갖 요소가 필요합니다. 그 골을 메우기 위해서 대화도 필요하고 사랑도 필요합니다. 미움도 생기고 희로애락이 들끓기도 합니다. 그런데 깊은 골이 서로를 갈라놓는 절벽도 되고 장벽도 되지만 그 골이 있기 때문에 유연성이 있습니다. 우리 몸의 피부를 보면 골이 파여 있습니다. 그 골이 있기 때문에 피부가 유연한 것입니다. 피부에 골이 있기 때문에 당기면 늘어나고 놓으면 줄어듭니다. 그렇게 유연성이 있습니다. 나이가 많은 사람은 얼굴에 주름살이 쪼글쪼글 있습니다. 그렇게 주름살이 있는 사람이 인생을 얘기하면 내용이 풍부합니다. 그 골에 커다란 수용력을 지니고 있는 것입니다. 그에 비해 젊은 사람들의 피부는 팽팽합니다. 그렇게 골이 깊지 않기 때문에 수용력도 크지 않습니다. 모든 사물에 존재하는 골은 서로를 갈라놓는 역할도 하지만 우리를 유연하게 하는 역할도 하는 것입니다. 그런 유연성이 우리를 발전시키는 원동력이 되기도 합니다. 그러나 그 골이 쉽게 극복할 수 있는 것이 아니라는 것입니다. 부부간에도 골이 있어야 서로 대화를 주고받으면서 조정할 수 있습니다. 골이 없어서 아무런 대화도 없이 바로 통하고 있으면 오히려 발전도 없습니다. 그래서 우리는 골을 자연스럽게 받아들여야 합니다.

나는 이 모험의 과정에서 누군가가 이 힘든 모험을 지켜봐 주기를 바랐고, 또한 격려와 위안도 받고 싶어 했다.

이것은 누구나 가지고 있는 심리입니다. 내가 어려운 수행을 하고 있을 때, 그 어려운 수행을 누군가 지켜봐 주기를 바라는 것입니다. 아무도 바라봐 주지 않을 때는 너무나 고독합니다.

특히 가장 가까이 있는 자들에게서 기대했었다. 모험을 통한 영적 도약의 시기에 작은 관심이 기대 이상의 힘이 되어주기도 했고, 외면하는 시선은 견디기 힘든 황폐함을 안겨 주기도 했다. 이러한 추구가 상당한 지성체에게도 불확실한 모험이 되는 이유는 그 미지의 것이 우주의 원초적인 바닥에 숨겨져 있거나, 그 실체가 극히 무시되어 왔기 때문이다.

바로 곁에 있는 자라야 지켜봐 줄 수 있기 때문에 그가 나를 지켜봐 줄 것이라 기대했었습니다. 그런데 곁에 있는 사람들에게 외면당할 때 그 황폐함이란 이루 말할 수 없었습니다. 수도는 모험의 길을 걷는 것입니다. 그런데 이미 알려져 있는 세계의 것은 아무런 문제가 없습니다. 밝혀져 있지 않고 알려져 있지 않은 세계에 뛰어들었을 때의 느낌과 심정을 얘기하는 것입니다. 이것을 얘기하는 이유는 여러분도 수도를 할 때 이러한 것을 느끼게 되고 겪게 될 것이기 때문입니다.

그것은 마치 우주에 표출되어 사고(思考)하고 행위 하는 내가 보이지 않는 손, 거미줄 같은 선에 의해 지배당하고 있으면서도 그 실체에 대해서는 무지한 상태에 있는 것과 같다. 이런 생각은 그 이전부터 신성불가침이라고 하던 모든 개념에 대해 재검토할 필요성을 느끼게 됨과 동시에 지금까지 가지고 있던 도덕, 윤리, 정의, 질서 등에 대한 가치관을 포기하게 했다.

그것은 이 우주에 드러나서 생각하고 행위하고 있는 내가 보이지 않는 손, 거미줄 같은 선에 의해 지배당하고 있으면서도 그 실체에 대해서는 무지한 상태에 있는 것과 같습니다. 내가 무엇인가에 연결되어 움직이고 있는데, 그것이 무엇인지 모르는 것입니다. 내가 노력하면서 살고 있는 이 삶이, 상대하고 있는 많은 사람들이 도대체 무엇인지 알 수가 없습니다. 그때 불안하고 초조합니다. 우리의 삶 자체가 너무도 불안한 것입니다.

사실 대부분의 사람이 의미도 모른 채 답습하면서 살아가고 있습니다. 지난 추석 때 텔레비전을 보니까 아직도 유건(儒巾)을 쓰고 나와서 유교식의 제사법을 보여주었습니다. 그것이 마치 우리의 전통인 것처럼 말입니다. 그런데 사실은 긴 역사의 어느 과정에서 유교의 방식을 택해서 썼기 때문이지 현재는 유교를 신봉하는 사람이 그다지 많지 않습니다. 그런데도 그것이 우리의 전통인 것처럼, 그렇게 하지 않으면 상놈인 것처럼 표현하고 있었습니다. 제사를 지낼 때 젓가락으로 상을 세 번 두드리는데, 왜 세 번 두드리느냐고 물으면 답하는 사람이 없습니다. 그리고 '홍동백서(紅東白西)'라면서 붉은 것은 동쪽에 놓고 흰 것은 서쪽에 놓습니다. 그런데 왜 홍동백서냐고 물으면 답할 사람이 거의 없습니다. 물론 동양사상에 대해 배운 사람은 이야기할 수 있겠지만 대부분의 사람들은 자기가 하는 행위가 무엇을 뜻하는지 모르면서 그렇게 합니다. 그렇다고 거기에서 벗어나지도 못합니다. 벗어나는 것이 두려워 못 벗어납니다. 너무도 불안해서 못 벗어납니다. 사람들이 떼를 지어가는 것을 따라가기는 쉬운데, 자기 혼자 반대방향으로 가는 것은 너무도 불안한 것입니다. 그런데 많은 사람들이 가는 길이라고 해서 반드시 그것이 진리고 옳은 걸까요? 아니라는 것이 역사적으로 많이 증명되었습니다.

그렇다면 자기가 진실로 진리를 추구하고 진실로 바르게 살고자 한다면 모두가 가는 길이라 할지라도 아니라고 생각되면 안 갈 수 있어야 하고, 아무도 안 가는 길이라 할지라도 그 길이 진리의 길이라고 생각하면 혼자서라도 갈 수 있어야 합니다. 그것이 진리를 추구하는 사람이 세상자들과 다른 점입니다. 그렇게 생각하다 보니 나는 지금까지 절대로 건드리면 안 된다는 신성불가침의 영역까지 건드려 왔습니다. 지금까지 옳다고 주장했던 종교관, 윤리관, 도덕관을 스스로 포기하지 않고서는 새로운 미지의 것을 찾아낼 수가 없었던 것입니다. 그래서 많은 것을 포기하게 되었습니다.

우리는 자기 죽음의 바탕 위에 서 있다.

사실 나는 살아가고만 있는 것이 아닙니다. 태어나면서부터 지금까지 수많은 죽음을 겪으면서 살아가고 있는 것입니다. 세수할 때 때로 밀려나오는 것은 나의 죽은 세포들입니다. 내 입안에서도 끊임없이 세포가 죽어서 그 죽은 세포를 삼킵니다. 그런 끊임없는 죽음을 바탕으로 해서 내가 지금 살아있는 것입니다. 그런데 우리는 그 죽음을 버려가면서 살고 있는 반면에 나무는 자기 죽음들을 내면에 차곡차곡 쌓아가면서 사는 것입니다.

식물은 자기의 죽음을 내면에 쌓아가지만, 동물은 자기의 죽음을 버려 버리기 때문에 자기 죽음 위에 서 있다는 것을 인식하기가 힘들다.

삼나무라는 아주 오래 사는 식물이 있습니다. 미국에 약 6,000년 정도 된 삼나무가 있는데, 그 나무 한가운데 구멍이 뚫려서 거기로 차들이 다닌다고 합니다. 6,000년이면 예수가 태어난 후 지금까지의 시간의 세 배를 살고 있는 것입니다. 그 나무는 대부분이 죽어 있습니다. 살아있는 부분은 겉껍질과 잔가지에 있는 잎들뿐입니다. 그 나무의 97%에 해당하는 부분은 이미 죽어있는 목질부분입니다. 97%

의 죽음 위에 그 나무가 서 있는 것입니다. 우리도 지금까지 살아오면서 자기의 죽음을 버리지 않았다면 아마 90%의 죽음 위에 서 있을지도 모릅니다.

내가 기존의 관념을 파괴하면서 미지의 세계에서 발견하는 것마다 새로운 모순을 일으켰기 때문에 그때마다 나는 질서정연한 세계로부터 제외되고 외면당해야 했다.

내가 발견한 것들이 현실에서는 모순입니다. 그러니까 내가 새로운 것을 발견해서 내놓아도 사람들은 '저 얘기가 무슨 얘기냐? 현실과 안 맞다.'라고 하면서 외면하는 것입니다.

내가 어떤 사물에 대하여 관찰하는 행위 자체가 그 사물을 교란시켜 질서를 흩트려 놓는다는 사실을 알게 되었다. 사물을 교란시켜 질서를 흩트려 놓음으로써 새로운 모순이 일어날 수밖에 없다는 사실을 모험의 여정에서 알게 되었다.

여러분도 아마 이런 것을 느낄 것입니다. 자기가 어디에 몰두하고 있는데 누군가 자기를 보고 있다고 느껴질 때가 있습니다. 그때 움찔하게 됩니다. 그것처럼 모든 사물은 내가 그를 관찰하는 순간, 교란이 일어납니다. 그렇기 때문에 우리는 그 사물의 진정한 모습을 볼 수 없습니다. 하이젠베르크의 '불확정성의 원리'가 바로 그런 것입니다.

전자의 위치와 운동량은 동시에 측정할 수 없습니다. 전자의 운동량을 재려고 하면 위치를 잴 수 없고, 위치를 재려고 하면 운동량을 잴 수 없습니다. 그것은 전자의 물리적 성질이 운동량과 위치를 동시에 측정할 수 없는데도 관찰함으로써 교란이 되어 새로운 모순이 자꾸 생기는 것입니다.

그것은 관찰하는 주체와 그 대상인 객체가 서로 관계하여 교류하고 대사하며 생명을 얻게 됨으로써 '생명장(生命場)'이라는 보이지 않는 그물에 걸려들어 관계로부터 자유롭지 못하기 때문이다.

이런 관계가 이루어짐으로써 자유로울 수 없다는 것입니다. 내가 무언가에 몰두하고 있는데, 누군가가 나를 지켜보고 있다는 그 의식 때문에 내 행동이 자유롭지 못합니다. 그것은 관찰하는 주체도 마찬가지입니다. 관찰 대상이 누군가 자기를 지켜보고 있다는 사실을 알게 됨으로써 관찰하는 주체도 자유롭지 못합니다. 서로 자유롭지 못한 관계가 됩니다. 우주의 모든 사물이 자유롭지 못하고 얽혀있는 이유가 이 때문입니다. 불교에서는 이것을 업장(業障)이라고 합니다. 업장이 생겨서 서로 관계를 맺어 인연에 의해 움직인다고 하는데, 내가 볼 때는 바로 관찰하는 주체와 객체 사이의 교류, 대사가 일어나기 때문이라고 생각합니다.

이런 관계를 이해하고 그 그물로부터 벗어나고자 하는 것이 인간이 추구하는 바였다.

불교에서는 이 관계에서 자유로울 수 없을까? 완벽하게 해탈할 수 없을까를 끊임없이 추구했습니다. 그 결과, 고도의 수련을 통해 열반(涅槃)에 이르는 길을 찾아냈습니다. 내재되어 있는 본성에 대한 끊임없는 추구를 통해 모든 그물에서 벗어나 자유롭게 되는 길을 찾아낸 것입니다.

기독교에서는 하느님에 대한 절대적인 믿음을 통해 그물로부터 벗어나고자 했습니다. 성부(聖父)·성자(聖子)·성령(聖靈)이 '하나'라는 삼위일체(三位一體)를 기본으로 하는 기독교에서는 하느님인 '성부'와 하느님의 화현인 '성자'와 하느님의 권능인 '성령'을 하나로 봅니다. 그래서 믿음을 통해 하느님의 본성과 하나가 됨으로써 그물에서 벗어나고자 했습니다.

이슬람교에서는 삼위일체가 성립되지 않습니다. 이슬람교에서는 예수를 메시아로 인정하지 않을 뿐만 아니라 신과 인간 사이에 중간자도 없습니다. 오직 알라가 있고 알라를 믿고 따르는 세상자가 있을 뿐입니다. 이들 또한 순수한 믿음을 통해 그물을 벗어나고자 했습니다. 중간자가 있느냐 없느냐를 두고 기독교와 이슬람교는 극적으로 대립해 왔습니다.

사실 기독교에서 얘기하는 '여호와'와 이슬람교에서 얘기하는 '알라'는 같은 존재입니다. 그런데 절대자와 인간 사이에 중간자를 두느냐, 안 두느냐에 의해 이렇게 달라진 것입니다. 달라진 결과 9.11테러로 미국의 무역센터가 무너져 많은 사람들이 희생되고, 서로 전쟁을 하고 있는 이 상태까지 온 것입니다.

이슬람교의 핵심은 '인샬라(in shā' Allāh)'라고 할 수 있습니다. '인샬라'는 '만약 신이 원하신다면' 이라는 뜻입니다. 아무리 하찮은 것이라도 자기 뜻으로 되는 것이 아니라, 모두 신의 허락이 있어야 비로소 가능해진다는 신앙을 표명하는 것입니다.

인샬라가 나온 유래를 보면 이렇습니다. 이슬람을 따르지 않았던 자들이 무함마드를 곤경에 빠뜨리기 위해 다음과 같이 물었습니다.

"첫째, 인간 영혼의 속성은 무엇이며,
둘째, 인간의 출생과 죽음의 시기는 언제냐?"라는 것이었습니다. 무함마드는 바로 대답하지 못했습니다. 그 다음날에도 대답하지 못했습니다. 15일째 되는 날에 천사 '가브리엘'을 통해 하나님으로부터 '인샬라'라는 답을 얻었다고 합니다. 그것은 인간 영혼의 속성과 탄생과 죽음의 시기 등은 인간이 답할 수 있는 것이 아니라 오직 알라만이 알고 답할 수 있다는 의미였습니다. 즉, 인간의 속성과 미래의 모든 일들은 알라에 의해 결정된다는 것입니다. 그러니까 여기에는 중간에 대변자가 없습니다. 그렇기 때문에 인간은 신에게 복종하여 그 뜻을 따르며 기도를 하는 수밖에 없다는 것입니다. 그래서 그들은 하루에 다섯 번씩 알라에게 기도를 하는 것입니다.

"무조건 신의 뜻에 복종해라. 복종하면 우리 모두가 구제될 수 있는데, 네가 복종을 안 하니까 우리가 구제를 못 받는다. 그러니까 복종하지 않는 너희를 응징해야 우리가 구제받을 수 있다."라고 합니다. 그래서 자신들의 뜻을 강하게 주장하게 되었습니다. 이번에 9.11테러도 바로 그런 이유가 기저(基底)에 깔려있는 것입니다.

   이렇게 크게 나뉜 세 가지 종교사상이 지구상에 존재하고 있습니다. 그들 사이에서 일어나고 있는 수많은 갈등이 지금의 현실입니다. 그것이 우리가 하루가 멀다고 뉴스에서 보고 있는 현실입니다. 탄저병을 전염시키고, 무역센터가 무너져 내리고, 아프가니스탄에 폭탄을 퍼붓고 있습니다. 여기에서 우리는 해답을 찾아내지 않으면 안 됩니다. 낙타를 타고 가다가 낙타가 죽으면 "인샬라! 이것은 신의 뜻이다." 하고 그냥 가버리는 것으로 우리 인류의 미래를 개척해나갈 수 있을까요? 아니면 원하는 것을 들어달라고 하느님한테 기도하는 것으로 될까요? 윤회의 사슬을 끊고 고통의 바다를 건너 저 언덕에 이르러 다시는 이 세상으로 오지 않는 것으로 이 세상을 구해낼 수 있을까요? 아닙니다. 이제 그런 사상으로는 안 됩니다. 우리는 지금까지 주도해온 종교와 사상들에서 심각한 모순을 발견하고 있습니다. 그래서 새로운 사상이 필요한데, 그것이 바로 우리 '한울사상'인 것입니다.

   한쪽에서는 불교와 같이 보이지 않는 그물로부터 벗어나고자 끊임없이 수행을 하고 있고, 다른 한쪽에서는 신이 인간의 요구를 들어주도록 하고 있고, 또 다른 한쪽에서는 알라에게 복종하는 방법을 택하고 있습니다. 그런데 인간은 아직 그들에게서 온전한 해답을 발견하지 못했습니다. 그것이 지금의 현실입니다.

설령 우리가 그 그물에 대해 이해하였다 할지라도 육신을 갖고 물질세계에 살고 있는 한 그 그물에서 벗어날 수는 없다.

예수님도 육신을 가지고 있었기 때문에 괴로워했습니다. 십자가에 못 박혀 괴로워하다가 죽었습니다. 그것이 육신을 가지고 있기 때문에 벗어날 수 없는 한계인 것입니다. 물질세계에 살고 있기 때문에 날아오는 크루즈 미사일이 물이 되라고 아무리 기도해도 날아와서 터집니다. 이것이 물질세계가 가지고 있는 피할 수 없는 그물입니다.

우리는 그물에 대해서 공부는 하되 그 그물로부터 폴짝 뛰어내려서 다른 세계에 존재하는 것이 아니다. 거미가 거미줄 위에서 자유롭게 활동하는 방법과 같이 그물의 구속으로부터 해탈을 구할 수밖에 없다.

이 세상에서 아무리 그물을 벗어나려 해도 안 되니까 천당을 얘기하고 극락을 얘기하는 것입니다. 이 세상에서는 이룰 수 없는 한계라고 본 것입니다. 그런데 어느 누구도 천당과 극락에서 내려와 우리에게 설법 해준 사람은 없습니다. 극락을 보여준 자도 천당을 보여준 자도 없습니다.

이러한 그물을 이루고 있는 실체에 대해서 칼 마르크스의 유물론적 변증법에서는 '물질은 단지 변화의 주체이며, 내면의 상반된 두 힘 사이의 끊임없는 투쟁의 산물이 삼라만상이다.'라고 한다.

'○宇天主머릿말씀(우주천주머릿말씀)'이라는 부호에서 '말' 자를 보면 '□' 속에 '╋' 이와 같이 교차하는 두 축이 들어있습니다. 이 두 축이 끊임없이 투쟁하는 관계라고 보는 것이 공산주의입니다. 어느 한 힘이 다른 한 힘을 지배하고 복종하는 데서 계급사상이 일어납니다. 그것이 공산주의 계급사상입니다. 그러나 우리공부는 우주근원으로부터 비롯된 두 힘이 균형과 조화를 이루어가며 진화 발전해 가는 것이라고 봅니다. 그것이 '유○론적 각성법'입니다.

우리의 '유○론적 각성법'은 내면의 두 힘이 투쟁하는 것이 아니라, 바탕인 우주질서의 각성을 통해 조화를 이루어가면서 진화한다고 얘기한다.

상반된 두 힘을 인정하면서도 그것이 어떻게 삼라만상의 주체가 되고, 변화를 이루어 가는지를 설명하는 것이 나와 마르크스의 다른 점입니다.

'유○론적 각성법'이 마르크스의 유물론과 근본적으로 다른 점은 마르크스는 물질이 변화의 주체라고 했지만, 내가 제창하는 '유○론적 각성법'에서는 물질은 수용체일 뿐 주체가 아니며, 그 주체는 '○'이라는 것이다.

물질 속에 'O'이라는 우주근원의 에너지가 들어있지 않으면 아무런 변화도 일어나지 않습니다. 그 물질을 변화시키고 활동하게 하는 것은 물질 속에 에너지가 들어있기 때문입니다. 그 에너지의 근원을 나는 'O'이라고 합니다. 그래서 내가 그리는 물질세계는 '◯' 이와 같이 '□' 속에 'O'이 들어 있는 것입니다. 이 ○이 활동해서 물질을 살아있게 하는 것입니다.

우리가 분명하게 경험하고 있는 이 우주적 그물은 출렁거리고 있다.

우리가 살아가고 있는 이 세상이 그물로 이루어져 있는데 그것이 끊임없이 출렁거리고 있습니다. 이런 현상을 부처님은 사바세계(娑婆世界)로 봤던 것입니다. 사바는 춤을 춘다는 것입니다. 춤 너울너울 출 '사(娑)' 자에 춤 너울너울 출 '파(婆)' 자입니다. 모든 것이 춤추듯이 출렁거리고 있다는 것입니다. 우리는 이런 것을 늘 경험하고 있습니다. 내가 했던 행위가 성공적이었다 해도 항상 그렇게 되지는 않습니다. 그것을 똑같이 하면 그다음에 했을 때도 성공적이어야 하는데, 성공할 수도 있고 성공하지 못할 수도 있습니다. 똑같은 바탕인데 왜 성공할 수도 있고, 성공하지 못할 수도 있을까요? 그것은 출렁거리고 있기 때문입니다. 출렁거리고 있어서 그때의 파형에서는 성공했는데 그다음에는 안 되는 것입니다. 그래서 좌절과 회의와 갈등 등에 휩싸여 살아가게 되는 것입니다.

마르크스는 그 출렁거림이 투쟁의 원인이라고 생각했다. 그에 비해서 나는 출렁거림에 익숙하지 못해서 당혹감을 느끼는 것이라고 본다. 즉, 무지로 인해 출렁거리는 현상 때문에 혼란을 겪는 것으로 생각한다. 그러므로 무지로부터 탈출하여 깨달음을 이루면 그물은 안정되어지거나 출렁거리는 그물 위에서도 자유로울 수 있다고 본다.

마르크스는 그물을 엮어가고 있는 두 축이 서로 싸우고 있어서 출렁거린다고 생각한 것입니다. 그에 비해 나는 그물이 출렁거리고 있는 원인을 무지(無知) 때문이라고 보는 것입니다. 군대에 가서 출렁거리는 줄을 타고 유격 훈련을 받으면 처음 경험하는 사람에게는 굉장히 출렁거리는 것처럼 보여도 교관들에게는 아무것도 아닌 것과 같은 것입니다.

우리는 이 그물을 완벽하게 떠날 수는 없습니다. 우리가 흔히 명상한다는 것도 자기 내면에 출렁거리는 물을 안정시키는 것입니다. 물이 출렁거리니까 안정도 안 되고 자유로울 수도 없습니다. 그래서 명상을 하고 호흡을 해서 물을 잔잔하게 합니다. 이것을 일러서 '출렁이는 물에는 달을 비추어 볼 수가 없다. 물이 잔잔해졌을 때 달을 비추어볼 수 있다.'라고 얘기하는데, 나는 그것을 '생명장'이라는 그물로 설명하고 있습니다.

내가 우주의 사물들과 이어지면 '나'라는 환상을 계속 붙들고 있는 것이 옳지 않을 뿐더러 그것이 불가능하다는 것을 깨닫게 된다. 그리하여 하나의 장(場) 속에서 서로 이어져 있는 자기를 발견하고 지금까지의 자기를 버리는 것이다.

　불교 용어 중에 '무아(無我)의 경지'라는 말이 있습니다. 무아의 경지라는 말은 쉬운데 어떻게 분명히 존재하는 내가 없다고 느낄 수 있는 경지에 이를 수 있을까요? 내 몸의 머리와 손을 따로 떼어서 생각하면 손, 머리 이렇게 서로 다른 개별의 존재로 여겨집니다. 그런데 손은 머리와 이어져 있습니다. 그래서 손에서 느끼는 것을 머리가 알고 있고, 머리에서 생각하는 것을 손이 행할 수 있습니다. 그러면 손도 머리도 서로 개체가 아니라 하나로 합쳐진 동일체인 것입니다. 그래서 서로 떨어져 있던 개체가 하나의 동일체로 주체가 됩니다. 그러면 지금까지 손이라고 생각했던 자기, 머리라고 생각했던 자기는 없어집니다. 머리와 손이 존재하는 것이 아니라 손과 머리가 이어진 내가 존재하는 것입니다. 이렇게 볼 때, 결국 무아의 경지라는 것은 내가 모든 다른 사물로부터 격리되어있는 것이 아닌 것입니다. 모든 연결이 끊어져야 무아(無我)의 경지에 이른다는 것은 큰 착각입니다. 내가 우주의 모든 사물과 온전히 이어져야 비로소 무아의 경지에 이르게 됩니다. 사람들이 무아의 경지를 체험하기 위해서 너도나도 혼자서 굴속에 앉아 있다고 무아의 경지가 되는 것이 아닌 것입니다. 모든 사물과 이어짐으로써 지금까지 '나'라고 고집하던 아집(我執)을 가진 자기가 사라지는 것입니다. 그럼으로써 우주와 동일체를 이루어서 하나가 됩니다. 이것이 진정한 무아의 경지입니다. 지금 대부분의 사람들이 무아의 경지에 이르기 위한 방법을 잘못 택하고 있습니다. 너와 내가 따로 있을 때는 항상 네가 있고 내가 있는데, 껴안고 있을 때는 너의 경계도 나의 경계도 사라집니다. 그와 같이 나로부터 모든 관계를 끊으려고 하지 말고 도리에 맞게 이어가야 합니다.

　그것을 무아(無我)라고 하며, 이것은 바로 인간이 궁극적으로 추구하려는 것이다. 무아라는 것은 끊어버리는 것이 아니라 이어서 느끼는 것이다. 무아의 경지에서는 '나'라는 것도 '너'라는 것도 존재하지 않는다. 너와 내가 서로 이어지지 않는 한 너와 나는 분명히 따로 존재하고, 너와 나 사이에는 벽이 존재하는 것이다.

　자기라고 고집하고 있는 것이 너무나 조잡하고 너무나 작다는 것을 느낄 때가 많습니다. 그래서 진정한 '하나'에 이르기 위해서 나를 버리는 것입니다. 그것을 무아라고 합니다.
　우리 계시록에 '같이 나면 나이고, 같이 나지 못하면 남으로 남으니라.'라는 말씀이 있습니다. 점 하나 찍으면 '남'이고, 점 하나 빼면 '님'이 된다는 노래도 있습니다. 부부로 같이 살아가면서도 한 사람은 끊임없이 추구해서 계속 솟아나고 있는데, 한 사람은 계속 쳐지면 남남이 되고 맙니다. 같이 살아도 전혀 안 통하는 것입니다. 난다는 것은 나는 방향도 중요하지만 나는 속도도 중요합니다. 하나는 시속 10km로 날고 있는데 하나는 시속 1km로 날고 있으면 갈수록 멀어지게 됩니다. 왜 우리가 사랑하는 사람, 아끼는 사람을 일깨우려고 하느냐 하면 같이 나지 않으면 남이 되고 말기 때문입니다. 그래서 이웃을 일깨우려고 하는 것입니다. 내가 이런 공부를 하고 있는데 이것 한번 들어봐라. 당신도 같이 한번 가보자. 들어보고 얘기하자. 그런데 설득이 쉽지는 않습니다. 통하지 않으면 결국 남남이 됩니다.

   진리 추구에 대한 열정이 없는 사람들은 처져서 남으려고 합니다. 그것은 나는 것이 힘들기 때문입니다. 우리가 살아있기 위해서는 지구의 엄청난 중력을 이겨내야 합니다. 지구가 끌어당기고 있는 중력을 이겨내지 못하면 살아갈 수가 없습니다. 가만히 앉아 있으니 편한데 일어나서 뭘 하려니까 힘이 필요한 것입니다. 지구가 끌어당기는 힘을 극복하고 일어나야 합니다. 사람의 생각도 마찬가집니다. 그냥 놓아버리면 편한데 뭔가 하려니까 힘듭니다. 공부하는 것도 힘드니까 남편 또는 아내에게 말합니다. '나는 그냥 놔두고 당신이나 갔다 와.'라고 하면서 점점 처져서 통하지 않게 됩니다. 또 뭘 요구하느냐 하면, '당신은 나하고 결혼 도장 찍었잖아. 당신이 아무리 날려고 해도 우리는 남이 될 수 없어. 약속했잖아. 검은머리가 파뿌리 될 때까지 나하고 같이 살자고 했잖아.' 그러면서 잡고 늘어집니다. '맛있는 반찬이나 해 줘. 쓸데없이 왔다 갔다 하지 말고.'라고 합니다. 그럴 때 추구하려는 욕구가 강렬하지 않으면 그냥 주저앉고 맙니다. '그래. 오늘 휴일인데, 법회에 가지 말고 애들도 있고 신랑도 있는데 잘 맞춰주자. 신랑도 내가 부드럽게 해놔야 편하니까 슬쩍슬쩍 기분 맞춰주자.'라고 생각하게 됩니다. 그러다 다음에 나가면 오늘 한 얘기를 못 들어서 무슨 애기를 하는 것인지 알아듣지를 못합니다. 그러면 재미가 없습니다. 점점 그리되면 '아, 못하겠다.' 이러면서 포기하게 됩니다. 진리를 추구하려는 자는 진리를 추구하려는 강렬한 욕구와 힘이 바탕이 되어야 합니다. 그저 호기심으로 집적거려 보는 정도로는 공부의 열매를 맺지 못합니다. 만약 자기와 가장 가까운 자가 자기를 계속해서 눌러 앉히려 한다면 돌아서야 합니다.

"가지 마. 싹 틔우지 마. 꽃피우지 마. 열매 맺지 마." 하면서 계속 눌러 앉히려고 하면 그때는 빨리 헤어져야 합니다. 그것을 늦추다 보면 세월 다 가버립니다. 나중에 '아, 이제 더 이상 늦춰선 안 돼.'라고 해서 보면 너무 늙어서 시도조차 할 수 없게 됩니다. 그래서 세상에서 인위적으로 맺어진 인연들, 도장 찍고 머리가 파뿌리가 되도록 함께 하리라던 약속을 어느 순간 부정하게 됩니다. 우리가 이 세상에 인간 육신을 가지고 태어나기가 너무너무 어렵습니다. 또한 법을 만나는 것도 너무도 어렵습니다. 여러 수억 겁을 통하는 사이에 이런 기회를 얻었는데, 나를 주저앉히려는 남편, 아내, 자식, 이웃, 친구의 기분을 맞추느라고 이 기회를 놓친다는 것은 너무도 아까운 것입니다. 하지만 세상에서는 누군가 강렬하게 진리를 추구하는 것을 경계합니다. 지금 행복하게 잘 살아가고 있는 가정이 깨어질까봐 경계합니다. 친한 친구와 멀어질까봐 경계합니다. 그 친구는 지금까지 자기와 매일 고스톱 치고 술 먹던 친구였습니다. 그러니 두려워서 못하게 합니다. '사물의 근본을 알고 나서, 모든 것이 허망하다는 것을 알고 나서 지금까지 벌여놓은 사업을 소홀히 해서 망하면 어떻게 하지?'라고 겁이 나는 것입니다. 쥐고 있던 것을 놓치게 될까봐 너무너무 겁이 나는 것입니다. 그래서 '같이 나면 나이고, 같이 나지 않고 남으면 남'이라고 하는 것입니다. 각 가정에서 보면 부부로 매일 살을 맞대고 살면서도 남남으로 사는 사람이 대부분입니다. 대부분의 사람들이 서로를 포기하고 살아가는 것입니다.

벽을 허물거나 너와 내가 손을 잡으면 하나가 된다.
그 벽, 그 경계는 나와 너를 포함할 수도 있고, 내 속에서 쪼그라져 한 부분에만 존재할 수도 있다. 그렇게 살아있고 운동하고 있는 것이 '생명장'이다.

서로를 가르던 벽이 허물어지고, 서로 다른 너와 내가 경계를 허물고 손을 잡으면 하나가 됩니다. 우리를 유지하게 하는 것이 생명장입니다. 자세히 살펴보면 내 생명을 관장하고 있는 테두리가 있습니다. 그 테두리가 출렁거리고, 그것이 그물처럼 얽히고설키면서 온갖 것을 만들어내는 것입니다. 거기에는 아픔도 있고 기쁨도 있고, 사랑도 있고 미움도 있습니다.

인생살이의 숱한 갈등이나 보람, 좌절과 성취는 이 생명장의 변화 때문이다. 그런데 생명장이 살아 움직인다는 것을 아는 것과 실제로 그 생명장을 쓰는 것은 서로 별개이다.

여러분이 어떤 것을 알았다는 것과 그것을 실제로 쓰는 것은 전혀 별개입니다. 어디 공부하는 곳에 가면 법문을 들을 수 있습니다. 그런데 그렇게 말하는 사람한테 그것을 직접 해보라고 하면 못합니다. 자기가 알고 있는 것과 실제로 하는 것과는 전혀 별개입니다. 그것을 내가 쓴 시에는 이렇게 표현하고 있습니다.

'하고 싶다'와 '할 수 있다'의 사이는 '구만리장천(九萬里長天)'이고 '할 수 있다'와 '하고 있다'의 사이는 '구절양장(九折羊腸)'이다.

'하고 싶다'와 '하고 있다'의 사이에는 수많은 과정이 있습니다. 그렇기 때문에 그저 막연한 생각만으로는 아무것도 못합니다. 그사이에는 너무나 큰 차이가 있는 것입니다. 여러분이 나한테 설명을 들어서 '생명장'에 대해 이해했다고 하더라도 여러분이 직접 생명장을 쓰는 것과는 전혀 별개입니다.

그렇게 다르지만 마치 영화필름처럼 일련의 정지화면들을 흘려보내면 불연속운동이었던 것이 연속운동으로 변하듯이, 구체적이고 지속적으로 공부하면 생명장은 단편적인 지식이 아니라 살아 움직이는 생명으로서 자신과 같이 활동하고 지혜를 발휘하며 자신의 영적 도약을 담당해 줄 것이다.

내가 여러분에게 해드리고자 하는 것이 이 세 가지입니다. 우리를

살아가게 하는 보이지 않는 그물을 이해시키고, 그 그물로부터 자유
롭게 되는 방법을 가르쳐드리고, 그 그물을 마음대로 쓸 수 있는 방법
을 가르쳐드리는 것입니다. 이것이 앞으로 내가 여러분에게 해주고자
하는 일입니다.

내가 제시하는 것이 엉뚱하거나 경이롭게 보인다면 그것은 정지 장
면의 앞쪽과 뒤쪽을 바로 이어 붙이고 중간 과정의 장면들을 빼버렸기
때문이다.

내가 여러분에게 어떤 것을 얘기하면 너무도 생소하게 들릴 것입니
다. 『해인의 비밀』을 비롯해서 지금까지 나와 있는 책들을 보면 내가
그간 행했던 일들이 나와 있는데, '어떻게 저럴 수 있지? 이거 허황된
얘기 아니야?' 이렇게 볼지 모르지만 그것은 모두 사실입니다. 다만,
제일 첫 장면과 제일 뒷장면만 보게 되니 뭐가 뭔지 모르는 것입니다.
그러나 중간에 이어진 연속 장면들을 다 보여주면 여러분도 다 이해할
수 있습니다. 그뿐만 아니라 여러분도 나처럼 직접 행할 수 있는 경지
까지 갈 수도 있습니다.

생명장은 목적도 표현하고 사랑도 표현하지만, 그 자체는 목적의식
도 없고, 제 마음대로 움직일 수 있는 것도 아니고, 사랑 같은 것도 하
지 않는다.

생명장은 목적도 표현하고 사랑도 표현하지만 그 자체는 목적의식도 없고, 제 마음대로 움직일 수 있는 것도 아니라는 것입니다. 다만, 생명장이 표현되는 것을 보고 '아, 사랑하는구나. 미워하는구나. 어디로 가고자 하는구나.' 이렇게 알 수 있다는 것입니다. 여름에 푸르던 나뭇잎이 가을이 되면 단풍이 듭니다. 그 단풍에게 가을을 표현하고자 하는 목적의식이 없는데도 우리가 그 단풍을 보고 가을이 왔음을 느끼는 것과 같습니다.

그런데도 그는 분명 살아있고 늙지도 않으며, 만물에 관계하며, 사물들 속에 있기도 하고, 사물을 리드하기도 한다. 막상 내가 사람들을 향해 내 모험의 이야기를 들려주는 입장에 있지만 마음의 평화를 얻기 위해 교회에서 기도하는 사람, 불상 앞에서 지치지 않고 절하는 사람, 추구하는 학문이나 예술 또는 사업에 몰두하고 있는 사람, 열심히 사랑하며 소박한 선을 행하는 사람, 심지어는 온갖 의문과 호기심을 억누르고서 평범하게 살아가는 사람들에게도 나는 겸손하게 경의를 표한다. 그러나 나는 그들의 삶을 표방하거나 당연시하면서 답습하고 싶지는 않다.

이것이 내가 진리를 추구하는 마음입니다. 진리를 추구해서 무엇을 좀 알았다고 해서 다른 사람을 경원하거나 무시하거나 소외시켜서는 안 됩니다. 나는 모든 자에게 겸손하게 경의를 표하지만, 그들과 같이 그것을 답습하거나 표방하지는 않습니다.

이러한 나의 삶은 현실로부터 소외되는 처절한 외로움과 공격의 표적으로서 비난과 비판의 화살을 받아야 하는 아픔 등이 있지만, 미지의 세계에 불을 밝히고 역사를 창조하면서 일반인들이 할 수 없는 엄청난 일을 해내기도 하고, 수많은 세상자를 구해내기도 한다. 여기에 가치와 보람을 두지 않는 자는 나와 같이 날 수가 없다. 여러분 중에 그런 자가 있으면 지금 각자의 길로 가야 한다. 그것이 우주적 손실을 줄이는 것이다. 여기까지가 수도하려는 자에게 하는 말이다.

나는 이런 마음으로 여러분에게 길을 안내하려고 합니다. 그런데 내가 여러분에게 쏟는 이런 노력에 대해서 '나는 처음부터 그런 목적이 아니었다. 나는 그런 것에 의미나 가치를 두지도 않는다.'라고 생각한다면 지금 바로 자기의 길로 가시기 바랍니다. 그렇지 않으면 내가 가르치는 이런 노력도 헛되고, 여러분이 오고가는 이런 노력도 전부 헛되게 됩니다. 모든 노력이 그렇게 헛되게 되어버린다는 것은 우주적인 손해입니다. 여러분도 손해고 나도 손해입니다. 그러니까 이 얘기를 듣고 자기는 그런 목적이 아니었다고 생각하면 바로 돌아가는 것이 좋습니다.

내가 한때 컴퓨터를 배우려 했던 적이 있었습니다. 요즘은 컴퓨터 시대니까 컴퓨터를 배워야겠다고 매일 시간을 내어서 배웠습니다. 그런데 나는 원리부터 배웠지만 아직 컴맹입니다. 컴퓨터 앞에만 앉으면 긴장됩니다. 뭘 잘못 눌러서 자료가 다 날아가 버릴 것 같아서 겁이

납니다. 그런데 요즘 어린아이들을 보니까 자기들끼리 게임도 하고, SNS도 하고 별 걸 다합니다. 그래서 이것을 배웠느냐고 물어보면 안 배웠다고 합니다. 아이들은 안 배웠는데도 잘하는데, 나는 컴퓨터를 배웠는데도 아직 컴맹입니다. 왜 컴맹일까를 생각해보니 나는 원리부터 배운 것입니다. 터미널이 어떻고 뭐가 어떻고 하니까 복잡한 것입니다. 그런데 그 아이들은 사용법을 배운 것입니다. 앞으로 나를 만나는 사람에게 두 가지의 길이 있습니다. 하나는 우주의 원리나 운행의 도리를 배우려는 사람도 있을 것이고, 그것을 쓰는 방법을 배우고 싶은 사람도 있을 것입니다.

수도하려는 자는 원리부터 시작하려는 자이고, 법에 귀의(歸依)하려는 자는 그것을 쓰는 법부터 배우려는 자이다.

귀의한다는 것은 종교적으로 얘기하면 신도의 개념입니다.
자, 여기에서 한숨 돌리고 얘기합시다. 여러분은 수도를 하고자 합니까? 쓰는 법을 배우기를 원하십니까? 먼저 수도를 하고자 한다는 사람 손들어보세요. 좋습니다. 다음은 쓰는 것을 배우고 싶다는 사람 손 들어보세요. 손을 들지 않은 사람은 둘 다 배우고 싶지 않다는 것입니까? 아니면 둘 다 배우고 싶다는 것입니까? 좋습니다. 우리가 살아가는 방법에는 아주 여러 방법이 있습니다. 우리가 추구하는 목표가 하나의 정점에 있다 하더라도 그리로 올라가는 계단은 여러 군데 있는 것입니다. 산 정상에 오르는 길이 오로지 한 길로만 되어있는 것이 아닙니다. 앞으로 올라가는 길도 있고, 뒤에서 올라가는 길도 있고, 옆으로 돌아서 올라가는 길도 있습니다. 그러한 것을 표현해놓은 것이 불국사의 다보탑입니다. 다보탑을 보면 신기하게도 제일 밑에 올라가는 계단이 사방에 있습니다. 정점은 탑 꼭대기인데 그리로 올라가는 계단이 여러 군데 있습니다. 그러니까 오로지 이 길이 아니면 안 된다는 것이 아니라는 것입니다. 이 길로 올라갈 수도 있고, 저 뒷길로도 올라갈 수 있고, 옆으로도 올라갈 수 있다는 것입니다. 우리가 지금까지 살아오면서 느낀 것은 계단이 한 군데만 있는 것이 아니라 여러 군데 있더라는 것입니다. 어떤 사람은 시장에서 '골라. 골라. 단돈 만 원.' 이러면서도 인생을 터득해가는 사람이 있는가 하면, 선방에 앉아서 매일 좋은 차 먹어가면서도 아무것도 터득하지 못하는 사람도 있습니다. 이렇게 정점으로 올라가는 천층만층의 수많은 길이 있습니다. 그것을 다보탑에 비유해 설명하면 이해가 잘됩니다.

그것처럼 우리가 추구할 수 있는 길은 수없이 많습니다. 그렇기 때문에 '오로지 이 길 만이다.'라는 것은 없습니다. 내가 지금 여러분에게 얘기하고 있는 이 길만이 진리로 통하는 길이라고 말하지 않습니다. 이것은 내가 모험했던 길의 지도라는 것입니다. 여러분은 어떤 길로도 통할 수 있습니다. 다만, 이런 것은 있습니다. '아, 저 길은 둘러가는 길이고, 이 길은 지름길이다.' 어떤 사람이 열심히 성실하게 가고 있지만 길을 아는 사람이 보면 '네가 그 길로 가면 갈 수는 있지만 열 번은 환생해야 갈 수 있다. 그런데 이 길로 간다면 이생에서도 도달할 수 있어.' 길을 먼저 간 자는 이렇게 길이 보이는 것입니다. 정상으로 가는 길에는 지름길이 있고 둘러가는 길이 있습니다. 예를 들어, 건물에 물이 새는데 어디에서 문제가 생긴 것인지 알 수가 없습니다. 그래서 여기도 한번 찍어보고 저기도 한번 찍어보면서 찾는다면 그것은 멀리 둘러가는 길입니다. 그런데 그 건물의 설계도가 있으면 금방 알 수 있습니다. '아, 여기에서 이리로 연결되는 이 파이프 연결고리가 터졌구나!' 하고 바로 알 수 있습니다. 그러면 전체를 이해하는데 어디에 참여하는 것이 빠를까요? 설계에 참여하는 것이 빠릅니다. 또한, 고치는 것도 설계도부터 고치는 것이 가장 빠르고 정확합니다. 설계 자체를 고쳐놓으면 그다음부터는 그 설계대로 만들면 됩니다. 하지만 설계도 없이 마음대로 만들어보라고 하면 제대로 만들지 못합니다. 설계가 바로 지도입니다. 나는 그 지도를 '제도'라고 합니다. 제도란 다스림을 설계해 놓은 지도라는 의미입니다.

　내가 이 세상에 태어나서 살아가고 있는 이 현실은 과거의 결과입니다. 또한, 내가 지금 살아가고 있는 현실은 미래의 원인이 됩니다. 나는 과거에서부터 미래로 이어지면서 살아가고 있습니다. 내가 이 세상에 태어나기 전의 삶을 '전생(前生)'이라 하고, 내가 살고 난 이후의 삶을 '후생(後生)'이라고 합니다. 이렇게 전생과 현생과 후생이 하나로 이어져있습니다. 그런데 사람들은 이 세상에서 살아가면서 자기의 삶이 왜 이렇게 구불텅구불텅 한지, 왜 이렇게 꼬이고 비틀리는지를 모릅니다. 그래서 '이 전(前)을 모르니까 안 되겠다. 이 전에 뭐가 어떻게 되어있었는지를 알아야겠다.'라고 생각합니다. 그때 자기를 만들기 위한 설계도가 있다면 금방 그 원인을 알 수 있습니다. 아무리 이 세상에서 자기를 고치려 해도 자기의 설계를 모르면 할 수가 없습니다. 그리고 그 설계도를 고치지 않는 한 다음 세상에서, 또 다음 생에서도 그 설계도에 따라 그렇게 만들어지고 또 그렇게 실행됩니다. 그래서 자기가 이 세상에서 열심히 살아가는 것만으로는 절대로 자기의 전생을 고칠 수가 없습니다. 자기의 설계도 자체를 뜯어고치지 않는 한 끊임없이 같은 길을 반복해서 가게 됩니다. 이 세상에 살아났다가 저세상으로 사라졌다가, 다시 이 세상으로 살아났다 저세상으로 사라졌다를 반복합니다. ∞ 이렇게 끊임없이 이 세상과 저세상을 왔다 갔다 맴돌게 됩니다.

그런데 이 세상에 살아있는 동안 자기의 설계도를 온전하게 고쳐놓으면 저세상에 갔다가 이 세상으로 다시 나올 때 고쳐진 설계에 따라 나오게 됩니다. 그러면 ∞ 이 꼬인 사슬에 휘감기지 않게 됩니다. 그 사슬에서 벗어나는 것을 불교에서는 '해탈(解脫)'이라고 합니다. 이제 구속의 사슬로부터 완전히 벗어나는 것입니다. 완벽한 해탈은 제도를 통해서 가능합니다. 설계도를 완전히 고치는 것으로 그 사슬에서 벗어나게 됩니다. 여러분이 수도를 해서 가야 하는 길은 결국 '○계의 좌(座)'입니다. 여러분에게는 이 우주에서 존재할 수 있는 여러 형태의 좌가 있습니다. 좌라고 하면 공간만을 의미하는 것이 아니라 존재할 수 있는 근거, 이유, 명분이라고 할 수 있습니다. 여러분은 그 좌를 온전하게 설계해야 하는데 나는 그것을 '좌제도 지도'라고 합니다.

공부하는 사람들이 궁극적으로 생명장을 바르게 이해하고 다루고 쓰면서 결국은 자기의 좌제도를 해야 합니다. 그래서 자기의 설계도를 온전하게 제도해야 합니다. 내가 이 세상에 하나의 설계도를 가지고 태어났으면 그 설계도에 따라 한 세상을 살다 가야합니다. 그런데 좌제도는 한 생에서 여러 개의 설계도를 제도해 놓을 수 있습니다. 그러면 내가 여러 생을 거쳐서 해야만 할 수 있었던 일들을 현생에서 다 해놓을 수 있습니다. 그것이 우리공부의 가장 큰 특징 중의 하나입니다. 이 세상 저 세상을 끊임없이 오락가락해도 삶의 무게와 두께만 더할 뿐 그 풀지 못한 업장들을 여러분은 이생에서 풀 수 있고, 다음 생을 위한 설계를 미리 해놓을 수 있다는 것이 이 공부의 가장 큰 특징입니다. 나는 여러분을 그 길로 안내하고자 하는 것입니다.

5

진정한 만남을
위하여

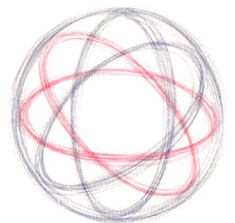

여러분 스스로 영혼의 문을 활짝 열어야 합니다. '나는 이렇게 생각하는데.', '나는 저렇게 생각하는데.' 이러고 있으면 내 말은 전혀 안 들어갑니다. 문을 활짝 열어야 합니다. 그것이 영적 해방입니다.

....
일 시 : 2001년 9월 16일
장 소 : 용인시 한울연수원

    여러분에게 나누어준 자료가 있는데 그것을 보면서 얘기하도록 하겠습니다. 제일 첫 장을 넘겨보면 '만남'이라는 글이 있습니다. 우리는 만남에 대한 개념부터 바로 알아야 합니다. 만난다는 것은 만든다는 의미도 있고, 마주한다는 의미도 있습니다. 그리고 난다는 것은 태어난다, 새롭게 된다, 나아간다는 의미를 지니고 있습니다. 그래서 만남의 의미를 하나로 정의하면 '서로 마주하여 서로의 氣를 대사해서 새롭게 나서 새로운 길로 나아간다.'라고 할 수 있습니다. 여러분과 나는 지금 이런 의미의 만남을 시작하고 있는 것입니다.

    만남에는 크게 두 가지 만남이 있는데 좋은 만남과 나쁜 만남이 그것입니다. 좋은 만남은 서로 이해하려고 노력하고, 서로 긍정해 주며, 만남을 통해서 발전하고 상승합니다. 그리고 잘못된 것이 있으면 개선하고 새로운 창조가 일어나는 만남을 우리는 좋은 만남이라고 합니다. 그러면 나쁜 만남은 어떤 것일까요? 나쁜 만남은 서로를 부정하고 비판하고 의심하고 퇴보하고 추락하고, 만나서 이루어낸 결론이 조잡하고 형편없는 것이 되는 만남입니다. 그렇게 서로 발전하는 관계가 아니라 추락하는 관계가 되는 것은 나쁜 만남입니다.

이런 만남에는 몇 가지의 유형이 있는데, 그 첫째가 숙명(宿命)적인 만남입니다. 숙명적인 만남이란 이 세상에 살아가는 중에 거치지 않으면 안 되는 만남입니다. 사춘기가 되었을 때 2차 성징(性徵)이 드러난다는 것은 내재되어 있던 성이 그때가 되면 발현되는 것입니다. 그것처럼 때가 되면 발현되는 영적인 정보가 들어 있다가 어느 때가 되면 반드시 만나게 되는 숙명적인 만남이 있습니다.

두 번째는 내적인 요구 때문에 갈구하고 노력해서 이루어지는 운명(運命)적인 만남이 있습니다. 그리고 세 번째는 정명(定命)적인 만남이 있는데, 그것은 영적인 사명이나 역사적 사명을 위한 만남입니다. 여러분이 지금 나와 만나고 있는 것은 이 세 가지 중에 어느 하나의 이유로 만나고 있는 것입니다. 여러분이 노력해서 '참'을 찾기 위해서 만나는 경우도 있을 것이고, 만나지 않으면 안 되기 때문에 만나는 경우도 있을 것이며, 깨달음을 교류해서 이 세상에서 어떤 사명을 이루어내어야 하기 때문에 만나고 있는 경우도 있을 것입니다. 우리는 이런 여러 형태의 만남을 다음과 같은 과정을 통해서 이루어갑니다.

만남에는 만날 동기가 있어야 합니다. 아무런 동기 없이 그냥 여기에 와서 앉아 있는 분은 없을 것입니다. 여러분의 자기소개서를 보니까 만나기 위한 동기가 있었습니다. 주변 친구의 이야기를 들었든, 어떤 경로를 통해서든 여러 이유로 해서 만나는 동기가 성립됩니다. 그렇게 해서 만나게 되었는데 여기서 우리가 간과해서는 안 되는 것이 있습니다. 그것은 누가 누구를 만나려고 했는가 하는 것입니다. 그리고 누구의 요구에 의해서 만남을 하고 있느냐 하는 것입니다. 내가 먼저 여러분에게 만나자고 통지를 해서 만나게 되었느냐? 아니면 여러분이 나를 만나려고 청해서 만났느냐? 여기에는 상당한 차이가 있습니다. 이 차이를 이해하지 못하면 무리한 행동을 하게 됩니다. 그래서 처음 시작이 누구의 필요에 의해서 만나는가 하는 것이 중요합니다. 이런 여러 조건이 맞지 않으면 만남이 무의미하게 됩니다. 여기에서 여러분과 내가 앞으로 어떤 관계를 이루어가면서 어떤 만남으로 이끌어갈지 모르지만 우선은 여러분의 요구에 내가 응해주는 것입니다.

이렇게 서로 만나는 데는 소개자가 있습니다. 그것이 책이 될 수도 있고, 친구일 수도 있고, 자기 스스로 찾아낸 정보일 수도 있습니다. 그런 소개를 통해서 직접 만나게 되는데, 간혹은 그 소개가 잘못될 수도 있습니다. 아마 지금 여러분이 나를 보고 있는 중에 머릿속에서는 복잡한 생각들이 흘러갈 것입니다. '내가 저 사람을 어떻게 이해해야 하지?', '어떤 눈으로 저 사람을 봐야 하지?' 머리가 복잡할 것입니다. 만약에 여러분에게 내가 잘못 소개되었다면 여러분은 사실과 아주 다른 눈으로 나를 보고 있을 것입니다. 모쪼록 여러분에게 잘 소개되었기를 바라면서 오늘의 만남을 계속하겠습니다.

만남은 누군가의 필요에 의해서 만남을 청하는 과정이 있고, 그 청을 받고 초대를 하는 과정이 있습니다. 오늘의 만남은 여러분의 청함과 나의 초대로 이 자리가 만들어졌습니다.

우리가 만남을 청할 때 어떻게 해야 할까요? 무례하거나 공격하고자 하거나, 부정하고 비판하고 이용하려 하거나, 아무 이유 없이 그냥 심심하니까 만나려고 한다거나, 또는 여기에서 뭔가 훔쳐갈 것이 있어서 만난다면 그것은 도둑의 마음입니다. 어떤 경우는 불건전한 호기심을 가지고 청할 수도 있을 것입니다. 나는 여러분이 나에게 만남을 청한 것이 이러한 것이 아니라, 진실로 서로의 세계를 이야기 하고 싶다는 그런 요구로 만나게 되었기를 바랍니다.

초대하는 자는 자기의 바탕을 잘 정돈해놓은 상태에서 만나야 합니다. 그런 준비 없이 아무렇게나 손님을 맞아서는 안 됩니다. 그래서 저는 오늘 설명할 자료를 준비 했고, 소제도 깨끗하게 해서 여러분을 초대한 것입니다. 반갑습니다.

나눠드린 자료에서 다음 장을 넘겨보면 '예(禮)'에 대해 나옵니다. 오늘 나와 여러분이 만날 때 제일 먼저 서로 예를 갖추었습니다. 각자 한글로 '예' 자를 한번 써보세요. 먼저 동그라미를 그린 다음에 그 옆으로 두 개의 선을 긋고 나서 세로로 두 개를 긋습니다. 존재한다는 것은 | 이렇게 서 있는 세로선으로 표현할 수 있고, 서로 연결되어 있는 것은 ─ 이렇게 가로선으로 나타낼 수 있습니다. 그런데 '예' 자를 보면 하나가 아니라 각각 ‖ 이것과 ═ 이것으로 되어 있습니다.

❚ 이렇게 둘이 나란히 서 있으니까 '공존(共存)'하는 것입니다. 우리는 이 세상에 혼자서 살아갈 수가 없습니다. 서로 어울려서 공존하고 있습니다. 그렇게 공존하면서 ═ 이렇게 '대사(代謝)'합니다. 우리는 서로 만나 무엇인가로부터 주고받는 대사를 하는데, 그 무엇이 바로 '○'입니다. ○은 우주의 근원적인 운동이라고 할 수도 있고, 비어있거나 물질이 아닌 것으로 생각할 수도 있습니다. 물질이 아닌 근원으로부터 뭔가를 주고받는 것입니다. 우리가 살아가면서 서로 간에 주고받으면서도 "하느님 감사합니다. 부처님 감사합니다."라고 합니다. 그것은 주고받는 행위는 서로 간에 일어나지만 근원은 다른 데 있다는 것입니다. 근원은 우리가 살아가는 바탕보다 더 높은 곳에 있고, 그것을 서로 주고받고 한다는 것입니다.

그래서 우리가 진지하게 예를 갖출 때는 이렇게 양손을 모아서 합장합니다. 안 배워도 자연스럽게 합장을 합니다. 왜 이렇게 합장을 할까요? 합장을 하고 가만히 보세요. 합장을 하면 두 손의 높낮이가 다르지 않습니다. 그것은 처음 만날 때 상대와 내가 동등한 차원에서 만난다는 것을 의미합니다. 그렇게 같은 차원에서 만나는데 합장한 양손의 손끝이 위를 향하고 있습니다. 그것은 서로 상승하자, 서로 좋아지자는 뜻입니다. 합장할 때 양손의 높이를 다르게 하는 사람은 없을 것입니다. 그리고 손끝을 밑으로 향해서 합장하는 사람도 없을 것입니다. 우리 같이 추락하자는 사람은 없을 것입니다. 우리가 만남에서 예를 갖춘다는 것은 '우리 서로 만나서 상승합시다. 서로 좋아집시다.'라는 의미가 들어 있는 것입니다. 그렇게 서로 주고받을 때 물질로 주고받을 수도 있습니다. 여러분은 오늘 참가비를 냈을 것입니다. 그것은 만나기 위해서 물질적으로 준 것입니다. 비물질적인 것도 있는데 존경과 믿음, 겸허함 등이 그것입니다. 여기에 누가 눈을 부릅뜨고 무게를 잡고 있다면 그 사람을 진지하게 받아들이겠습니까? 아마도 흔쾌히 받아들이지 않을 것입니다. 귀중한 것일수록 무례하거나 폭력적이거나 음흉한 속셈을 가지고 접근하면 귀중한 것을 보여주지 않습니다. 여러분이 보석함을 가지고 있는데 험상궂은 사람이 다가와서 무례하게 발로 차면서 열어보라고 하면 열어 보이겠습니까? 열지 않을 것입니다. 그래서 여러분은 여기뿐만 아니라 어디에든 초대를 받아서 가면 존경과 겸허한 자세를 가져야 합니다. 어깨에 힘주고 목에 힘주면서 '말하는 것이 조금이라도 흠이 있으면 당장 공격해야지.' 하는 생각을 하고 있으면 마음을 열지도, 보석함을 보여주지도 않을 것입니다.

내가 사람들을 가르친 것이 20년이 넘었습니다. 한때 대구 근교에 살고 있을 때였는데 경○대학교에 다닌다는 한 젊은이가 찾아왔습니다.

"스승님 우리가 어떻게 살아야 합니까?"

"나는 지금 얘기하고 싶지 않네."

"왜 얘기하고 싶지 않습니까?"

"알고 싶은 것은 자네 마음이고 얘기하고 싶지 않은 것은 내 마음이네."

"그래도 스승님이라고 일부러 찾아왔는데요."

"자네가 나를 스승이라고 부르지만, 내가 자네한테 제자라고 인정한 적이 있느냐? 없지 않느냐? 자네는 만남의 원리를 모르는 사람이네. 나는 자네하고 얘기하고 싶지 않고, 시간도 없으니 그만 돌아가게."

무턱대고 윽박지르는 물음에 답하기 싫었던 것입니다. 그 친구가 무려 5년을 꼬박 찾아왔습니다. 그러면서도 무례함을 고치지 못했습니다. 그는 상대방을 어떻게 만나야 하는지를 몰랐던 것입니다. 그래서 나하고 끝내 의미 있는 대화 한마디 못했습니다.

우리는 진정한 만남을 통해서 상대를 이해하고, 그에게 내재되어 있는 것을 발견하고, 서로 깊이 통해야 합니다. 그래서 만남에 대해 이렇게 장시간 얘기했습니다. 우리의 만남은 사람끼리도 만나지만 때로는 물질과도 만납니다. 식물과도 만나고, 동물과도 만나고, 때로는 보석과도 만나고, 책상과도 만나고, 차하고도 만납니다. 때로는 사건이나 사고와도 만나고, 때로는 탈도 만나고 적도 만납니다. 수많은 형태의 만남이 있는데, 만남의 기본은 내가 어떤 자세로 만남을 청하고, 어떤 자세로 초대할 것인가? 어떤 예를 가지고 만날 것인가부터 시작해야 합니다.

이렇게 만남이 이루어지면 그다음에는 설득이라는 과정이 있습니다. 나는 내가 알고 있는 것을 여러분에게 얘기하려 합니다. 내 얘기가 여러분에게 잘 전해지고 잘 이해되어 설득되게끔 여러분에게 얘기를 하려고 합니다. 여러분은 내심 자기에게 시간이 주어진다면 알고 싶은 것, 하고 싶은 것을 물어보고 싶을 것입니다. 그럼에도 우선은 양보해서 나에게 많은 시간을 주고 있는 것입니다. 이런 과정이 문답이 될 수도 있고, 주장하는 것이 될 수도 있고, 설명하는 것이 될 수도 있습니다. 그런데 자기가 아무런 지식이 없는 상태에서 설명하거나 질문하거나 문답할 수는 없습니다. 학교에서도 공부를 잘하는 아이들이 질문을 하지 공부를 못하는 아이들은 질문도 잘 못합니다. 뭔가를 알아야 질문을 할 수 있습니다. 그래서 우선 내가 이 세상의 온갖 사물에 대해서 어떤 지식을 가지고 있는가 하는 것이고, 다음은 자기의 식견입니다. 식견이란 지식, 경험, 사고, 도덕관, 가치관 등 모든 것이 합해져서 고유한 의식체계를 이루고 있는 것입니다. 단순히 지식을 많이 가지고 있다고 해서 식견이 있는 것은 아닙니다. 지식은 정보이고 그것을 통해서 자기의 고유한 세계가 이루어져 있어야 식견이라 할 수 있습니다.

그리고 상대를 설득하고자 할 때, 지식도 많고 식견도 있는데 언변이 없어서 표현을 못할 수도 있습니다. 그러면 자기의 소견이 상대에게 제대로 전해지지 않습니다. 그래서 상대를 설득하려면 다양하고 깊은 지식도 있어야 하고, 자기만의 식견도 있어야 하고, 그것을 잘 표현할 수 있는 언변도 갖추고 있어야 합니다.

자, 이것만 있으면 잘 전해지겠습니까? 아닙니다. 이것만으로는 안 됩니다. 시간을 잘 맞춰야 합니다. 지식도 있고 식견도 있고 언변도 있고 다 있는데, 시간을 못 맞춰서 얘기를 하지 않아야 할 시점에 얘기를 해서 오히려 화를 불러일으키는 경우가 많습니다. 그리고 상대의 사정을 고려하지 않는 경우도 마찬가집니다. 상대가 배탈이 나서 설사가 나오고 있는데 붙들고 늘어지면서 얘기를 하면 설득이 되겠습니까? 그러면 아무 것도 안 됩니다. 그래서 상대를 설득하는 데는 지식과 식견과 언변 이런 것들이 바탕이 되지만 그 위에 상대를 제대로 알아야 하고, 때를 맞추고 상황을 고려해서 얘기해야 제대로 설득이 됩니다. 우리가 살아가면서 사람과 사람이 만나서 서로 얘기하는 과정이 참으로 쉽지 않습니다. 나는 이렇게 얘기하고 있는데 상대는 전혀 다르게 이해하고 있고, 나는 좋다고 하는데 상대는 반감을 가지고 있고, 나는 나쁘다고 지적을 했는데 상대는 무시하고 갑니다. 결코 쉽지 않습니다. 그것은 이런 여러 사항들을 고려하지 않고 자기 말만 하기 때문입니다.

대화에서 중요한 것이 상대를 아는 것입니다. 상대와의 만남을 위해서 사전에 그에 대해서 알아야 합니다. 여러분은 내 얘기를 듣기 위해서 여기에 오기 전에 어떤 준비를 하고 오셨습니까?

나에 대해서 얘기하고 있는 책들이 여러 권 있습니다. 제일 첫 번째 나온 책이 김수용이라는 작가가 쓴 책『氣』라는 책입니다. 어느 날 그가 찾아와서 "저는 지금 '일간 스포츠'에『명(命)』이라는 소설을 연재하고 있는 작가인데, 찾고 찾아서 스승님을 뵙게 되었습니다. 스승님과 많은 대화를 하고, 그 대화 내용을 일간 스포츠에 연재하고 싶습니다." 그래서 내가 "당신이 작가의 명예를 걸고 거짓 없이 쓴다면 허락하겠습니다." 그로부터 자주 나를 찾아와서 대화를 나눴습니다. 그러는 사이에 일간 스포츠에 내 얘기가 연재되었습니다. 그렇게 진행되면서 점차 내가 어떻게 해서 이런 깨달음을 얻게 되었고, 또 이 깨달음을 가지고 세상에서 무엇을 하고자 하는지, 우리가 미래를 어떻게 바라보고 어떻게 대처해야 하는지 등에 대해 얘기해 주었습니다. 그런데 내가 이런 사상적인 것을 얘기해 들어가니까 일간 스포츠에서 연재를 끊어버렸습니다. 독자들은 그런 것에는 흥미가 없다는 것입니다. 氣를 운영해서 태풍을 어떻게 하고, 구름을 나누고 없애는 등의 얘기는 신이 나고 재미있었는데, 인간이 어떻게 살아가야 하고, 세상을 어떤 눈으로 보며, 서로 간에는 어떻게 관계를 유지해야 하고, 우리가 어떻게 해서 창조의 세계로 가야하는지 등의 얘기는 대중에게 관심 밖이었던 것입니다. 그래서 연재가 중단이 되고 나서, 다시 나하고 나눈 얘기를 엮어서 낸 책이 『氣』라는 책입니다. 그런데 나는 아직 『氣』라는 책을 읽어보지 못했습니다. 나는 그가 보고 느낀 대로 썼을 거라고 생각하기에 아예 보지 않았습니다.

그 후에 나한테 공부를 하던 이영○라는 사람이 있었는데, 그 사람이 나를 보고 쓴 책이 있습니다. 『동방, 해 돋는 나라에 오신 님이시여』가 그 책입니다. 솔직히 나는 그 책도 읽어본 적이 없습니다. 아마 그 책은 지금 품절된 것 같습니다. 『氣』도 품절된 것으로 알고 있습니다.

또 그 후에 보리 선생이 자기가 공부한 과정을 수행기로 썼습니다.

보리 선생이 "제가 공부한 걸 수행기로 썼는데 이름을 하나 붙여주십시오."라고 했습니다. 그래서 내가 "당신은 보리 아닙니까? 보리는 보리만 먹으면 되지, 뭐 딴 것을 하려 합니까?" 하니까 '아! 보리는 보리를 먹어야' 그래서 책 제목이 『보리는 보리를 먹어야』가 되었습니다. 우리가 자기 분에 넘치는 것을 과하게 하다 보면 거기서 무리가 생기게 됩니다. 그런 연유로 『보리는 보리를 먹어야』라는 책이 보리 선생에게서 나왔습니다. 그것이 세 번째 책입니다. 그랬더니 『氣』라는 책을 쓴 김수용 작가가 계속 나를 지켜보니까 처음에 호기심을 가지고 봤던 것과는 많이 다르다는 것을 알게 되었습니다. '우리 인류가 왜 이렇게 방황을 하고 있는지, 이 세상은 지금 어디로 가고 있는지, 그러면 우리는 어떻게 해야 하는가?' 이런 얘기를 하고 있는데, 처음에 자기가 가벼운 호기심으로 세상 사람들 비위를 맞춰서 재미있게 썼던 것입니다. 지나고 보니까 부끄럽고 미안하기 그지없다면서 다시 책을 쓰게 되었습니다.

"스승님께 사죄하는 마음으로 제가 책을 다시 썼습니다." 하고 원고를 가지고 와서 책 이름을 지어달라고 했습니다. 그래서 "당신이 본 대로 썼을 것이고, 과거에 잘못 썼다는 것을 사과했으니 이제 끝이네요. 이제 숙제 끝이네요." 그래서 그 책 제목이 『오늘은 숙제 끝』이 되었습니다. 그다음에 보리선생이 나하고 氣운영을 다니면서 세상제도를 했습니다. 나는 보리 선생, 무견 선생 등과 주로 세상제도를 많이 했습니다. 그렇다고 누구하고만 해야 한다는 것은 없습니다. 내가 함께할 만한 사람에게 "내가 지금 이런 것을 하려고 하는데 같이 하자."

이렇게 합니다. 그런데 내 옆에는 항상 보리 선생, 무견 선생, 다솔 등 몇몇 분들이 있었습니다. 그래서 중요한 일이 있을 때마다 보리 선생, 무견 선생이 주로 많이 했습니다. 홍콩이 반환될 때 보리 선생한테 "내일 홍콩에 가서 홍콩의 氣를 제주도로 가지고 오세요."라고 하니까 보리 선생이 당황하는 것이었습니다. 나는 보리 선생이 해외여행을 많이 해본 줄 알았는데, 알고 보니 해외여행을 한 번도 안 가본 사람이었습니다. 그런데 내가 하라고 하니까 그것을 해냈습니다. 당시에 홍콩은 비자 없이 갈 수 있었습니다. 그래서 바로 실행할 수 있었습니다. 그런 열정과 인류에 대한 애정이 없었다면 지금까지 이렇게 같이 해 오지 못했을 것입니다. 이 시간을 빌어 보리 선생, 무견 선생에게 고마움을 전합니다.

그랬는데 어느 날 보리 선생이 그간 氣운영한 것을 묻어두기가 아깝다며 원고를 써 왔습니다. 보리 선생은 나와 만나기 전에 울산에서 불교청년회 회장도 하고, 한때는 동광사 주지라고 하기에 나는 스님인 줄 알았습니다. 나중에 보니까 스님이 아니고 그만큼 불교에 심취하고 있었던 것입니다. 얘기를 할 때도 그렇고, 책을 써도 주로 불교와 연관 지어서 얘기 했습니다. 그래서 내가 불교를 꼬집으면서 얘기했습니다. 불교의 가르침을 열 개의 그림으로 설명한 심우도(尋牛圖)가 있습니다. 보통 법당 외벽에 그려놓았습니다.

"지금은 그것을 가지고 설명하는 것보다 컴퓨터나 인공위성으로 설명하는 것이 더 낫겠습니다. 지금 도시 아이들 중에는 소를 구경조차 못해본 아이도 많은데 소 찾는 그림 가지고 어떻게 설법이 되겠습니까? 소가 얼마나 힘이 센지, 내가 그것을 어떻게 부릴 수 있는지도 모르는데 소를 소재로 설법해서 되겠습니까? 지금 우째 소를 타느냐 말입니다."

그러자 '아! 지금 우째 소를 타노?' 그렇게 해서 『지금 우째 소를 타노』라는 책이 나왔습니다.

그리고 제자 중에 정신과 의사가 있었습니다. 그분에게 내가 '생명장 의학'을 공부시켰습니다. 지금 정신과 영역은 확실한 치료방법이 거의 없습니다. 거기서 갈등하고 있다가 생명장 의학이라는 것을 알고 나서 그것을 책으로 썼습니다. 생명장 의학을 공부한 후 자기한테 상상할 수 없는 여러 일들이 일어나서 그것을 정리해서 책을 썼는데, 그것이 『보이지 않는 그물, 생명장 의학』입니다. 그 책을 쓰고 그분은 굉장한 불이익을 당했습니다. 그 계통에서는 이런 세계를 인정한다는 것이 굉장한 위험이고 도전입니다. 전생에 관해 얘기하다가 지금은 완전히 따돌림 당하는 의사도 있습니다. 또 빙의(憑依)에 관해 얘기하다가 그 분야에서 완전히 소외된 사람도 있습니다. 그분도 책을 내고 나서 그런 사람처럼 취급당하기도 했습니다. 그분은 이화여대에서 강의하던 분인데도 '생명장 의학'에 대해 얘기를 안 할 수가 없다고 해서 위험을 감수하고 책을 냈습니다.

그다음에 박희준이라는 분이 『19인의 초능력자 이야기』라는 책을 썼는데, 그중에 내 얘기를 넣었습니다. 물론 그분이 본 것은 나의 아주 일부분뿐이지만 말입니다.

그리고 『충돌하는 생명장』이라는 책이 있습니다. 우리가 살아가는 동안에는 누구나 자기의 생명장 즉, 생명 에너지가 활동할 수 있는 필드를 지니고 살아가는데, 그것을 '생명장'이라고 합니다. 각자의 생명장이 충돌하면 거기에서 탈이 일어납니다. 만약에 내가 떨어지는 낙엽을 보며 사색에 젖어 들고 싶어서 공원 벤치에 앉아 있는데, 얼굴에 칼자국이 나 있는 험상궂은 사람이 옆에 와서 앉는다면 사색은커녕 불안하기 그지없을 것입니다. 그 사람이 내게 손끝 하나 대지 않았는데도 내가 두려움을 느끼는 것은 자기의 생명장이 그렇게 느끼기 때문입니다. 생명장은 그렇게 자기를 보호하려고 합니다. 으슥한 골목으로 들어가려고 하면 왠지 소름이 끼칩니다. 그렇게 느끼는 것은 자기의 생명장이 확장되어서 먼저 그 대상과 접촉하는 것입니다. 아니나 다를까 두려워하면서 들어가는데, 저쪽에서 병 깨지는 소리가 들리면서 싸움이 벌어집니다. 이런 일이 일어날 것을 직접 보기도 전에 어떻게 알았을까요? 그것은 생명장이 있기 때문입니다. 내가 아주 편안한 상태에서는 생명장이 내 속으로 들어와서 아주 작아집니다. 반대로 내가 불안하면 생명장이 크게 확장됩니다. 세상에 위기가 다가오면 불안한 예감이 듭니다. 그래서 불안하고 초조해지면서 무슨 일이 일어날 것 같이 느껴집니다. 그것 역시 자기의 생명장이 확장되어서 그렇게 느끼는 것입니다. 무섭게 생긴 사람이 옆으로 다가오면 조금이라도 떨어지려고 하는 것은 자기의 생명장이 상대를 밀어내기 때문입니다. 그런데 사랑하는 사람하고 있으면 점점 더 가까워지려고 합니다. 그래서 생명장이 아주 작게 축소됩니다. 우리는 모두 이런 생명장을 지니고 살아가는데, 각자의 생명장들이 충돌하면 거기서 온갖 문제가 일어나게 됩니다. 내 제자 중에 정윤○ 한의원 원장이 치료를 하면서 생명장의 충돌로 일어난 이야기를 엮어놓은 것이 『충돌하는 생명장』이라는 책입니다.

그리고 지난 봄에 최현규라는 작가가 『해인의 비밀』이라는 책을 썼습니다. 이분은 『모스(MOSS)』라는 책을 쓴 작가입니다. 『해인의 비밀』은 최현규 작가가 보리 선생하고 그동안 운영했던 氣운영에 관한 얘기를 들은 후 '아, 이것을 책으로 써야겠다.'라고 해서 세 권으로 엮어서 냈습니다. 여기까지가 내 이야기와 우리의 움직임을 책으로 펴낸 것들입니다. 여러분이 나하고 이렇게 만나서 서로 얘기하려면 적어도 이런 정도는 사전에 한번 읽어보았어야 합니다.

그다음에 '한울문화원'이 어떤 일을 하는 곳인지도 한번 알아보아야 합니다. 한울 공동체 사람들이 봉사한 내용이 있습니다. 지난 2년 동안 약 6만여 명을 치료해 줬습니다. 내가 다른 봉사단체에서 의료봉사하는 것을 보니 한 달에 한 번 진료를 해주는 것으로는 별 효과가 없었습니다. 그래서 우리는 한번 시작하면 1주일씩 계속했습니다. 그렇게 하고 나서 끝나는 날 대동제를 열었습니다. 거기에 온 환자들과 주민들을 모아서 잔치를 열었습니다. 우리가 병이 들고 아픔을 느끼는 것은 서로 조화를 이루지 못했기 때문입니다. 조화롭게 못사니까 서로를 아프게 하고 미워하고 비판하고 꼬집는 것입니다. 그래서 서로 간의 조화를 이루면 그러한 병의 근원을 없앨 수 있다고 해서 대동제를 열어 같이 춤추고 노래도 했습니다. 그런 것을 2년 동안 계속하면서 약 6만여 명을 치료해 주었습니다.

또 IMF를 겪고 나서 점심을 거르는 학생들이 많았습니다. '아, 이 학생들에게 점심을 줘야겠다.'라고 해서 600여 명에게 몇 년 동안 점심을 줬습니다. 주는데 그냥 주지 않았습니다. 학생들에게 점심을 주는 대신에 봉사하라고 했습니다.

"너희들은 하루에 한 가지 이상 봉사를 해라. 너희는 봉사의 대가로 점심을 보조받는 것이다. 이 세상에 너희가 한 역할에 대해 대가로 받는 것이지 무료로 받는 것이 아니다."라고 했습니다. 어린 학생들이 누군가로부터 무료로 도움을 받는다는 것은 한평생 자존심 상하는 일입니다. 그래서 자존심 상하지 않도록 너도 세상에 봉사하고 그 대가를 당당하게 받으라고 한 것입니다. 그렇게 아이들한테 점심을 주는 것을 봉사활동으로 전환시켰습니다.

그다음에, 러시아에 우리 한인들이 많이 사는데, 그들의 대부분이 농사를 지으면서 살아가고 있답니다. 이 사람들이 농사를 지으려면 음력 달력이 필요합니다. 음력 달력이 있어야 거기에 맞추어서 씨도 뿌리고 거름도 주고 하는데, 음력 달력이 없으면 때 맞춰서 농사짓기가 힘듭니다. 당시 러시아 대사로 있는 사람이 그런 고충을 얘기했습니다. 그래서 거기에 달력 5만 부를 보냈습니다. 사소한 일이지만 그런 일도 했습니다. 말하자면 여기에 앉아서 법이나 얘기하고 '우리 착한 일 합시다.', '영적으로 깨달읍시다.' 이런 말만 하는 것이 아니라 실제로 세상에서 행동으로 옮겨야 하는 일도 하는 것입니다. 우리가 영적으로 진화하기 위해서는 법문만으로 되는 것이 아닙니다. 실제 행동으로 옮겨서 실천해야 합니다.

그리고 우리는 감각과 감성을 계발해야 합니다. 그런 것들이 예술활동입니다. 내가 지도하는 것 중에 '한울예술'이 있는데 '한울글', '한울그림', '한울춤' 등이 그것입니다. 저 뒤에 보시면 한울글을 한 점 걸어놨습니다. '무(無)' 자를 한울글로 쓰면 저렇게 됩니다.

큰스승님 作 '무(無)'

저런 것을 세상에서는 선필(仙筆)이라고 하는데, 나는 '한울글'이라고 합니다.

그다음에 '한울그림'이 있습니다.

자운 최영란 作 '마법의 거울'

한울그림은 여섯 가지 색깔의 볼펜으로 그리는데, 그것은 세상을 구성하고 운행하는 육기(六氣)를 말합니다. 그 여섯 색을 조합해서 그림을 그리면 저렇게 대단한 그림들이 됩니다. 한울그림은 전시회도 여러 번 했습니다. 한울그림을 그리는 사람 중에 화가 출신은 아무도 없습니다. 대학 강사, 의사, 장사하는 사람, 주부 등 평소 그림과는 거리가 먼 사람들입니다. 한울글도 서예를 전문적으로 공부한 사람은 아무도 없습니다. 그리고 한울춤 역시 무용을 전공한 사람이 없습니다. 하지만 누구나 다 할 수 있습니다. 우리는 그런 다양한 예술 분야를 공부하고 있습니다.

한울춤은 미국과 프랑스에서도 공연했습니다. 프랑스에서는 프랑스 국영TV에서 뉴스 시간에 방영을 하기도 했습니다. 그만큼 한울춤이 그들에게 충격적이었던 것입니다. 미국에서 공연 할 때는 한 사람이 공연했는데, 공연 중에 보고 있던 사람들이 다 동작이 일어나서 같이 춤을 추었습니다. 그런 것이 한울춤입니다.

교육문화회관에서의 한울춤 공연

그리고 '한울시(詩)'도 있습니다. 제가 쓴 『앞으로 빛이 되어』라는 시집이 있는데, 거기에는 세상 사무처리 중에 기술화되어 나온 시도 있습니다. 그리고 내가 직접 쓴 것으로는 시집과 명상록이 있습니다. 사람들이 사물을 어떤 눈으로 바라보고 어떻게 맞이할 것인가? 이런 것에 대해서 쓴 책이 명상록과 시집입니다.

그리고 여러분에게 나누어 준 '우주천주머릿말씀'이라는 책이 있습니다. 이 계시록은 약 이십년 전부터 내게 기술되어 나온 것들을 모아서 만든 것입니다. 그래서 나는 이 책을 '우주천주머릿말씀'이라고 하지 않고 그냥 『계시록』이라고도 합니다. 계시록에서 부호화 되어 있어서 이해하기 어려운 부분들은 내가 풀어서 설명해 두었습니다. 이런 것들이 여러분이 나와 만날 때 사전에 충분히 접할 수 있도록 해놓은 것입니다.

 여러분은 여기에 오기 전에 준비하셨습니까? 별 준비 안 하셨지요? 아마도 그럴 것입니다. 나중에라도 시간을 내서 한번 살펴보시기 바랍니다.

 그 뒷장을 보면 우리가 알고 싶어 하는 물음들이 있습니다. 이것이 세상자들의 물음입니다. 여러분은 지금 궁금한 것이 매우 많을 것입니다. 알고 싶은 것은 많은데 무엇부터 어떻게 풀어가야 할지 몰라 답답할 것입니다. 그래서 내가 여러분이 무엇에 관한 의문을 가지고 있는지 써봤습니다.

 자, 우선 내가 이런 한복을 입고, 머리도 기르고 수염도 길러서 여기가 무슨 종교단체인가? 하는 생각이 들었을 것입니다. '나는 기독교 믿는데', '나는 불교 믿는데', '나는 천주교를 믿는데, 우리 천주님이 나를 야단치시지 않을까?' 온갖 생각이 들 것입니다. 내가 여기에서 여러분에게 해주고 싶은 얘기가 있습니다. 여러분이 내게 "선생님께서 가르치는 것이 종교입니까? 공부입니까?" 하고 물으면 나는 "종교이기도 하고 공부이기도 하고, 종교가 아니기도 하고 공부가 아니기도 하다."라고 답할 것입니다. 그것은 종교에 대해 여러분이 가지고 있는 관념 때문에 그렇습니다. 종교를 한자로 '마루 종(宗)'에 '가르칠 교(敎)' 자를 씁니다. 마루는 산마루와 같이 정상을 의미합니다. 거기에 이르는 길을 가르치고 배우는 것이 종교입니다. 즉, 제일 으뜸 된 우주의 이치를 가르치고 배우는 것을 종교라고 하는 것입니다. 여러분이 진실로 근원에 대한 깨달음을 얻으려고 한다면 종교라는 이름을 붙여도 무방하다는 것입니다. 그런데 세상 사람들은 종교를 불교 단체, 천주교 단체와 같이 단체로 생각합니다. 그래서 거기에 속하면 종교인이고 거기에 속하지 않으면 종교인이 아니라고 생각합니다. 절에 다녀야 불교 신자이고, 부처님의 가르침을 따르며 염불해도 절에 가지 않으면 불교 신도가 아니라고 생각합니다. 염불이 뭡니까? 부처를 생각하는 것입니다. 부처가 깨달아 최고의 경지에 이른 것처럼 자기도 그렇게 되고 싶다고 염원하면서 염불하는 것입니다.

내가 한번은 실상사에 갔는데 어쩌다 보니 저녁 늦게 가게 되었습니다. 스님이 "아이고, 늦게 오셨군요. 그래도 부처님은 한번 뵙고 가야죠." 하면서 열쇠를 가지고 나와서 대법당 옆에 있는 작은 법당의 문을 여는데 거기에 철불(鐵佛)이 있었습니다. 문을 열어주면서 그 부처님은 영험해서 세상에 어떤 일이 있으면 땀을 흘린다고 했습니다. 문을 열고 들어가자마자 그 스님이 철불 앞에 엎드려서 절을 하는 것이었습니다. 내가 옆에 가만히 서서 합장만 하고 있으니까 날더러 절을 하라고 자꾸 눈짓을 하면서 절을 하는 것이었습니다. 그래도 내가 절을 안 하고 가만히 있었더니 스님이 몇 번 더 절을 하고 일어나더니 화난 표정으로 말했습니다.

"처사는 불심이 없군요."

"저도 경배를 했는데요."

"경배를 했다고요? 보니까 안 하던데요."

"마음으로 했습니다."

"마음이 어디 있는데요?"

"스님 속에요." 하니까 멈칫 하더니 차 한 잔 하자며 따라오라고 했습니다. 그래서 함께 차를 마시는데 "내가 처사를 어떻게 불러야 할지 모르겠습니다."라고 하면서 주저주저 말을 꺼내기 시작했습니다. 그래서 내가 "속세 사람이니 그저 차나 한잔 합시다." 그러니까 스님이 "우리 철부처님은 영험해서 정말로 땀을 흘립니다."라고 했습니다. 그래서 내가 "철부처가 정말 영험이 있다는 것을 어떻게 아십니까?" 하고 물어보니까 하루는 잠을 자고 있는데 철부처에서 수염이 긴 할아버지가 나오더니 점심때가 지났는데도 왜 공양을 안 주느냐고 마구 야단을 치더라는 것이었습니다. 그러면서 "이렇게 영험한 부처가 어디에 또 있겠습니까?"라고 하는 것이었습니다. 그래서 내가 "그래요? 그런데 밥을 제때 안 준다고 화를 내면 그게 진짜 부처일까요? 내가 그 못된 부처를 잡아 가야겠네요."라고 했습니다. 그러자 바로 '선생님!' 하는 것이었습니다.(웃음)

그러면서 스님이 "지금 절 위쪽에 댐을 만드는데, 계획대로 되면 실상사는 수몰될 지경입니다. 곧 실상사가 없어질 위기에 놓여 있는데 선생님, 이것을 어떻게 구할 수 있는 방법이 없을까요?"라고 하면서 간절한 눈빛으로 나를 바라보았습니다.

"그러면 내가 구해드리지요."

"또 한 가지가 있습니다. 우리 절에는 스님들이 1주일을 못 견디고 보따리를 싸서 나갑니다. 들어오기만 하면 아파서 드러눕거나 힘을 못 쓰다가 나가버리는데 왜 그렇습니까?"라는 것이었습니다.

"못된 영체가 철부처 속에 숨어서 밥이나 얻어먹고 있으니까 그렇지요. 내가 잡아갈 테니 걱정하지 마세요."라고 말했습니다.

"고맙습니다. 제발 스님네들이 와서 편히 공부를 잘 할 수 있도록 도와주십시오."

스님이 고마워하며 말했습니다. 내가 실상사를 둘러보니까 법당 뒤로 작은 언덕배기가 있는데, 옛날에 거기에 문이 있던 흔적이 있었습니다. 그래서 내가 스님한테 "여기에 옛날에 대나무 문이 있었습니까?"라고 물었더니 그런 문이 있었는데 보기도 싫고, 그쪽으로 나가는 길도 없고 해서 없애버렸다고 하는 것이었습니다. 그래서 내가 그쪽으로 빠져나가는 기운 때문에 어쩔 수 없이 문을 냈었는데, 그걸 없앴으니 다시 복원하라고 했습니다.

그 후에 한참 지나서 다시 가보니까 대나무 발로 문을 만들어 놓았습니다. 그리고 실상사는 수몰되지 않고 지금도 있습니다. 실상사의 스님이 철부처라는 상에 잡히듯이 사람들이 자꾸 상(像)에 잡힙니다. 그와 같이 종교도 종교라는 본연의 의미가 아니라 종교단체로 생각합니다. 나는 각 종교단체가 성인들의 본연의 가르침을 왜곡시킨 것이 아주 많다고 생각합니다. 종교단체가 만들어지면서 그 단체를 유지하기 위해서 온갖 무리한 일들을 많이 했습니다. 종교가 역사에 좋은 영향도 주었지만 나쁜 영향도 많이 주었습니다. 종교단체로서가 아니라 성인의 근본 가르침을 실천하는 길로 갔으면 지금처럼 되지는 않았을 것입니다. 그래서 내가 지금 얘기하는 것은 종교단체를 얘기하는 것이 아니라 아주 근원적이고 본질적인 종교를 말하고 있는 것입니다.

종교 개념에는 제일 먼저 절대자 또는 절대성을 지닌 존재가 있어야 합니다. 인간의 차원이 아니라 인간의 차원을 넘어선 어떤 존재가 있어야 종교가 성립됩니다. 그래야 우주근원의 도리를 가르칠 수 있고 근원으로 끌어올릴 수 있습니다. 기독교나 이슬람에서는 절대적인 존재인 '여호와'와 '알라' 같은 절대 신이 있다고 합니다. 그에 비해 불교에서는 인간이 고도의 수행을 통해서 그 경지까지 올라가서 부처가 되었다고 합니다. 그래서 특정한 신을 따르는 것이 아니라 인간이 신으로 화(化)해갈 수 있다고 합니다. '우주의 근본도리를 가르치는 것'은 공부이고, '그렇게 하는 주체가 있다.'라고 하면 종교가 됩니다. 나는 깨달아가는 방법에는 여러 가지가 있는데, 어떤 방법이 되었든 궁극에 이르기 위해서는 영적으로 계속 노크해야 한다고 얘기합니다. 그리고 우리의 내면에는 모든 것을 주관하고 수도하는 뭔가가 있다고 얘기합니다. 이렇게 종합해 보면 종교라고 얘기할 수도 있고 종교가 아니라고 할 수도 있고, 깨달음이라고 할 수도 있고 깨달음이 아니라고 할 수도 있습니다.

나는 이렇게 생각합니다. 어떤 종교단체든 성인의 깨달음을 그대로 전하지 않고 자기들의 편리에 따라 생각대로 전한다면 그것이 바로 사이비(似而非)라고 생각합니다. 사이비는 겉으로 보면 비슷하게 하지만 진실로 그것이 아닌 것입니다. 예를 들어 '알라'를 섬긴다고 하면서 폭탄테러를 하는 사람들을 나는 사이비라고 생각합니다. 교회를 차려 놓고 헌금을 요구하고 뒤에서 엉뚱한 짓을 하고 있는 사람도 사이비입니다. 천주교도 마찬가지고 불교도 마찬가지입니다. 불교가 사이비고 기독교가 사이비가 아니라 그렇게 하는 단체가 사이비라는 것입니다. 내가 생각하는 종교관은 그렇습니다. 나는 여러분이 어떤 단체에도 속하지 않지만 진실로 근원을 추구한다면, 그리하여 궁극에 이르고자 한다면, 그래서 우주의 본성을 지니고자 한다면 그 사람은 혼자라도 종교인이라고 생각합니다. 아마도 여러분 중에는 기독교 신자, 천주교 신자, 불교 신자 등 종교단체에 속해있는 사람들이 많이 있으리라고 생각합니다. 그래서 혹 부담을 느낄지도 모르겠는데, 그런 부담은 종교의 진정한 개념 정립이 안 되어서 일어나는 것입니다.

자, 두 번째 묻는 물음입니다.
"우리는 어디서 와서 어디로 가는가?"
이것을 가만히 생각해 보면 우리는 분명히 없는 데서 있게 되었습니다. 우리가 처음부터 어떤 형태를 가지고 있었던 것이 아닙니다. 분명히 없는 데서 있는 것으로 온 것입니다. 그리고 명이 다해서 죽고 나면 다시 없어지게 됩니다. 즉, 없는 데서 있는 데로 왔다가 다시 없는 데로 가는 것입니다. 없다는 표현을 우리는 '○'으로 합니다. 그러면 있다는 것은 어떻게 표현할까요? 어떤 모양을 지니고 있다는 것은 각(角)을 지니고 있는 것입니다. 따라서 있다는 것은 '□' 이렇게 네모로 표현할 수 있습니다. 우리는 이 세상에 물질계로 왔다가 물질계에서 다시 ○계로 돌아갑니다. 그런데 무엇이 이렇게 왔다 갈까요? ○에서 왔으니 물질이 온 것은 아닙니다. 물질은 이 세상에서 조립된 것입니다. 이렇게 물질을 조립하는 주체가 무엇일까요? 그것을 사람들은 영혼이라고 합니다. 우리는 육체를 가지고 살지만 각자의 내면에 영혼이 있습니다. 영혼이 물질계로 와서 물질을 조립합니다. 엄마를 조종해서 물질로 몸을 만들어 세상에 나와서 먹고 배설하면서 자랍니다. 그러다가 영이 빠져나가면 몸은 흩어집니다.

그런데 세상에는 영혼이 있다는 것을 믿지 않는 사람들이 많습니다. "죽으면 그만이지 영혼이 어디 있어. 살아있는 동안 잘 먹고 잘살면 되지." 이럽니다. 그렇게 사니까 희망도 없고 목표도 없습니다. 순간순간을 살아가는 사람이 의미 있게 살아갈 수 있겠습니까? 보람 있게 살아갈 수 있겠습니까? 자기 가치를 높이기 위해서 살아가겠습니까? 그래서 의미 없고 보람 없는 삶을 살다가 갑니다. 우리는 이 세상에서 의미 있고 보람 있게 살기 위해서라도 영혼이 있다는 것을 알아야 합니다. 내가 영혼이 있다는 것을 여러분에게 아주 쉽게 얘기해 드리겠습니다. 엄마가 아이를 가져서 6~7주가 되어도 아직 2cm 정도 밖에 안 됩니다. 아직 너무 작아 초기의 척수신경 세포가 완성되어 기능을 시작하고, 대뇌자리에서는 신경세포가 분화하기 시작합니다. 수정 후 22~28주가 되어야 중추신경계가 형성되기 시작하는데, 이때는 이제 겨우 뇌가 만들어지고 있는 상태입니다. 뇌가 완성이 되어야 생각을 할 텐데 아직 뇌도 완성이 안 되었고, 눈도 코도 기능을 하지 않습니다. 그런데도 엄마를 마음대로 조종합니다. 엄마가 지금까지 잘 먹던 것을 입덧을 일으켜서 못 먹게 합니다. 그렇게 지금까지 많이 먹었던 것을 못 먹게 하고 부족한 것을 요구합니다. 한겨울에 수박을 요구하고, 막걸리 한 사발을 벌컥벌컥 마시고 싶어 합니다. 그렇게 온갖 요구를 하는데 도대체 누가 있어서 그렇게 요구하는 걸까요? 임신하기 전에는 생각지도 않았던 어느 골목길에 있는 설렁탕집에 가서 설렁탕에 고춧가루 타서 푹푹 먹고 싶은 것입니다. 왜 이럴까요? 누가 이렇게 하게 할까요? 뇌를 갖춘 것이 엄마 뱃속에 있다면 그가 그렇게 한다고 하겠지만, 아직 뇌도 완성이 안 된 것이 어떻게 그렇게 하게 할까요? 영혼이 없이 어떻게 그게 가능할까요? 영혼이 있기 때문에 엄마를 완벽하게 지배하는 것입니다. 엄마에게 브레이크를 걸어놓고 자기가 요구하는 대로 하게 하는 것입니다. 엄마는 뇌가 있고 많은 것을 배우고 경험해서 온갖 것들을 다 갖추고 있는데 태아에게 꼼짝을 못합니다. 엄마의 머리보다 더 지배력이 있는 것이 엄마를 마음대로 지배하는 것입니다. 그것이 뭘까요? 바로 영혼입니다. 그 영혼이 심지어 분위기까지 요구합니다. 어느 골목길에 있는 설렁탕집에 가서 설렁탕 한 그릇을 푹푹 퍼먹고 나서 막걸리 한 사발을 벌컥벌컥 마시고 싶다고 합니다. 그렇게 분위기까지 요구합니다. 그런데 모르는 것이 하나 있습니다. 산모가 한겨울에 수박이 먹고 싶다고 합니다. 태아는 아직 이 세상에 있지 않으니까 바깥이 여름인지 겨울인지를 모릅니다. 엄마의 몸속 온도는 36.5도로 일정하니까 계절을 모르는 것입니다. 그래서 옛날에는 남편이 많이 힘들어 했습니다. 아내가 임신해서 한겨울에 수박을 먹고 싶다고 하니까 수박은 구해야겠는데 찾아다녀도 찾을 수가 없어서 힘들어합니다. 영혼이 없이 어떻게 그것이 가능할까요?

그다음에, 부부생활을 하는 사람들은 다 알 텐데, 임신하려고 할 때는 왠지 모르게 성욕이 강해집니다. 성욕이 굉장히 강해져서 서로를 요구하게 됩니다. 심지어는 임신을 할 때 영이 먼저 점지(點指)를 합니다. 점지해서 저 멀리 떨어져서 살고 있던 남편이 난데없이 휴가를 와서 하루 잤는데 딱 임신이 됩니다. 누가 불렀을까요? 아이의 영이 부른 것입니다. 그렇게 3년에 한 번씩 남편이 와서 애를 만들어놓고 갑니다. 누가 그렇게 할까요? 영혼이 없다면 어떻게 그렇게 통하겠습니까.

그리고 영혼이 있다는 것은 갓난아이에게서도 볼 수 있습니다. 갓난아이가 새근새근 자다가 깜짝깜짝 놀랍니다. 그러다가 웃기도 합니다. 이런 것을 배냇짓이라고 하는데, 아직 세상에 태어나서 아무것도 본 것도 들은 것도 없는 아이가 무엇이 우습고 무엇이 놀라울까요? 이런 현상들은 영혼이라는 것을 개입시키지 않고서는 풀 수 없는 문제입니다. 자기 속에 영혼의 프로그램이 없으면 어떻게 놀라고 웃겠습니까.

그리고 아이를 낳으면 7일 동안 금줄을 치고 외부 사람들을 아무도 못 들어오게 합니다. 그걸 의사들은 혹 병균을 옮길까 우려되어서 못

들어가게 한다고 하는데, 그것은 氣의 세계를 모르고 하는 말입니다. 아이를 낳은 엄마는 집에 있다고 하더라도 아버지는 회사에 나갔다가 돌아옵니다. 그러면 병균들이 '저 사람은 아이 아버지니까 우리가 가지 말자.'라고 하면서 오지 않을까요? 아버지라도 밖에서 일하는 동안 온갖 균을 다 묻히고 다닙니다. 그러다가 돌아와서 아이를 보고 안아 주고 어르고 달래고 합니다. 집에 있는 사람도 아이가 필요한 것을 구하기 위해서는 밖에 나갔다 와야 합니다. 그런데 왜 집안사람들은 괜찮고 외부사람은 못 들어오게 금줄을 칠까요? 그것은 氣의 세계를 잘 알기 때문입니다. 氣가 먼저 움직이면서 물질을 형성해 가는데, 마구 움직이는 것이 아니라 철저히 수리(數理) 즉, 수의 이치에 따라 움직입니다. 우리는 물질을 □ 이와 같이 4방(네모)으로 나타내는데, □ 이것을 돌리면 ✡ 이와 같이 8방이 됩니다. 4방의 정방(正方)과 그 사이의 간방(間方)을 합하면 ✡ 이와 같이 8방이 됩니다. 그래서 이 세상의 모든 방향을 8방으로 나타내는 것입니다. 물질 몸을 이루려면 4방이 8방을 각각 돌아야 합니다. 그러면 32가 됩니다. 그 32가 전체를 한 바퀴 돌고 중앙으로 들어가서 다시 한 바퀴 돌면 32 × 9가 되어서 288이 됩니다. 즉, 물질을 이루는 수가 32인데, 그것이 8방을 다 돌고나서 중앙에 자리를 잡으면 32곱하기 9가 되어서 288이 됩니다. 그렇게 해서 아이가 태어나게 됩니다. 그런데 아이는 280일 만에 낳습니다. 엄마의 자궁에서 280일 만에 몸은 완성되었는데 8일이 모자라서 아직 氣가 완전히 성숙되지 않은 것입니다. 그래서 7일간 금줄을 쳐서 외부 사람의 강렬한 파(波)가 아이의 파를 교란시키지 않게 하는 것입니다. 그렇게 7일간 외인의 출입을 금하고 나면 그다음 날은 몸의 완성수인 288일이 되는 것입니다. 여러분은 지금까지 우리 선조들이 왜 금줄을 쳤는지 몰랐을 것입니다.

그리고 아이가 태어나면 우는데, 그것은 닫혀있던 폐의 벽이 열리면서 나오는 소리입니다. 태아는 엄마의 뱃속에서 양수에 쌓여 있다가 출산을 할 때는 양수가 터져서 몸 밖으로 나오게 되는데, 그것은 바다 생물이 뭍으로 올라오는 것과 같습니다. 출산을 함으로써 폐가 열려서 폐호흡이 시작되는 것입니다. 이것을 氣의 현상으로 보면 이렇습니다. 아이가 뱃속에 있을 때는 엄마의 파동과 공명하여 같이 파동 합니다. 그런데 세상에 태어나면 파동이 달라집니다. 자기의 파동과 세상의 파동이 맞지 않아 부담이 되어서 우는 것입니다. 그런데 울음이 소리파입니다. 울음을 통해서 자기 고유의 파동과 세상의 파를 맞추는 것입니다. 그것이 맞추어지면 울음을 그칩니다. 그런데 파동을 맞추려고 해도 맞춰지지 않을 때가 있습니다. 그러면 아이는 계속 웁니다. 계속 울면 생체에너지가 다 빠져버립니다. 그런데 모든 생명은 존재 자체를 우선으로 합니다. 이 세상에 존재하게끔 생명에너지를 가지고 태어나는데 파동을 맞추지 못해서 죽게 생긴 것입니다. 그러면 아이의 신체는 방어 작용을 일으킵니다. 어떻게 방어하느냐 하면 머리에 물을 채웁니다. 자기와 맞지 않는 파동이 와서 뇌파를 자극하니까 머리에 물을 채워서 파를 차단합니다. 그래서 뇌성마비가 되는 것입니다. 아이들이 계속해서 울거나, 아예 울지 않으면 뇌성마비가 됩니다. 울지 않으면 세상의 파에 공격을 받아서 상한 것이고, 계속 우는 것은 자기

방어를 위해서 물을 채우고 있는 것입니다. 갓 태어난 아이의 뇌성마비는 주로 이 두 가지 원인에 의합니다. 그와 같이 파를 가지고 자기방어를 합니다. 이런 것도 영혼이 없으면 일어날 수가 없는 일들입니다.

또한, 아이를 낳은 엄마가 아이를 방에 재워놓고 부엌에서 음식도 하고 빨래도 하면서 왔다 갔다 합니다. 그러다가 어느 순간 젖이 불면 '아, 아이에게 젖을 먹여야 하는데……' 하는 순간 아이가 '앵' 하고 웁니다. 무엇이 이렇게 연결해 줄까요? 서로 간에 눈에 보이지 않는 氣연결이 없다면 어떻게 이런 것이 가능하겠습니까? 이것을 구소련의 과학자들이 실험했는데, 새끼를 갓 낳은 어미 토끼 머리에 뇌파장치를 설치해놓고, 새끼를 데리고 잠수함을 타고 북극 빙하 속으로 들어갔습니다. 들어가서 새끼의 목을 베는 순간 어미의 뇌파가 마구 흔들리는 것을 알 수 있었습니다. 그 실험을 통해서 보이지 않는 기운으로 서로 연결되어 있다는 것을 알게 되었던 것입니다.

그것을 알고 나서 또 하나의 실험을 했는데, 그것은 텔레파시를 전송하고 수신하는 것이었습니다. 그것을 구소련에서 제일 먼저 시도했습니다. 구소련이 지금도 그쪽 분야에 제일 앞서 있습니다. 벌써 20년 전에 한 실험인데, 한사람은 모스크바에, 또 한사람은 블라디보스톡에서 서로 텔레파시를 주고받게 했습니다. 그런데 중간 지점인 중앙아시아에서 텔레파시를 도청한 것입니다. 우리는 이 세상 물질에 대해서 많은 것을 알아냈다고 생각하지만 정말 모르고 있는 것이 너무도 많습니다. 대부분의 사람들이 그릇을 그릇으로밖에 못씁니다. 그릇의 용도를 계속 개발하는 사람은 그릇에 꽃도 꽂고, 작품도 만들고 별 것을 다합니다. 우리는 그릇을 써서 세상의 기운을 바꾸기도 합니다. 그렇게 개발해 가고 있는데 아직은 물질세계에 대한 인간의 이해가 그다지 깊지 않습니다.

우리는 이렇게 여러 현상들을 통해서 영혼이 있고, 다양한 氣작용이 있다는 것을 확인할 수 있습니다. 그렇다면 영혼은 무엇으로 이루어져 있을까요? 영혼은 삼혼칠백(三魂七魄)으로 이루어져 있습니다. 즉, 3개의 혼(魂)과 7개의 백(魄)으로 이루어져 있습니다. 3혼은 영을 이루는 주체고, 7백은 영혼의 氣작용입니다. 그러니까 사람이 죽으면 3혼은 본래 자리인 ○계로 날아가고, 7백은 흩어져서 땅으로 돌아갑니다. 그래서 혼비백산(魂飛魄散)이라고 하는 것입니다.

자료 뒷부분에도 여러분이 궁금해 하는 여러 내용이 있는데 시간상 오늘 다 얘기하지 못할 것 같습니다. 이 뒤에는 '전생과 현생과 내생(來生)이 어떻게 연결되어있는가?', '전생의 것이 현생에서 어떻게 드러나는가?', '내가 현생에서 저지른 것이 후생에서 어떻게 나타나는가?' 등이 있는데 이것들은 전부 공부거리입니다. 이 공부거리를 오늘은 시간상 아주 간단하게 얘기하겠습니다.

전생과 현생이 이어져 있다고 생각하는가, 이어져 있지 않다고 생각하는가에 따라서 사물을 판단하는 데 큰 차이가 있습니다. '나는 착한 마음을 가지고 성실하게 살고 있는데 왜 고통을 받으면서 사람들에게 매일 욕을 먹으면서 이렇게 살까? 어떤 사람은 별로 대단하지도 않고, 하는 행동도 꼴불견이고, 배운 것도 별로 없는데, 어찌어찌하다가 소발에 쥐잡기 식으로 한 건 해서 한평생 먹을 것이 나오는데, 나는 새벽부터 밤늦게까지 뛰어다녀도 이게 뭐야? 너무나 불공평하다.'라고 생각합니다. 이런 문제는 전생과 연결해서 생각하지 않고서는 도저히 풀 수가 없습니다.

전생에 대해서 한번 생각해 봅시다. 여기에 장막(帳幕)이 하나 쳐져 있다고 생각해 봅시다. 장막 이쪽은 현생이고 장막 저쪽은 전생입니다. 나는 장막 이쪽에 있는데 장막 뒤와 연결되어 있는 줄이 있습니다. 내가 연결되어 있는 줄을 끌고 앞으로 나아가는데 장막 뒤에 줄이 엉키지 않은 상태이면 당기는 대로 잘 풀려 나올 것이고, 꼬여 있다면 당겨도 안 나오고, 나오더라도 엉켜서 나올 것입니다. 만약에 내가 전생에서 마구 얽어놓았다면 현생에서 풀어질 때 마구 요동치면서 풀어질 것입니다. 그렇게 전생이 현생에서 풀어져 나타나고 있는 것을 모르고 '나는 왜 이런가?', '세상이 왜 이리 불공평한가?' 하면서 불평하다가 될 대로 되라면서 삶을 포기합니다. 그것은 영적으로 무지해서 현생과 이어져 있는 전생을 보지 못하기 때문입니다. 무지해서 자기에게 왜 그런 현실이 다가오는지를 모릅니다. 우리는 자기의 전생과 현생을 이어 볼 줄 알아야 합니다. 그래야 오늘의 삶을 제대로 이해할 수 있고, 내일을 제대로 준비할 수 있습니다. 앞으로 이런 내용들을 공부하면서 깊이 있게 설명하도록 하겠습니다.

6

영적 진화를
위한 선택

이 우주에는 '○'이라는 궁극의 본질이 있습니다.
그 ○들의 조합으로 이루어진 '영혼'이 있습니다.
영혼은 궁극적으로 영생을 포기하고 '성(性)'을 택했습니다.
성을 택한 것은 궁극적으로 '영적 진화'를 위함입니다.

....
일 시 : 2001년 9월 16일
장 소 : 용인시 한울연수원

    태초의 우주가 대폭발을 해서 이 우주가 생겼다고 합니다. 대폭발로 인해 만들어진 이 우주는 하나의 거대한 빛의 집합체입니다. 그렇다면 지금 빛을 내고 있지 않은 모든 것도 거기에서 비롯되었으니 다 빛의 변형체입니다. 빛의 변형체인 우주만물은 각자마다 고유한 궤도를 돌고 있습니다.

    자, 지금부터 모든 것이 어떻게 돌고 있는지 한번 봅시다. 우리가 하루하루 살아가는 것을 생각해 봅시다. 직장에 갔다가 누구를 만나고 집으로 돌아오는 것을 매일 반복합니다. 매일 그 궤도를 뱅글뱅글 돕니다. 그것은 내 팔다리가 아무리 움직여도 결국 한자리에서 계속 돌고 있는 것과 같습니다. 자동차를 타고 가면 엔진도 돌고 타이어도 돌고 전부 돕니다. 미시세계로 들어가서 보더라도 원자, 전자, 소립자가 다 돌고 있습니다. 저 거시세계로 나가보면 달이 지구 주위를 돌고 있고, 지구가 태양 주위를 돌고 있고, 태양계는 은하계를 중심으로 돌고 있고, 은하계는 우주의 중심을 향해서 돌고 있습니다.

우리가 쳐다보는 하늘에는 어마어마한 은하계가 있습니다. 잘 보면 구름처럼 희미하게 있는 것이 하나의 은하계인데, 이 우주에는 그런 은하계가 1천억에서 2천억 개가 있다고 합니다. 그리고 은하계 속에는 별이 수없이 많습니다. 별은 스스로 빛을 내는 항성(恒星)을 말합니다. 하나의 은하계 속에는 그런 항성이 1천억에서 2천억 개가 있습니다. 그리고 항성을 중심으로 그 주위를 도는 여러 개의 행성(行星)이 있습니다. 태양 주위를 돌고 있는 수성·금성·지구·화성·목성·토성·천왕성·해왕성은 전부 태양의 행성들입니다. 그런 행성이 태양 주위에는 여덟 개가 있는데, 다섯 개씩만 있다고 가정해도 항성이 1천억 개 있으면 5천억 개의 행성이 있는 것이고, 2천억 개가 있다면 1조 개가 있는 것입니다. 쉽게 상상이 안 되는 정말 어마어마한 세계입니다. 그 거대한 세계까지 다 돌고 있습니다. 소립자와 같은 극미(極微)의 세계에서부터 저 거대한 우주까지 모두가 돌고 있는 것입니다. 그렇다면 모든 것의 공통된 운동은 도는(회전) 운동이라고 할 수 있습니다. 그러므로 모든 것은 도는 운동에서 비롯되었다고 볼 수 있습니다.

다시 말하면 빅뱅 후에 일어난 모든 것은 빛의 변형체들이고, 그들은 모두 도는 운동으로부터 파생되어 나온 것입니다. 여러분은 지금 돌고 있는 '도(道)'를 추구하고 있는 것입니다. 그것이 이 우주의 가장 근본입니다. 모든 것은 빛으로부터 파생되어 나와서 온갖 모습으로 존재하고 있습니다. 그런데 내가 그 하나하나를 각각 이해하려면 너무도 어렵습니다. 그래서 가장 근원으로, 본질로 들어가서 전체를 이해하려는 것입니다. 그것이 수도입니다. 여러분은 수도를 통해서 우주의 근본도리를 깨우치려는 것입니다.

득도한 사람은 어느 누구와 무엇을 얘기하든 다 통할 수 있습니다. 안 통하는 것이 없습니다. 이렇게 다 통할 수 있는 것은 그것이 원뿌리이기 때문입니다. 여러분이 찾고자 하는 것도 바로 그것입니다. 그런 근원이 있습니다. 그런데 모두가 근원에서 발단되었다면 계속 복제되어서 좋게 나가야 할 텐데 왜 안 좋은 것이 나올까요? ○에서 비롯되었다면 '정○'¹만으로 계속해서 가지 않고 왜 부조화를 일으키는 'ⓩ'² 이 생길까요? 이 우주를 움직이는 원동력이 두 개가 있는데, 하나는 '정○'이고 하나는 'ⓩ'입니다. ⓩ은 균형을 깨는 작용을 하고, 정○은 깨어진 균형을 바로잡는 역할을 합니다. 이 두 개가 어우러져서 우주를 운행합니다. 이 우주를 구성하고 운행하는 기본 요소가 정○과 ⓩ인 것입니다. 그렇다고 ⓩ을 내가 안고 살아야 할까요? ⓩ이 우주를 구성하고 운영하는 기본 요소라고 해서 내가 ⓩ이 되어도 괜찮을까요? 그것은 아닙니다. 필요한 것과 내가 그것을 취하는 것과는 다릅니다. 집을 짓는데 깨끗한 방도 필요하지만, 화장실도 필요하고 쓰레기장도 필요합니다. 그렇다고 해서 '나는 화장실의 역할을 하겠다.'고 생각할 것은 아닙니다. 필요한 부분이라고 하면, 누구나 선택해도 되는 것처럼 착각하기 쉬운데 그것은 아닙니다. 필요하지만 내가 선택

---

1. 정○ : 우주도리에 따라 정상적으로 작용하게 하는 ○적 요소이다.
2. ⓩ : 부조화를 일으키는 ○적 요소로 이간하여 갈리게 하며, 몸을 사로잡아 독을 뿌리고, 성을 마구 부리게 해서 병들게 한다.

해서는 안 될 것이 있습니다. 그래서 우리가 공부할 때도 무엇은 권하고 무엇은 금해야 하는지를 분명히 해야 하는 것입니다. 이런 정○과 ㉠에 대한 얘기, 그리고 '㉠은 무엇이고, ㉠의 목적은 무엇이며, 왜 인간에게 ㉠이 붙고, 왜 인간은 ㉠에게 놀아나는가?' 이런 얘기도 있는데, 여기에 대한 얘기는 다음에 계속하겠습니다.

그런데 ㉠은 자꾸 균형을 깨려고 하고 정○은 우주의 균형을 잡으려고 한다면 균형을 잡아서 무엇을 하려고 하는 걸까요? 한번 생각해 봅시다. 재미있는 것이 있습니다. 사실 생명에는 죽음이 없습니다. 빛은 어둠과 대립해서 싸우는 것이 아닙니다. 빛이 없어지니까 어둠이 생기는 것입니다. 그와 같이 생명이 있고 죽음이 있는 것이 아니라 생명이 없어지는 현상이 죽음으로 보이는 것입니다. 그래서 우주생명이라는 것은 죽음이 없는 것입니다. 그런데 우리는 언젠가는 죽게 됩니다. 왜 죽을까요? 박테리아는 죽지 않습니다. 성장하고 나면 정보를 똑같이 나누어서 다시 생생한 박테리아가 됩니다. 그것이 또 둘로 나누어져서 또 젊고 생생한 박테리아가 됩니다. 그러니까 박테리아에게는 죽음이 없습니다. 그런데 사람은 죽습니다. 여기서 우리는 ○의 목적이 무엇인지 그 답을 찾을 수 있습니다. 박테리아는 자기 몸속에 있는 정보를 나누어서 나옵니다. 거기에는 새로 추가되는 정보가 없습니다. 그러니까 아무리 계속해도 본래부터 지니고 있던 정보뿐입니다. 새로운 정보가 생기지 않습니다. 새로운 정보가 안 생기니까 만 년 전의 박테리아가 지금의 박테리아입니다. 그 박테리아가 변해서 원숭이가 사람이 되듯 진화할 수는 없는 것입니다. 아무리 분열을 계속해도 진화를 못하고 그대로 있습니다. 진화를 하려면 다른 정보가 필요합니다. 그래서 똑같이 나누지 않고 음양(陰陽)으로, 암수로 나누어 서로 다른 성이 생기게 됩니다. 그렇게 나누어져 서로 다른 경험을 통해 정보를 축적하고 다시 하나로 결합하니 새로운 정보가 생기게 되는 것입니다. 그런데 거기에는 죽음이라는 엄청난 희생이 따릅니다. 그럼에도 영원히 살 수 있는 영생을 포기하고 언젠가는 죽어야 하는 성을 택한 것입니다. 왜 성을 택했을까요? 진화하기 위해서입니다. 우리가 이 세상에 존재하는 궁극적인 목적은 ○적으로 진화하기 위해서입니다. 우리는 진화하기 위해서 이 세상 모든 것을 '탈것(태울 것, 타고 갈 것)'으로 삼아서 공부하고 있는 것입니다.

왜 사람들은 서로 좋은 상대를 만나려고 할까요? 그것은 상대에게서 좋은 정보를 받아들이기 위함입니다. 여자가 사춘기가 되어 2차 성징이 나타나면 왜 예뻐질까요? 사춘기가 되면 예뻐지고 별로 우습지도 않은 것을 보고도 깔깔 웃고, 이성을 보면 부끄러워서 얼굴이 발갛게 됩니다. 왜 그럴까요? 그것은 상대를 유혹하는 것입니다. 자기를 아름답게 하고, 관심을 끌기 위해서 그렇게 하는 것입니다. 그렇게 해서 좋은 정보를 가지고 있는 상대가 자기에게 반하도록 유혹하는 것입니다. 남자가 근육이 나오고 수염이 나서 힘 있게 보이는 것도 좋은 정보를 가진 상대를 만나기 위해서 유혹하는 것입니다. 자기가 찌그러져 있으면 좋은 상대를 못 만나니까 계속 개발하는 것입니다. 더 아름답게 더 멋지게, 다양한 지식을 가지고 더 매너 있게 계발해 가는 것입니다.

이 우주에는 '○'이라는 본질이 있습니다.
그 ○들의 조합으로 이루어진 영이 있습니다.
영은 궁극적으로 영생을 포기하고 성을 택했습니다.
성을 택한 것은 궁극적으로 영적 진화를 위함입니다.

이것이 우리가 이 세상에 존재하는 의미입니다. 우리가 이 세상에서 풀어야 할 숙제이기도 합니다. 이러한데도 만약에 여러분의 영적 진화를 방해하는 것이 있다면 그로부터는 빨리 탈출해야 합니다. 우리의 영혼은 무한하게 진화할 수 있는데, '너는 내 사람이 되었으니 너의 모든 가치관을 다 내려놓고 나한테 종속되어야 하고, 내가 요구하는 대로 살아야 한다.'고 말하는 사람과 만나고 있다면 빨리 탈출해야 합니다. 내가 어떤 소질을 가지고 있든지 무시하고 너는 나한테 맞춰야 된다고 말하면 그것은 구속입니다.

젊은이들이 군대에 가는데, 군대는 국가가 요구하는 존재로 규격화합니다. '이것은 안 돼.'라고 하면서 두부 자르듯이 잘라서 틀에 맞춥니다. 틀에 맞추어 보아서 맞으면 정상이고 안 맞으면 비정상으로 봅니다. 사회에서도 마찬가집니다. 틀에 안 맞으면 정신병원에 보냅니다. 그런데 인류 역사를 잘 보면 두부모처럼 딱 잘려진 그런 규격화된 사람들이 역사를 주도했느냐? 아닙니다. 소수의 비범한 자들이 역사를 주도해 왔습니다. 다수의 대중은 역사에 끌려갑니다. 여러분이 공부해서 크게 깨달으려는 것은 다수의 대중이 되어 평범하게 끌려가기 위해서가 아닙니다. 평범함에서 벗어나 비범하게 되려는 것입니다. 그래서 깨달으려고 하는 것입니다.

예수님을 봅시다. 그 시대는 로마제국이 유대인을 지배하던 시대였습니다. 로마제국은 제사장 계급에 해당하는 유대인의 귀족 지주 계급에게 충분한 권한과 신분을 유지할 수 있도록 보장하면서, 그에 대한 대가로 세금과 공물을 거두는 책임과 주민들 사이에 질서를 유지하는 일을 맡겼습니다. 그런데 예수라는 한 젊은이가 나와서 본인을 '하느님의 아들'로 칭하고, 외세의 지배라는 멍에에서 유대인들을 해방시켜 이스라엘 나라를 재건하려고 하였습니다. 그러면서 기적을 행하니 여기저기에서 많은 사람들이 열광하며 모여들었습니다. 그러니 나라에서는 눈엣가시가 되었습니다. 예수가 나타나서 로마의 통치 체제를 흔들고, 유대인의 제사장 계급의 권위를 마구 흩뜨렸습니다. 그래서 예수를 제거하기 위해 골몰합니다. 그러던 중에 서기관들과 바리새인들이 간음하다가 잡힌 한 여자를 끌고 와서 예수에게 "선생이여, 이 여자가 간음하다가 현장에서 잡혔습니다. 모세 율법에 의하면 간음한 여자는 돌로 치라 명하였는데 선생은 어떻게 하시겠습니까?"라고 묻습니다. 당시 이스라엘을 통치하던 로마의 법은 민간인에게 사형 집행을 허락하지 않았습니다. 그러니 율법대로 여자를 돌로 치라고 하면 로마법에 걸리게 되고, 치지 말라고 하면 율법에 어긋납니다. 그리고 예수가 지금까지 얘기한 '네 이웃을 네 몸같이 사랑하라.'고 한 말이 전부 거짓말이 되고 맙니다. 예수가 어느 쪽을 택하든 예수 앞에 함정이 기다리고 있는 것입니다. 그들은 예수의 말에 흠을 잡으려고 기다리고 있었습니다. '아, 어떻게 해야 하지?' 그때 예수가 바닥에 주저앉아 뭘 그렸는데 그 모양이 물고기 같다고 합니다. 여러분, 과연 물고기를 그렸을까요? 나는 예수가 그린 것을 압니다. 그것은 물고기가 아닙니다. 그것은 바로 '∞'[1] 이것입니다. '∞' 이것을 통하면 여러분에게서 큰 지혜가 솟아납니다. 그 순간 예수에게 큰 지혜가 솟아난 것입니다. 그래서 말합니다. "너희 중에 죄 없는 자가 먼저 돌로 쳐라."라고 합니다. 예수의 말을 들은 사람들은 양심의 가책을 받고 모두 물러갑니다. 예수는 로마법에도 모세의 율법에도 걸리지 않았습니다. 그리고 사랑을 실천해서 그 여인을 구해냈습니다. 그런 지혜를 얻어낸 것입니다. 당시의 예수는 그들의 눈에는 영락없는 사이비입니다. 게다가 곳곳에서 말썽을 일으킵니다. 가는 데마다 제자들을 데리고 다니니 얼마나 시끄러웠겠습니까. 결국, 예수는 그들에게 붙잡혀서 십자가에 못 박혀 죽게 됩니다. 그리고 예수는 부활을 통해 죽음이 끝이 아니라는 것을 증명했습니다.

붓다는 어땠을까요? 인도에 가면 지금도 '카스트 제도'가 있습니다. 카스트는 네 계급으로 나누어져 있는데, 브라만, 크샤트리아, 바이샤, 수드라가 그것입니다. 수드라 밑에는 불가촉천민(不可觸賤民)

---

1. ∞ : 무한고리 형태인 이 부호는 무한운동으로서 엮고 풀며, 살아나게 하고 사라지게 하며, 둘이면서 하나이게 하는 우주운동을 의미한다.

이 있는데, 그들은 한평생 신발도 못 신고 평생을 노예로 살아가는데도 그것을 숙명으로 받아들입니다. 그런데 붓다가 청천벽력 같은 소리를 합니다.

"득도 하면 누구나 부처가 될 수 있다."

부처의 말대로라면, 그래서 득도를 하면 계급이 없어지는 것입니다. 계급제도를 완전히 타파하는 것입니다. 그야말로 청천벽력이 아닐 수 없습니다. 위정자들이 사람들을 계급으로 나누어 놓으니 너무도 다스리기 쉬운데 모두가 부처가 될 수 있다고 하니 얼마나 기가 막히겠습니까? 너도나도 부처가 된다고 하면 나라가 되겠습니까? 그 시대에 붓다는 가시였고 말썽꾸러기였던 것입니다. 돌이켜 보면 그런 소수의 뛰어난 사람들이 역사를 창조해 온 것입니다. 공자, 맹자, 노자, 장자, 모세, 예수, 소크라테스, 플라톤, 뉴턴, 아인슈타인, 제너, 플레밍 등이 그들입니다.

우리는 성자라는 개념을 어느 한쪽으로만 생각하기 쉽습니다. 흔히 성자라고 하면 예수, 붓다, 공자, 소크라테스라고 하는데, 아닙니다. 우리가 상대성 원리를 모르고서 이 세상을 바로 이해할 수 없습니다. 상대성 원리를 발견해서 알려준 아인슈타인도 성자입니다. 과거에는 천연두에 걸리면 죽거나 곰보가 되는데 제너가 창시한 종두가 수많은 사람을 살려내었습니다. 전염병으로부터 수많은 사람들의 생명을 구해낸 제너도 성자입니다. 플레밍은 페니실린을 개발해서 수많은 사람을 병마로부터 구해냈습니다. 그도 성자입니다. 성자라고 하면 붓다,

예수라는 의식에서 벗어나야 합니다. 우리는 성자를 현실적으로 생각해야 합니다. 그래야 여러분도 모두 성자가 될 수 있습니다.

그리고 부처님과 예수님의 탄생 설화는 잘못 알려져 있습니다.
싯다르타가 태어나자마자 사방으로 7걸음을 걷고 나서 중앙에 서서 하늘을 가리키고 땅을 가리키면서 '천상천하 유아독존(天上天下 唯我獨尊)'이라고 했다 합니다. 그것은 말도 안 됩니다. 태어나자마자 어떻게 걷고 말을 하겠습니까? 여기 누가 그렇게 태어난 사람 있습니까?
예수님은 어떻습니까? 수태부터 가브리엘 천사가 와서 알려줍니다. 또 동방박사 세 사람이 미리 알고 예수가 태어나자마자 찾아와서 말구유에 있는 예수에게 예물을 바치고 경배를 했다고 합니다. 여기 누가 날 때부터 경배받으면서 태어난 사람 있습니까? 없다면 성자가 될 자격이 처음부터 없는 것입니다. 첫 조건부터 안 되는 것입니다. 첫 조건부터가 안 되는데 공부해서 되겠습니까? 여러분은 공부할 마음이 납니까? 그런데 누군가 그렇게 이야기를 만들었습니다. 그렇게 만들어서 그들을 우상화했습니다. 이것은 우리에게 엄청난 좌절을 줍니다. 희망을 꺾어버립니다. 나는 부처님이 온갖 영화를 누리다가 그것을 다 버리고 삶에 대한 회의를 느끼는 장면이 더 마음에 닿습니다. '왜 사람은 늙고 병들고 죽을까?' 그것을 풀기 위해서 스승을 찾아 궁을 떠납니다. 궁을 떠난 싯다르타는 **'세 분의 스승'**[1]을 만나서 깊은 수행을 합니다. 그러나 그들로부터 본래 자신이 품고 있던 생로병사

---

1. 세 분의 스승 : '바가와'라는 첫 번째 스승, '알라라 깔라마'라는 두 번째 스승, '우드라까 라마뿌뜨라'라는 세 번째 스승이다.

(生老病死)의 의문을 풀 수 없었던 싯다르타는 '아, 내 물음을 풀어줄 스승이 없구나!' 해서 혼자서 자기 내면으로 들어갑니다. 오랜 고행(苦行)으로 몸과 마음이 피폐해진 싯다르타는 갠지스 강가에서 지나가던 한 처녀한테 우유죽을 얻어먹고 기운을 차려서 보다 깊은 수행에 들어갑니다. 그때 싯다르타를 따르던 사람들이 그의 행실을 보고 '아, 저 사람은 이제 수행을 포기했구나.' 하고 돌아섭니다. 하지만 싯다르타는 개의치 않고 자리를 찾아서 앉았습니다. 앉아서 명상에 들어가려는데, 하늘에서 들리는 소린지, 자기 내면에서의 소린지, 어떤 소리가 들렸습니다. "그 자리가 아니다." 그래서 다른 자리로 옮겨 앉아서 명상에 들어가려니까 "그 자리도 아니다."라고 했습니다. 다시 자리를 찾아서 앉은 곳이 보리수나무 밑이었습니다. 이것은 근원과 통하는 자리가 있다는 것입니다. 그래서 보리수나무를 통로로 근원과 통하게 된 것입니다. 거기서부터 내면의 자아가 깨어나기 시작한 것입니다. 그 전의 6년 고행은 깨어나기 위한 과정이었던 것입니다. 고행을 통해 깨어나기 위한 추진력을 양성한 것입니다. 그렇게 해서 만 6일 동안 앉아서 삼라만상의 모든 변화를 다 보고 마침내 법리(法理)를 깨달아 부처가 된 것입니다.

여러분도 조그만 것에 만족하는 것을 배우려고 해서는 안 됩니다. '내가 지금 누리고 놓치기 싫어하는 이것이 과연 놓으면 안 되는 것인가?' 자기가 찾고 있는 것이 과연 자기 인생을 걸 만한 가치 있는 것인가를 깊이 생각해야 합니다.

현실에서, 특히 사업을 해서 돈을 많이 번 사람들이 IMF 사태를 맞아 도산하면서 "아, 이렇게 돈이 허무한 것일 줄이야."라고 한탄했다고 합니다. 그들은 거기에 그들의 모든 것을 바쳤을 것입니다. 그것이 일순간에 다 날아가 버린 것입니다. 또 '나는 부모 없이는 하루도 못살아.'라고 하는데, 부모가 돌아가시면 '따라 죽으려고 해도 죽어지지도 않으니 아, 괴롭다.' 이러면서 부모 없이도 살아갑니다. 내가 사랑하던 사람이 없어지고, 나를 사랑하던 사람이 없어져도 살아갑니다. 모두가 자기를 떠나고, 결국에는 자기도 이 세상을 떠나게 됩니다. 내가 모았던 것들도 어느 순간 물거품이 되어버립니다. 이렇게 보니까 영원한 것이 없습니다. 영원히 내 것이라고 할 만한 것이 없습니다. 모든 것이 일시적이고 찰나인 것입니다. 어느 것도 본질이 아닙니다. 본질로부터 여러 단계를 거쳐 변화되어 있는 것입니다. 그러니 회의가 일어나는 것입니다. 그렇다면,

절대적인 것이 무엇일까요?
영원한 것이 무엇일까요?
과연 본질이 무엇일까요?

자기의 삶에서 회의가 생기지 않으면 추구하려는 마음도 일어나지 않습니다. 그래서 대체로 만족한 삶을 살고 있는 사람에게는 공부할 의욕도 기회도 오지 않습니다. 그런 삶은 안이하기 그지없습니다. 그래서 큰 깨달음의 문에 들어서려면 기존의 삶을 뒤집어야 합니다. 그

것이 두렵다면 아예 시작하지 말아야 합니다. 부질없는 것에 집착하고, 가치 없는 것에 매달리고, 애착하여 물고 늘어지는데 그것이 확 뒤집어지더라도 깨닫겠다는 각오가 되어있지 않으면 결코 깨닫지 못합니다. 자신이 지금까지 모아놨던 것이 소중하게 생각되어 아무것도 놓을 수 없는 사람은 아예 시작하지 말아야 합니다.

우리는 모두 어마어마한 확률을 뚫고 인간으로 이 세상에 나서 살아가고 있습니다. 그런데 우리는 주위에서 살아가는 온갖 형태의 삶을 봅니다. 끊임없이 생선의 목을 따면서 사는 사람, 무거운 짐을 지고 낑낑거리며 사는 사람, 똥을 푸고 사는 사람, 온갖 질시를 받고 사는 사람, 존경받고 사는 사람 등등 온갖 사람이 있습니다. 그 많은 사람들 중에서 깨달음을 얻기 위해서, 영적인 진화를 위해서 살아가는 사람이 과연 얼마나 될까요? 생각보다 많지 않습니다. 여러분의 하루를 기만히 들여다보십시오. 참된 삶을 위해서 얼마나 노력하고 있는지를 보십시오. 내가 누구인지, 내 것인지 남의 것인지도 모르고 얼떨결에 살아가고 있습니다. 다람쥐 쳇바퀴를 돌듯이 그렇게 끊임없이 돌고 있는 것입니다. 은행 창구에 가면 직원이 앉아서 돈을 셉니다. 하루 종일 돈을 만지지만 그것이 전부 자기 돈이 아닙니다. 자기 돈은 월급 받을 때 봉투에 들어있는 그것뿐입니다. 세상에서 진실로 자기의 삶을 살고 있는 사람이 얼마나 될까요? 세상에서 진실로 자기를 위해서 투자하고 있는 사람은 거의 없습니다. 시간도 없고 의욕도 없고 노력도 하지 않습니다. 그런데 여러분은 지금 나와 함께 근원에 대한 이야기를 하고 있습니다. 법을 이야기 하고 있습니다. 이것이 쉽습니까? 60억 인구 중에서 이렇게 법을 추구하고 있는 사람이 얼마나 있을까요? 곳곳에서 나름대로 추구하는 사람들도 많이 있을 것입니다. 호흡하는 사람, 기도하는 사람, 명상하는 사람, 염불하는 사람 등 여러 사람들이 있을 것입니다. 그런데 그런 방법들이 과연 얼마나 자기를 깨워낼 수 있을까요? 근원의 도에 닿을 수 있을까요? 그 중에는 사이비도 많습니다. 이상한 곳에 잘못 들어가서 있던 재산 다 바치고 어두운 삶을 살고 있는 사람들도 많습니다. 우리가 인간 몸을 가지고 이 세상에 태어나는 것도 어렵고, 바른 법을 만나는 것도 너무너무 어렵습니다. 그리고 바른 법을 만난다고 다 득도하느냐? 그것도 아닙니다.

지금까지 나를 거쳐 간 제자들이 수없이 많습니다. 나가서 자기가 뭐라고 하면서 사람들을 가르치고 있는 제자들도 많습니다. 그 사람들이 다 득도할 수 있을까요? 여기에서도 마찬가지입니다. 여기서 내 얘기 듣는다고 해서 모두가 깨달을 수 있는 것은 아닙니다. 모두가 자기의 허물을 다 벗는 것이 아닙니다. 법을 만나는 것도, 법을 통해서 깨달음을 얻는 것도 십리 밖의 바늘구멍에 화살을 맞히는 것만큼이나 어려운 것입니다. 그래서 대각을 이룬 부처 같은 사람이 자주 안 나오는 것입니다. 큰 것을 받아들이려면 문을 크게 열어야 합니다. 문을 조그맣게 열어놓고 코끼리를 받아들이려면 문이 다 부서지고 맙니다. 여러분 스스로 영혼의 문을 활짝 열어야 합니다. '나는 이렇게 생각하는데.', '나는 저렇게 생각하는데.' 이러고 있으면 내 말이 전혀 안 들어갑니다. 문을 활짝 열어야 합니다. 그것이 영적 해방입니다. 우리는 ○계에서 세상으로 오면서 어쩔 수 없이 세상에 구속됩니다. 구속된 영혼을 해방시켜야 본래자리인 ○계로 돌아갈 수 있습니다. 자신의 영을 해방시키기 위해서 지금 여러분과 내가 만나고 있는 것입니다.

제가 나눠 드린 자료에는 이 외에도 여러 내용이 있는데, 이런 내용도 있습니다.

왜 인간은 전체를 못 보고, 멀리 보지 못 하고, 크기를 가늠하지 못하는가?

그것은 시각의 지평이 있기 때문입니다. 우리는 어떤 거리 내에서는 이것이 앞에 있고 저것이 뒤에 있는 것을 확실하게 아는데, 그 거리를 넘으면 다 똑같이 보입니다. 밤하늘에 보는 별들은 전부 하늘에 붙어있는 것처럼 보입니다. 그런데 그 별 중에는 빛의 속도로 1년을 가야 닿을 수 있는 별도 있고, 10만 년, 100만 년을 가야 닿을 수 있는 별도 있습니다. 우리가 보고 있는 북극성에서 빛이 오려면 약 400년 걸립니다. 따라서 내가 지금 보고 있는 북극성은 400년 전의 빛입니다. 그 빛을 지금 보고 있는 것입니다. 그런 별이 우리한테 빛을 보내려면 상당히 큰 별일 텐데, 그 별이나 한번 빛을 발하고 없어지는 별이나 다 똑같아 보이는 것은 그것이 시각의 지평 너머에 있기 때문입니다.

시각뿐만 아니라 사상에도 지평이 있습니다. 밤하늘의 별들을 다 똑같이 볼 수밖에 없는 것처럼 사상에도 지평이 있습니다. 사상에도 경계가 있어서 자기 생각 밖의 것은 알 수가 없습니다. 그런 지평이 있기 때문에 우리는 현실을 바로 볼 수가 없습니다. 어떤 것이 가깝고 어떤 것이 멀리 있는지를 모릅니다. 사상의 지평은 자기의 영이 갇혀있어 활동하지 못해서 그렇습니다. 그래서 자기의 영을 해방시켜야 합니다.

그다음에 이런 내용도 있습니다. 한참 얘기를 듣다 보면 머리로는 이해하겠는데 마음에 안 닿는 경우가 있을 것입니다. 여러분은 그런 것을 많이 느꼈을 것입니다. 얘기를 들을 때는 알겠는데 마음에 와 닿지를 않는 것입니다. 왜 닿지 않느냐 하면 다음과 같기 때문입니다.

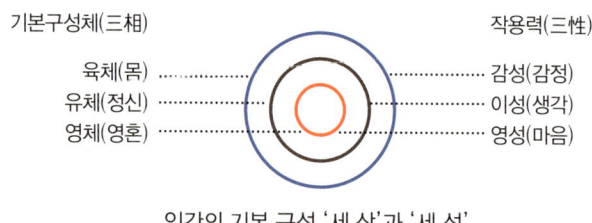

인간의 기본 구성 '세 상'과 '세 성'

우리는 모두 이렇게 세 개의 체(體)로 이루어져 있고, 그들 간에는 상호작용이 일어나고 있습니다. 제일 밖에 있는 것이 '감정'이고, 중간 것이 '생각'이고, 제일 안에 있는 것이 '마음'입니다. 그래서 머리로는 알겠는데 마음으로는 닿지 않는 것입니다. 이것들이 각각 분리되어 있으면 감정과 생각이 안 통하고, 생각과 마음도 안 통합니다.

그런데 그들을 연결하고 있는 것이 있습니다. 전기다리미를 보면 코일들이 감겨서 이어져 있듯이 이와 같이 전체가 이렇게 연결되어 있으면 마음까지 바로 통할 텐데, 이렇게 연결하고 있으니까 감정과 생각은 통하는데 마음까지는 안 통합니다. 이렇게 연결되는 힘을 '공력(工力)'이라고 합니다. 감정과 생각을 연결해주는 힘이 공력입니다. 그런데 실제로는 제일 안에 있는 힘이 이 전체를 돌리는데, 그것을 '○력(○力)'이라고 합니다. 이렇게 되어 있으면 감정과 생각을 이어주는 공력은 잘 전해지는데, 제일 안에 있는 것은 연결해주는 고리가 ○력이라서 ○력이 강화되지 않으면 마음에까지 닿지가 않습니다. 마음에 닿지 않으면 아무리 지식이 많아도 깨닫지 못하고 가에서 겉돌게 됩니다. 머리는 지식의 창고일 뿐입니다. 그렇게 되면 자기는 지식의 주인이 아니라 지식의 창고일 뿐입니다. 법이 마음에 닿는 것은 공력으로 닿는 것이 아니라 ○력으로 닿는 것입니다.

이런 마음이 우리 몸의 어디에 있을까요?

"당신의 마음이 어디 있습니까?"라고 물으면 (머리를 가리키며) '여기 있는가?' (가슴을 가리키며) '여기가 벌떡벌떡 뛰니까 여기에 있는가?' 하는데, 아닙니다. (엉덩이의 천추를 가리키며) 마음은 바로 여기에 있습니다. 어린아이들은 엉덩이를 토닥토닥 두드려주면 금방 기분이 좋아집니다. 부부간에도 엉덩이를 쓸어주면 화가 났다가도 금방 풀립니다. 왜 그럴까요? 그곳이 마음자리이기 때문입니다. 우리는 영적인 나와 물질로 이루어진 내가 하나로 결합되어 있는데, 그것을 그림으로 나타내면 다음과 같습니다.

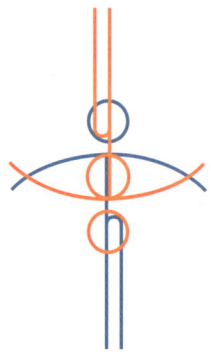

몸과 영의 조합체인 인간

우리 몸을 가장 단순하게 표현하면 이와 같이 되는데, 머리가 위쪽에 있는 푸른색으로 그린 몸은 '물질로 이루어진 나'입니다. 이것은 세상 물질이 조립되어서 이루어진 몸입니다. 그에 비해 머리가 밑에 있는 붉은색으로 그린 몸은 '영적인 나'입니다. 나는 이렇게 물질로 이루어진 나와 영적인 나가 하나로 결합되어 있습니다. 이렇게 되어 있어서 세상 물질을 관리하는 것은 머리에서 하고, 영적인 것을 관리하는 것은 밑에 있는 머리(골반)에서 합니다. 물질세계의 정보를 받아들이는 눈, 코, 입, 귀가 다 머리에 있습니다. 그런데 밑에 있는 머리 쪽에는 생각으로 잘 통제가 안 되는 것들이 있습니다. 즉, 배설, 성욕(性慾)과 같이 본능적인 욕구가 여기에서 이루어집니다. 대소변과 성욕을 통제하는 것은 생각으로 잘 안 되는데, 그것은 생각이 미치지 못하는 여기에서 이루어지기 때문입니다. 현대과학에서는 대뇌와 시상하부에서 관여한다고 하는데, 영적으로 깊이 들어가 보면 밑에 있는 뇌에서 주도한다고 봅니다. 앞에서 설명한 바와 같이 생각은 중간에 있습니다. 가에 있을수록 다루기 쉽고, 안에 있을수록 다루기 힘듭니다. 손이나 발 같은 것은 쉽게 닿지만 안에 있는 심장이나 폐 등은 손이 닿지 않습니다. 그것처럼 심부에 깊이 있을수록 다루기가 힘듭니다. 우리 인체에서 가장 안에 있는 것이 천추입니다. 천추는 골반에 있는데 다섯 개의 뼈가 붙어 있습니다. 흔히 사람들이 천추에 한이 맺힌다고 합니다. 물론 한자로는 다르게 쓰지만 의미로는 통합니다. 여기 천추에 한이 맺히는 것입니다. 그러니까 영적으로 한이 맺힌 사람은 천추 부위를 쓰다듬어 주면 풀립니다.

우리공부는 생각으로 하는 것이 아닙니다. 생각 너머 차원에서 이루어지는 공부입니다. 그래서 『한울계시록』에서 '주께서는 네 머리에 있는 것이 아니다. 네 머리 위에 있으니라.'라고 하는 것입니다. 그러니까 주를 머리로 재거나 판단하지 말라는 것입니다. 머리 위에 있기 때문에 머리로는 판단할 수 없다는 것입니다.

그런데 이 세상에는 자기에게 영혼이 있다는 사실조차 인정하지 않는 사람들이 많습니다. 그들은 이 세상 이전의 삶이 있었다는 사실도 인정하지 않습니다. 현재의 삶이 또 다른 형태의 삶으로 이어진다는 것도 인정하지 않습니다. 그것은 무지하기 때문입니다. 그렇게 무지하니까 지금 자기가 보고 듣고 만질 수 있는 것만 인정합니다. 그 너머의 세계는 인정하려고 하지 않습니다. 그런 사람들은 너무너무 좁은 바늘구멍과 같은 세계를 살고 있는 것입니다. 광대한 우주가 열려 있는데도 자기는 바늘구멍과 같은 세계에 살고 있습니다. 그런 삶이 과연 가치 있고 의미 있고 보람 있을까요? 우리가 이웃을 일깨우려는 것은 그렇게 좁은 삶에서부터 깨어나 시각을 넓혀서 더 멀리까지, 더 미세한 부분까지 볼 수 있게 눈을 띄워 주려는 것입니다. 그래야 우리가 공유하는 세계가 펼쳐집니다. 모두가 바늘구멍과 같은 세계만 보고 산다면 그 세계는 정말 보잘것없는 세계입니다. 그래서 자기가 공부해서 깨달은 만큼 이웃을 깨워내야 하는 것입니다. 자기가 보고 느끼는 세계 외에는 아무것도 없다고 생각하면 죄를 저질러도 두렵지 않습니다. 그런 사람들은 순간만 피하면 된다고 생각합니다. 어떤 것도 자기를 제어해 줄 것이 없습니다. 그렇게 살고 있는 사람들이 이 세상에는 너무도 많습니다. '죽으면 그만이지 그게 다 무슨 소용이냐.'라고 생각합니다. 그런 사람은 무엇이 어떻게 이어져 있는지를 모릅니다.

앞에서 말한 바와 같이 인류는 우주적 진화를 위해서 영생을 포기하고 성(性)을 택했습니다. 우리는 궁극적으로 영생을 포기하면서 진화의 길을 택한 것입니다. 그 길을 택해서 진화된 것을 후손에게 물려줌으로써 더욱 차원 높은 진화를 이루어나가야 합니다. 그것이 이루어지지 않으면 끊어지게 됩니다. 그런데 우리는 지금 단절의 세상을 살아가고 있습니다. 부모와 자식 간에도, 부부간에도 서로 힘을 모아 쌓아 올리지 않으면 이어짐이 없습니다. 그래서 동일체가 되지 못하고 개체가 됩니다. 남남이 됩니다. 예전에는 '자식은 나의 이어짐'이라는 의식이 뿌리 깊이 있었습니다. 뿌리를 이어주는 것이 삶의 근본이었습니다. 제사는 '너와 내가 이렇게 뿌리가 이어져있다. 뿐만 아니라 내 위로도, 또 그 위로도 이어져 있다.'라고 가르쳐주는 것입니다. 그래서 자식에게 제사를 통해서 차례를 가르쳐주었던 것입니다. 이렇게 뿌리가 이어져 있다는 것을 가르쳐주어야 합니다. 우리가 무엇을 이루어내야 하는가를 가르쳐주어야 합니다. 그런데 지금은 그런 자각이 일어나기 어려운데, 그것은 너무 개인주의로 가고 있기 때문입니다. 개인주의가 지상에서 가장 자유로운 것으로 착각하고 있습니다. 그것이 아닙니다. 우리는 서로 관계하면서 살아갑니다. 서로 눈치를 보는 것이 아니라 서로에게 관심을 주고, 서로 관계를 가지면서 살아가는 것입니다. 대사하고 교류하면서 그렇게 살아가야 하는 것입니다. 우리는 그야말로 사회적 존재입니다. 다른 자와 무관하게 독불장군처럼 살아갈 수는 없습니다. 그렇게 살아가서도 안 됩니다. 마치 하늘에서 떨어진 것처럼 살아갈 수 없습니다. 공부를 하더라도 이기주의적인 사람들, 개인주의적인 성향을 가진 사람들은 큰 공부를 못합니다. 그런 사람들의 눈에는 다른 사람이 보이지 않습니다. 자기와 관계된 것 외에는 보이지 않습니다. 그러니 절대로 큰 눈이 뜨여지지 않습니다. 그들은 자기 혼자 자기 속에 빠져서 자기 세계에 만족하면서 다른 사람들을 돌아보지 않습니다. 주위가 어떻더라도 자기 생각만 합니다. 나는 그런 사람들은 마음에서 거리를 둡니다. 그런 사람을 지도해 봤자 아무런 의미도 보람도 없기 때문입니다. 여러분은 모두가 서로 이어져 있음을 자각하고, 힘을 모아 서로의 발전을 도모해 가야 합니다.

그다음에 보면 '세상 물질, 세상 인연, 세상 조건들을 어떻게 이해하고 어떻게 받아들여야 하는가?' 하는 내용도 있습니다. 세상 물질을 이해할 때 우리가 그릇이라는 수용체를 이해하지 못하면 세상 물질을 이해하지 못합니다. 한번 생각해 봅시다. 어떤 사람이 허리띠를 졸라매고 죽어라고 모아났는데 그만 집에 아픈 사람이 생겨서 그간 쌓아 놓았던 것이 한 번에 다 날아갑니다. 그것은 자기가 쌓은 것이 넘쳐버린 것입니다. 그런데 넘칠 때는 그릇째 뒤집어져서 밑바닥까지 다 비워져 버립니다. 하지만 수용력이 큰 사람은 아무리 쌓아도 넘치지 않고 다 보입니다. 이것을 재물에 비유하면 재복(財福)이고, 사람에 비유하면 인복(人福)이 됩니다.

그다음에 세상 인연은 어떻게 만나고, 어떻게 헤어지고 만나서 싸우고 지지고 볶고 하는 이 인연의 실체는 도대체 무엇이냐? 어떻게 해서 인연이 이렇게 연결되느냐? 업연이라는 것이 도대체 무엇이냐? 등의 내용도 있습니다.

이 외에도 세상을 조종하는 조건들에 대한 내용도 있습니다만, 시간이 다 되어서 오늘은 여기까지 하겠습니다.

7

공부를
시도하려는 이에게

물이 수증기가 되려면 100도의 열이 필요하듯이 우리의 영이, 인간 차원의 영이 성령 차원의 영이 되려면 만도(萬度)에 해당하는 영적 도수(度數)가 필요합니다. 깊이 내재되어 있는 신성이 깨어나려면 만도가 필요합니다. 물론 그것은 열로서의 만도가 아니라 영력으로 만도가 필요합니다.

....
일 시 : 2001년 11월 25일
장 소 : 용인시 한울연수원

2001년 11월 13일, 큰스승님께서는 '모좌'와 '몸좌' 운영을 허락해 주시며 다음과 같이 말씀하셨다.

"그동안 우리는 여러 과정을 밟아왔는데, 이제는 보다 구체적으로 진행해 나가야겠습니다. 그래서 ○계와 바르게 통하고, 세상을 효율적으로 제도하기 위한 터전을 만들어야겠다는 생각을 하게 되었습니다. 그래서 앞으로 '모좌'와 '몸좌'의 두 좌를 운영해 나가고자 합니다.

우리 몸이 만들어지기 전에는 '모좌'가 있고, 물질을 가지고 이 세상에 오면 구체적으로 이루어진 '몸좌'를 갖게 됩니다. 그래서 먼저 모좌를 만들고, 그다음에 몸좌를 만들어갈 것입니다. 모좌는 근원인 ○계와 통하는 '氣운영터'를 말하고, 몸좌는 '소(素)', '조(組)', '좌(座)'라는 구체적인 조직 구성체를 말합니다. 모좌는 모좌 지명자를 중심으로 운영하고, 몸좌는 소장(素의 대표)을 중심으로 운영해 갈 것입니다."

이 같은 말씀에 따라 많은 제자들이 전국 곳곳에서 모좌터를 준비했고, 큰스승님께서는 11월 17일부터 20일까지 제자들이 나름대로 준비한 '모좌 지명터[1]'를 둘러보시면서 잘못된 부분은 수정 보완해 주시고, 또 각각의 터에 필요한 보조명을 주셨다. 그리고 모좌터의 특성에 따라 주로 할 것과 주의할 것을 일러주시며 다음과 같은 법문을 주셨다.

나는 여러분이 이 연수원에 오기 위해 전국 각지에서 올라오는 것을 보고 이런 생각을 했습니다.

'여기 연수원까지 오느라고 얼마나 힘들까?' 나는 여러분이 시간 내고, 돈 들여서 이렇게 멀리까지 오는 것이 항상 부담스러웠습니다. 그래서 여기까지 오지 않고도 각 지역에서 공부할 수 있고, ○계와 통할 수 있게 하는 방법이 없을까를 생각하게 되었습니다. 그래서 생각해 낸 것이 '모좌 지명'입니다. 모좌 지명을 위해서 조건이 되는 사람에게 모좌터를 지정해주고, 거기에 ○계와 통할 수 있는 氣지도를 설치해줍니다. 그렇게 하면 그 자리가 아주 특별한 자리가 됩니다. 그것은 내가 오랫동안 실험한 것이기 때문에 확신합니다. 그렇게 해서 모좌

1.모좌 지명터 : 모좌 지명터란 근원인 ○계와 통하기 위한 '氣운영터'를 말한다. 모좌 지명터의 정면에는 그 터를 주도하는 사람이 직접 제도한 '모좌제도'를 걸고, 바닥에는 동선과 주석선으로 氣지도를 깔았다. 氣지도는 지명터의 크기와 주도자의 특성에 따라 각각 다른 형태로 설치함으로써 터마다 고유한 기운을 형성했다.

를 지명해 주고 나서 제대로 준비되었는지를 점검하기 위해서 전국 각지에 있는 모좌터들을 한 바퀴 돌아봤습니다. 돌아보면서 '세상에 이렇게 고운 사람들이 있나? 이렇게 성실한 사람들이 있나? 이렇게 믿음이 확고한 사람들이 있나?' 하고 놀라고 감동하면서 다녀왔습니다.

나는 무엇이든 잘 믿는 편이 아니라서 여러 방면으로 실험을 해봐서 확실한 결과가 있어야 얘기를 하지 그 전에는 얘기를 안 합니다. '그런데 이 사람들은 어떻게 이렇게 철저하게 믿고 있을까?' 그런 사람들이 각지에서 자리를 만들어서 세상 사람들에게 통하게 하려고 노력하고 있는 모습들이 너무나 성실하고 믿음직해 보였습니다. 전국의 모좌터를 둘러보니까 자그마한 데도 있고 제법 크게 준비한 데도 있었습니다. 어떤 분들은 자기가 사는 집에 준비했는데 그것도 좋아 보였습니다.

우리가 세상에서 살아가다 보면 여러 문제에 부딪힙니다. 살아가는 데 이런저런 문제가 없을 수 없습니다. 갑작스럽게 일어나는 일도 있고, 오래도록 묵어서 풀리지 않는 일도 있고, 이리저리 꼬여서 헤어나기 힘든 경우도 있습니다. 그런 문제들을 우리는 항상 안고 살아갑니다. 그런 문제들을 스스로 풀어낼 수 있도록 자리를 만들어준 것이 '모좌 지명터'입니다. 모좌터에서는 공부도 할 수 있고, 기도도 할 수 있고, 어려운 일을 풀어낼 수도 있습니다. 나는 앞으로 그런 자리를 곳곳에 많이 만들어주려고 합니다. 그래서 굳이 여기까지 오지 않아도, 또 어디 멀리까지 찾아가지 않아도 가까운 곳에서 바로 통할 수 있는

터를 곳곳에 많이 만들어 주려고 합니다.

　우리는 각자 나름대로의 생각과 삶의 목표, 그리고 그 목표를 이루려는 노력 이런 것들이 어울려서 인생을 만들어가고 있습니다. 그중에서 어떤 것은 자기에게 의미 있게, 어떤 것은 의미 없이 스쳐 지나갑니다. 우리 인생은 이런 것들이 어우러져 각자마다 고유한 무늬를 만들어갑니다. 우리가 자기의 삶을 의미 있게 살기 위해서는 자기에게 다가오는 것을 스쳐 보내서는 안 됩니다. 우리는 자기의 삶을 끊임없이 개선하고 개량해나가야 합니다. 그래야 그 사람은 주도적인 삶을 살 수 있고, 그 나라는 1등 국가가 될 수 있습니다. 한 나라가 세계에서 1등 국가가 되려면 어떻게 해야 할까요? 나는 이렇게 생각합니다. 우선 경제적으로 못살아서는 안 됩니다. 너무 가난하면 1등 국가가 될 수 없습니다. 그렇다고 물질만 풍요롭다고 1등 국가가 될까요? 아닙니다. 국민 모두가 건강해야 합니다. 그럼 몸만 건강하면 1등 국가가 될까요? 아닙니다. 정신적으로 건전해야 합니다. 그리고 문화 수준과 영적 수준을 높여야 합니다. 물질적으로 풍요롭고, 육체적으로 건강하고, 정신적으로 건전하고, 문화 수준과 영적 수준을 높여야 합니다. 그리고 무엇보다도 정체되지 않고 끊임없이 발전해 가는 궤도에 들어가야 합니다. 그래야 세계에서 1등 국가가 될 수 있습니다.

　그래서 내가 사람들에게 자주 해주는 말이 있습니다. 나와 직접 만나서 공부를 하지 않는 사람들에게는 하루에 세 가지의 좋은 책을 읽어라. 소설도 좋고 시도 좋다. 지식을 높이고 식견을 길러줄 책들을 읽으라고 합니다. 그리고 내게 공부를 하는 사람에게는 하루에 『한울계시록』 세 페이지를 읽으라고 합니다. 우리가 바쁘게 살아가다 보면 자기의 영적 수준을 높일 기회가 별로 없습니다. 그저 다람쥐 쳇바퀴처럼 같은 일을 반복하면서 의미 없는 시간을 보내게 됩니다. 아침에 나가서 바쁘게 돌아다니다가 저녁에 들어와서 텔레비전 보다가 자고, 다음날 새벽같이 일어나서 나가기 바쁩니다. 그래서 짧은 시간이라도 시간을 내서 정신적으로, 영적으로 깊어질 책들을 읽으라는 것입니다.

또 이런 얘기도 합니다. 우리가 화장실에 가 있을 때 제일 머리가 맑아집니다. 그것은 물질을 비워내면 머리가 맑아지기 때문입니다. 그래서 "화장실에 시집을 놓아두어라. '선데이 서울'이나 '스포츠 서울' 같은 잡지(雜誌) 말고, 시집(詩集)을 한권 갖다 놓고, 시 한 수라도 읽고 나오너라."라고 합니다.

또 중요한 것은 스스로를 제어하는 힘입니다. 우리는 자기를 제어하는 힘을 키워야 합니다. 우리는 한자리에 고정되어서 살아가는 식물이 아니라 끊임없이 움직이는 인간입니다. 그래서 자기를 제어하는 힘이 그다지 크지 않습니다. 자기를 제어하지 못하면 힘이 없습니다. 아이들도 제어하는 힘이 없으면 잠시도 못 견디고 몸도 정신도 흐트러집니다. 진정한 힘은 견디는 힘입니다. 무거운 것을 들어 올리는 힘이 아니라 힘든 것을 견디는 것이 진정한 힘입니다. 그래서 하루에 10분간 자기를 완전히 제어해서 견뎌보라는 것입니다. '어떤 것도 나를 움직일 수 없다.' 하고 딱 버티는 것입니다. '무슨 일이 일어나도 10분간은 움직이지 않는다. 어느 누구도 나를 움직일 수 없는 나만의 시간이다.'라고 마음을 다잡고 한 자세를 취하고 견디는 것입니다. 그러면 엄청난 힘이 생기게 됩니다.

그다음에, 우리는 살아가면서 많은 사람들과 만나게 됩니다. 그런 만남을 의미 있게 만들어보라는 것입니다. 그래서 일주일에 자기가 만나는 사람들 중에 세 사람하고 법담(法談)을 하라는 것입니다. 그저 세상 돌아가는 얘기, 장사하는 얘기 그런 것을 하지 말고 법담을 하라는 것입니다. 일주일에 세 사람하고 법담을 하는 것이 그다지 어렵지 않습니다. '너 요즘 하는 일 잘 되나?'라고 얘기하려다가 '요즘 네가 하는 일 중에 보람 있는 일 있으면 좀 알려다오.' 이 말만 해도 이야기의 방향이 완전히 바뀌게 됩니다. '난 요즘 이런 책을 읽었는데 내게 소개해 줄 책 없니?' 이 말만 해도 얘기의 방향이 확 바뀝니다. 거기에서부터 대화가 풀려나가서 법담으로 갈 수 있는데, "야, 요즘 장사 잘 되나?" 이러면 장사 길로 빠지게 됩니다. 완전히 다른 길로 갑니다. 그러니 법담을 하는 것을 너무 어렵게 생각하지 않아도 됩니다. '세 사람하고 법담을 하라는데 이걸 어찌해야 하나?' 하고 고민할 필요 없습니다. 신문이나 방송기사 중에 좋은 얘기부터 꺼내서 이어나가도 됩니다. 그렇게 해서 일주일에 세 번 법담을 하라는 것입니다.

그다음에, 일주일에 한가지씩이라도 개선하고 개량할 것을 찾아보라는 것입니다. 우리가 조금만 바꾸어서 생각하면 우리 주위에서 개선하고 개량할 것들이 수없이 많습니다. 어린아이부터 노인까지 이런 것이 생활화되면, 온 국민이 이렇게 생각하면 우리나라는 틀림없이 세계에서 1등 국가가 될 것입니다.

    이런 일이 있었습니다. 예전에 아내와 둘이 앉아 차를 마시면서 음악을 듣고 있다가 '우리 명상을 하자.' 하고 같이 명상에 들어갔습니다. 그런데 명상을 하던 아내가 뭐가 재미있는지 크게 웃었습니다. 그래서 '왜?' 하고 물으니까 명상 속에서 재미있는 것을 봤다는 것입니다. 명상 속에서 가스난로가 가스통을 짊어지고 이 방으로 살살 가더니 덥혀주고, 저 방으로 살살 가더니 저 방을 덥혀주더라는 것입니다. 그때만 해도 가스난로는 호스로 연결이 되어있었습니다. 아내가 이 명상을 하고 얼마 안 있어서 가스통을 달고 다니는 난로가 나왔습니다. 바로 그런 것입니다. 조금만 생각해보면 무궁무진합니다. 만약에 자기 주변에서 이런 것을 놓치지 않고 개선해나가면 여러분 모두 발명가가 될 것입니다.

    발명에 관한 재미있는 얘기들이 참 많습니다. 그냥 스쳐 지나가면 아무것도 아닌데 '아, 이게 뭐지?' 여기에서 온갖 발명이 나오게 됩니다.

    우리는 눈을 뜨고 있어야 합니다. 눈을 감고 있으면 다 놓치고 맙니다. 전부 그냥 스쳐 지나가고 맙니다. 자기에게 아무것도 남기지 않고 다 지나가 버립니다. 만약에 자기를 스쳐가는 것들을 잡을 수만 있다면, 온 국민이 그렇게 한다면 우리는 세계에서 1등 국가가 될 것입니다.

헬렌 켈러가 쓴 글 『Three days to see』가 있습니다. '3일만 볼 수 있다면'을 쓴 헬렌 켈러는 보지도 못하고 말하지도 못하고 듣지도 못했습니다. 외부세계를 인식할 수 있는 감각기관이 대부분 차단된 것입니다. 그런 엄청난 장애를 가진 헬렌 켈러는 '설리번'이라는 선생을 통해서 깨어나게 됩니다. 그래서 마침내 대 철학자가 되었습니다. 그렇게 해서 쓴 글이 『three days to see』입니다. 생각해 봅시다. 여러분이 내일 당장 장님이 된다고 생각하고 오늘 사물을 보세요. 내일이면 다시는 못 본다면 여러분의 눈에 거슬리는 것이 무엇이 있겠습니까. 밉든 곱든 더러운 것이든 깨끗한 것이든 내일이면 다시는 볼 수 없다면 무엇이 눈에 거슬리겠습니까. 여러분이 내일 귀머거리가 된다고 생각하고 소리를 들으면 무슨 소리들 거슬리겠습니까. 내일이면 벙어리가 된다고 생각하고 말한다면 과연 쓸데없는 잡담을 하고 거짓말을 할 수 있겠습니까. 진실 되고 가치 있는 말만 해도 다 하지 못할 것입니다. 헬렌 켈러는 다음과 같이 말합니다. "내가 만약 3일만이라도 볼 수 있다면 첫째 날은 나를 이렇게 보살펴주고 이끌어준 그 사람들을 보고 싶다. 둘째 날에는 박물관에 가 보고 싶다. 인류가 어떻게 살아왔는지, 지구상에 어떤 것들이 존재하고 있는지 보고 싶다. 그리고 마지막 셋째 날에는 오페라하우스와 영화관에 가 보고, 쇼윈도에 진열된 아름다운 물건들을 보고 싶다. 인간이 현실 속에서 무엇을 가지고 어떻게 살고 있는지를 보고 싶다. 내가 사흘만 볼 수 있다면 이것들을 보고 싶다."라고 했답니다.

Three Days To See / Hellen Keller

헬렌 켈러가 어느 날 숲속을 다녀온 친구에게 물었습니다. 무엇을 보았느냐고. 그 친구는 별반 특별한 것이 없었다고 말했습니다. 헬렌 켈러는 이해할 수 없었습니다. 두 눈을 뜨고도, 두 귀를 열고도 별로 본 것도 들은 것도 없고, 할 말조차 없다니…….

그래서 비록 보지도 듣지도 말하지도 못했던 헬렌 켈러였지만, 그녀는 스스로 만약 자신이 단 사흘만이라도 볼 수 있다면 어떤 것을 보고 느낄 것인지 미리 계획을 세웠습니다. 그리고 이것을 '내가 사흘 동안 볼 수 있다면(Three days to see)'이라는 제목으로, '애틀랜틱 먼스리' 1933년 1월 호에 발표했습니다.

헬렌 켈러의 글은, 당시 경제 대공황의 후유증에 시달리던 미국인들을 적잖이 위로했습니다. 그래서 '리더스 다이제스트'는 이 글을 '20세기 최고의 수필'로 꼽았습니다.

첫째 날에는…

나는 친절과 겸손과 우정으로 내 삶을 가치 있게 해 준 설리번 선생님을 찾아가서, 이제껏 손끝으로 만져서만 알던 그녀의 얼굴을 몇 시간이고 물끄러미 바라보면서 그 모습을 내 마음속에 깊이 간직해 두겠다. 그리고 밖으로 나가 바람에 나풀거리는 아름다운 나뭇잎과 들꽃들과 석양에 빛나는 노을을 볼 것이다.

둘째 날에는 …

먼동이 트며 밤이 낮으로 바뀌는 웅장한 기적을 보고 나서, 서둘러 메트로폴리탄에 있는 박물관을 찾아가 하루 종일 인간이 진화해온 궤적을 눈으로 확인해 볼 것이다. 그리고 저녁에는 보석같은 밤하늘의 별들을 바라보면서 하루를 마무리하겠다.

마지막 셋째 날에는 …

사람들이 일하며 살아가는 모습을 보기 위해 아침 일찍 큰길에 나가서 출근하는 사람들의 표정을 볼 것이다. 그리고 나서, 오페라하우스와 영화관에 가 공연들을 보고 싶다. 그리고 어느덧 저녁이 되면, 네온사인이 반짝거리는 쇼윈도에 진열된 아름다운 물건들을 보면서 집으로 돌아와 나를 이 사흘 동안만이라도 볼 수 있게 해 주신 하나님께 감사의 기도를 드리고, 다시 영원히 암흑의 세계로 돌아가겠다.

대학교에 다닐 때 읽은 이 글이 내게 너무너무 감동적이었습니다. 아주 간단한 글이었지만 엄청나게 큰 감동으로 다가왔습니다. 내 인생에서 삶의 방향을 틀어준 것은 이런 작은 이야기들이었습니다. 위대한 영웅의 이야기가 아니라 진솔한 작은 이야기들이 내 인생을 이렇게도 저렇게도 보게 하고, 사물을 이렇게도 저렇게도 보게 했다고 생각합니다.

지금 내 얘기가 여러분에게 얼마나 깊이 닿을지 모르지만 나는 이 얘기들이 여러분이 의미 있는 삶을 위한 길을 선택할 때 길잡이가 되었으면 합니다. 이런 것을 여러분이 어떻게 이해하고 참고할지 모르지만 나는 그런 뜻에서 얘기하고 있습니다. 그래서 혹 지금 바로 이해가 안 되더라도 웃어넘기지 말고 들어주시기 바랍니다. 도가(道家)에서, 하수(下手)에게 도(道)를 얘기하면 크게 웃는다고 합니다. 말도 되시 않는 소리라고 웃어버린답니다. 모쪼록 내 이야기가 우습게 여겨지지 않고, 한 번 더 깊이 생각하게 하는 이야기가 되면 좋겠습니다.

우리는 모든 것을 하나로 이어볼 줄 알아야 합니다. 이어서 볼 수 있으면 우리는 전체를 꿰뚫어 볼 수 있습니다. 하나로 일관(一貫)할 수 있습니다. 우리에게 그런 눈이 필요합니다. 단편 단편, 개체 개체를 이해하는 것이 아니라 전체를 하나로 뚫어볼 수 있는, 일관하는 눈이 필요합니다. 한 올, 한 올을 생각하는 것이 아니라 한올을 생각하는 사상이 필요합니다. 우리 인류가 지금의 수준에서 한 차원 높이려면 전체를 하나로 꿰뚫어 볼 수 있는 눈이 필요합니다. 그것이 통찰입니다.

　오늘날의 과학은 뿌리로 향하지 않고 자꾸 가지로 벌어져 나갑니다. 그래서 하나로 모으지 않으면 결론이 나오지 않습니다. 만약 우리에게 그런 눈이 뜨인다면 지금보다 수준이 크게 높아질 것입니다. 대도약을 하게 될 것입니다. 그 도약은 우리 인류 전체의 방향을 새로운 세계로 인도할 것이 분명합니다.

　이런 의미로 내가 여러분에게 제안을 하나 하겠습니다. 그것은 21일간 하루에 한 가지씩 봉사를 하라는 것입니다. 지금까지는 자기가 살아오는 데만 급급했을 것입니다. 자기 하나 먹고 살고, 처자식 먹여 살리는 데만 급급해서 주위를 둘러볼 여유가 없었을 것입니다. 도심을 걸어가 보면 수많은 사람들이 떼 지어서 몰려다닙니다. 그걸 보면서 '저 많은 사람들이 다 뭘 먹고 살지?'라는 생각이 듭니다. '저 많은 사람들이 다 먹고 살고, 밤이 되면 들어갈 데가 있다니 참 신기하다. 저 속에서 똑 떨어져서 나 혼자 자식들을 키우면서 살 수 있을까?' 이런 생각을 하면서 길거리를 다니면서 간판들을 봅니다. 식당도 있고 선물가게도 있고 온갖 것들이 다 있습니다. '저걸 하면 되려나? 이걸 하면 되려나?' 온갖 생각을 하면서 다녀도 어떤 것도 자신 있는 것이 없습니다. '아, 내가 저걸 하면 자식들 다 공부시키고 키워낼 자신이 있겠다.'라고 생각되는 것이 없습니다. '저거 해서 과연 먹고 살겠나? 저거 해서 아이들 학비나 대겠나?' 어떤 것도 자신 있는 것이 없는데 다들 먹고 살고 자식들 키워내고 합니다. 어떤 면에서 보면 자식들을 기르면서 지금까지 살아온 것만 해도 대견한 것입니다. 자식들은 자기를 키워준 부모님께 정말 고맙고 감사하게 생각해야 합니다. 어쨌든 많은 사람들이 그렇게 살아가는데, 그렇게 살아가다 보니 자기 코앞만 바라보고 살기도 바쁩니다.

우리는 인생을 어떻게 평가해야 할까요? 지금 얘기한 것처럼 자식 낳아 길렀으니 잘했다고 평가해 주어야 할까요? 우리끼리는 그렇게 평가한다고 하더라도 대자연은 어떻게 평가할까요? 대자연도 우리처럼 그렇게 긍정적으로 평가해 줄까요? 아니면 자기 살기 위해서 지구의 온갖 것을 다 소모하고 갔다고 평가할까요? 자기 하나 살기 위해서 지구의 화석연료를 소모하고 수많은 생물을 죽여서 먹고 살았는데도 대단하게 여길까요? 그리고 자식들을 낳아서 그들도 똑같이 소모하고 자연을 해치고 갈 텐데, 신이 있다면 정말 그 인간에게 높은 점수를 줄까요? 자기가 소모한 것도 모자라서 자식까지 소모하게 해놓고 가는데도 정말 높은 점수를 줄까요?

생각해 보면 나 하나 유지하기 위해서 많은 것들을 희생시켰다면 별로 점수를 못 받을 것 같습니다. 오히려 빚만 잔뜩 지는 것입니다. 나 이외에 다른 것을 위해서 뭔가를 해냈다면, 자기가 소모한 것보다 무엇인가 유익하게 한 것이 많으면 플러스 삶이 되겠지만 과연 그런 사람이 얼마나 될까요?

이제부터라도 우리는 플러스 삶으로 전환해야 합니다. 자기 위주의 삶에서 봉사하는 삶으로 옮겨가야 합니다. 봉사를 안 하다가 한 번에 하려고 하면 안 됩니다. 그러니 하루에 한 가지씩만이라도 해보자는 것입니다. 그것도 평생 동안 하라는 것이 아니라 하루에 한 가지씩 21일만이라도 해보자는 것입니다. 그렇게 해서 자기가 이웃과 인류를 위해서, 그리고 대자연을 위해서 무엇을 기여할 수 있는지 알아보자는 것입니다. 여러분은 무엇을 할 수 있을 것 같습니까? 막상 하려고 하면 별로 할 만한 것이 없습니다. 하긴 해야겠는데 막상 봉사를 하려니까 할 것이 없습니다. 우선 할 수 있는 것이 길거리에 떨어져 있는 담배꽁초를 줍고 휴지를 줍는 것입니다. 그리고 누가 무거운 짐을 들고 가면 좀 거들어주고, 버스나 전철에서 자리를 양보하는 정도일 것입니다. 별로 할 일이 없을 것입니다. 내가 담배꽁초를 하나 주웠다면 몇 점이나 될까요? 예전에 내가 얘기했을 것입니다. 우리가 대각(大覺)을 이루려면 만점이 필요하다고 말씀드렸습니다. 우리가 물을 데우면 온도가 20도, 50도, 80도 올라갑니다. 그런데 그 온도에서는 끓지 않습니다. 100도가 되어야 끓습니다. 끓어야 그 물이 수증기가 되어서 하늘로 올라갑니다. 물이 다른 차원으로 바뀌어서 올라가는 것입니다. 물이 수증기가 되려면 100도의 열이 필요하듯이 우리의 영이, 인간 차원의 영이 성령 차원의 영이 되려면 만도(萬度)에 해당하는 영적 도수(度數)가 필요합니다. 깊이 내재되어 있는 신성이 깨어나려면 만도가 필요합니다. 물론 그것은 열로서의 만도가 아니라 영력으로서의 만도가 필요합니다.

여기에서 만도라는 것이 어느 정도인지 비유를 해봅시다. 한 사람이 이 세상에 나서 잘못을 하나도 저지르지 않고 계속 좋은 일만 했을 때 쌓을 수 있는 것이 고작 20점입니다. 옛날에 석가모니 부처님은 500번을 거듭 태어났다고 합니다. 태어날 때마다 갈고 닦고 닦아서 20점씩 쌓아서 500번을 거듭 태어나서야 만점을 채운 것입니다. 그렇게 만점을 채워서 왕자의 신분으로 태어났습니다. 하지만 왕자로 태어난 싯다르타는 세상의 탐욕에 젖지 않고 수행의 길로 나아갑니다. 모든 것을 누릴 수 있는 좋은 환경에 태어났지만 거기에 머물지 않고 궁을 나와서 6년간 극도의 고행을 하고 나서야 대각을 이루어 부처가 된 것입니다. 대각을 해서 이제는 인간 차원의 영역이 아니라 전혀 다른 차원으로 바뀐 것입니다. 그런데 생각해 보면 아무것도 저지르지 않고 살아야 20도인데, 각자 자기의 과거를 돌이켜 보면 너무도 많은 잘못을 저지르며 살아온 것입니다. 모르고 저지르고, 알고도 저지르고, 수없이 저지르고 살아온 것입니다. 그런데도 과연 대각을 할 수 있을까요?

내 명상록에 보면 성인들의 탄생 이야기를 사람들이 잘못 적었다고 얘기한 것이 있습니다. 예수님은 가브리엘 천사가 와서 수태를 고지(告知)하고, 마리아가 처녀의 몸으로 잉태해서 말구유에서 예수를 낳았다고 합니다. 또 동방박사 세 사람이 그것을 미리 알고 예물을 가지고 와서 경배했다고 합니다. 여기에 누가 그렇게 난 사람이 있습니까? 또 부처님은 마야부인의 옆구리로 나왔다고 합니다. 그리고 나자마자 사방으로 일곱 걸음을 걷고 중앙에 서서 하늘과 땅을 가리키면서 '천상천하 유아독존

(天上天下 唯我獨尊)'이라 했다고 합니다. 여기 그렇게 난 사람 있습니까? 우리가 성인이 되기에는 탄생부터 결격입니다. 그 얘기는 꾸며진 것입니다. 그렇게 꾸며진 얘기 때문에 자칫하면 희망을 잃을 수도 있습니다. 어떤 경전에 보면 엄청난 악행을 저지르다가 참회하고 마음을 바꿔서 성인이 되는 장면도 있습니다. 그런 것은 우리에게 희망을 줍니다. 자신을 비춰보니 더럽기 짝이 없고, 나쁜 일만 해왔는데, 그런 예가 없으면 그렇게 하려고 하겠습니까?

어떤 사람이 아무리 노력해도 살아갈 수가 없었습니다. 가진 돈이 다 떨어져서 고향으로 돌아갈 차비도 없었습니다. 이제 먹을 것이라고는 자기 오줌밖에 없었습니다. 오줌을 누니까 먹은 게 없어서 오줌도 노랬습니다. 그 오줌을 작은 병에 담아서 시장 통에 가서 그걸로 점을 빼준다고 앉아 있었습니다. 그렇게 해서라도 차비를 벌어 고향으로 갈 생각이었던 것입니다. 그렇게 앉아있자니 자신의 처지가 너무도 서글펐습니다. '내가 어쩌다 이런 처지가 되었나. 만약에 이것도 안 되면 죽어버리자.'라고 죽을 마음까지 먹고 있는데, 두 다리가 없는 사람이 고무튜브를 배에 깔고 노래를 부르며 동냥 다니는 것을 보게 되었습니다. 그 순간 '저런 사람도 살아가는데 내가 왜 죽어. 사지가 멀쩡한 내가 왜 죽어.' 하면서 털고 일어났습니다. 그 사람을 보는 순간 희망이 생긴 것입니다. 그 순간 그 사람이 자기를 구해준 구원자인 것입니다.

또 어떤 사람이 동굴 속에서 길을 잃고 헤매고 있었습니다. 이리 가도 길을 못 찾겠고, 저리 가도 찾을 수가 없었습니다. '나는 이제 죽었구나.'라고 포기하는데 어디서 빛이 한줄기 보이는 것이었습니다. 밖으로 난 작은 구멍이 있었던 것입니다. 그 순간 그에게는 그것이 생명을 구해준 것입니다. 사막에서 헤매고 있을 때 물 한 방울이 그 어떤 약보다 좋은 영약이 됩니다. 우리는 '약이다 독이다. 선이다 악이다.' 하면서 나누는데, 어떨 때는 독이 자기를 구해주는 약이 되기도 하고, 어떤 때는 엄청난 비난과 질시가 스승이 되기도 합니다. 그래서 불경에 보면 선도 없고 악도 없고, 더러운 것도 없고 깨끗한 것도 없고, 생(生)도 멸(滅)도 없다고 합니다. 이런 것이 안 보이면 자기는 항상 어느 한쪽 편으로 치우치게 됩니다. 그러면 보이지 않는 반대편을 무시하고 살게 됩니다. 그래서 자기중심적으로 살게 됩니다. 이제 그런 자기중심적인 시각을 밖으로 돌리자는 것입니다. 그래서 봉사를 하라는 것입니다. 그런데 막상 하려고 하니까 할 수 있는 능력이 없습니다. 평생 어떤 잘못도 저지르지 않아도 20점밖에 안 된다고 하는데, 담배꽁초 하나 주우면 얼마나 쌓을 수 있을까요? 0.0000001점이나 될까요? 그런 것을 얼마나 해야 만점을 쌓아서 깨달을 수 있겠습니까? 그래서 점수가 높은 것부터 골라야 합니다. 우리가 시험을 볼 때 낮은 점수의 문제를 풀다 높은 점수의 문제를 놓치면 시험에 떨어집니다. 우선은 자기가 아는 문제부터 풀고, 점수가 높은 것부터 풀어야 합니다. 그래서 점수가 높은 것이 뭘까 생각해 보면 담배꽁초 줍는 것보다는 힘들어하는 사람에게 자리를 양보하는 것이 낫고, 자리를 양보하는 것보다는 배고픈 사람에게 밥을 먹게 해주는 것이 낫고, 밥 한 끼 먹이는 것보다는 직업을 구해주는 것이 낫고, 직업을 구해주는 것보다는 공부할 수 있는 여건을 만들어주는 것이 낫고, 공부를 할 수 있는 여건을 만들어주는 것보다는 영적으로 깨닫게 하는 것이 낫습니다. 이렇게 올라갈수록 점수가 높아집니다. 불교에서 말하는 보시에도 밥 보시나 옷 보시보다 법 보시가 제일 공덕이 크다고 합니다. 제일 점수가 높은 것을 하고 싶어도 자기에게 법이 없으면 법보시를 할 수가 없습니다. 자기가 가진 법이 있어야 법을 베풀 수 있을 것 아닙니까? 그래서 봉사를 하면서 내심으로는 도를 깨우치고자 해야 합니다. '대각을 해서 큰 베풂을 해야겠다.' 이렇게 되어야 합니다. 그렇게 21일간의 봉사를 통해서 자기가 공부해야 할 필요성, 수도를 해야 할 필요성을 깨달으라는 것입니다.

그래서 21일 동안 하루에 한 가지씩 봉사를 하는데, 별 생각 없이 '오늘은 담배꽁초 하나를 주웠다. 끝.', '오늘은 휴지를 하나 주웠다. 끝.' 이렇게 하는 것은 봉사의 진정한 의미가 없습니다. 왜 봉사를 하는지, 봉사를 통해서 무엇을 터득하고, 인생을 어떻게 바꾸어가야 하는지를 생각하면서 해야 합니다. 이 우주의 근원과 깊이 통하려면 거기까지 가야 합니다. 자기 앞만 생각하는 이기적이고 탐욕적인 사람이 어떻게 크고 깊은 우주법을 깨우칠 수 있겠습니까.

이번에 여러분이 애를 써서 전국 각지에 모좌 지명터를 만들었습니다. 각 모좌 지명터에는 氣지도가 설치되어 있는데, 그것이 ○계와 통하는 통로입니다. 그래서 거기에서 기도하면 소망이 이루어지도록 했습니다. 그런데 '나는 거기에 만족하지 않고 영격을 높이기 위해서 공부를 해야겠다.'라고 생각하는 분들도 있을 것입니다. 그런 분들을 위한 첫 과정이 '49일 과정'입니다. '21일 과정'과 '49일 과정'은 각각 고유한 숫자의 의미가 있습니다. 21일은 3×7=21일이고, 49일은 7×7=49일입니다. 이 수들이 무슨 의미인가 하면, ○계에서 세상에 이르기까지는 일곱 단계의 氣작용이 일어납니다. 무형의 ○계로부터 유형의 세상에 이르는 단계가 일곱 단계가 있어서 '7'이라는 수를 쓰게 됩니다.

기본 체(體)는 셋으로 이루어져 있습니다. 이것을 불교에서는 불(佛), 법(法), 승(僧)으로 얘기하고, 기독교에서는 성부(聖父)와 성자(聖子)와 성신(聖神)으로 얘기하고, 우리민족은 환인(桓因), 환웅(桓雄), 단군(檀君)의 셋으로 말합니다. 이것을 일러 삼위일체(三位一體)라고 합니다. 우리민족은 아기를 낳으면 삼신상을 차려놓고 절을 했습니다. 이는 우주의 기본 체를 셋으로 본 것입니다. 이 셋은 우리를 구성하는 기본 체이기도 합니다. 즉, 하나는 겉에서 싸고 있고, 중심에는 그것을 움직이는 불덩어리가 들어있고, 중간에는 안과 밖을 연결시켜주는 층이 있습니다. 우리 인간에게는 바깥에 '몸'이 있고, 중심에 '영'이 들어있고, 그 사이에 '의식(정신)'이 있습니다. 제일 가에 있는 것이 '감정'이라면 중심에 있는 것이 '마음'이고, 그 사이에 있는 것이 '생각'입니다. 이렇게 되어 있어서 온갖 생각을 다 하면서도 마음은 내가 생각한 대로 안 됩니다. 우주의 본체를 셋으로 본 3과 ○계에서 세상에 이르는 일곱 단계 7을 곱하면 21이 됩니다. 21일간 잘 통하면 감정에도 생각에도 마음에도 닿게 됩니다. 그래서 21일 과정을 두어서 제일 깊은 데까지 닿아가게 하는 것입니다. 그다음에 7×7=49는 기화되는 과정입니다. 氣가 세상 물질계까지 이르는 데는 일곱 단계를 거치게 되는데, 그 일곱 단계가 다시 일곱 단계로 되어 있습니다. 그렇게 해서 계단의 역할을 합니다. 그래서 7×7=49가 되는 것입니다.

우리가 공부를 하다 보면 수에 대해 공부를 하게 되는데, 각 수마다 고유한 의미가 있습니다. 4방과 8방이 무엇인지, 왜 이 세상을 6으로 보는지, 왜 '육바라밀'이라고 하는지 이런 얘기들은 다음에 별도로 시간을 내서 하기로 하겠습니다.

공부를 시작해서 '49일 과정'에 들어가면 자기의 영적인 데서부터 육체적인 것까지 氣를 조정합니다. 내가 ○계에서 세상에 이르는 과정을 통하려고 하는데, 중간에 때가 끼어있고 녹이 끼어있으면 통할 수가 없습니다. 잘 통하기 위해서 그것을 조정하는 과정이 49일 과정입니다. 21일 과정과 49일 과정을 마치고 정식으로 공부를 하고자 하면 '좌제도 지도'를 신청합니다.

'좌제도 지도'란 한마디로 ○계에 자기의 자리를 마련하는 것입니다. 여기에서 말하는 ○계는 흔히 얘기하는 저세상이 아닙니다. 자칫 죽은 후의 저세상이라고 생각하기 쉬운데, ○계는 우주의 근본자리를 얘기하는 것입니다. ○계에 이 세상도 있고 저세상도 있어서 이 세상으로 나고 저세상으로 죽고 하는 것입니다. '좌제도 지도'는 ○계에 자기의 좌를 마련하는 설계를 하는 것입니다. 그런 공부를 하기 위해서 안내하는 것이 '제도계로의 안내'입니다. 즉, 영적인 좌를 이루기 위한 설계를 할 수 있는 계로 안내를 하는 것입니다.

처음에는 '21일 과정'을 통해서 자기중심에서 타인중심으로, 개체중심에서 전체중심으로 옮겨가고, 그다음에 '49일 과정'에서는 스스로 공부의 뜻을 내서 '나도 세상에서 ○계로 통하는 길을 열어나가야겠다. 그렇게 앞으로 내 영격을 높여야겠다.' 이렇게 합니다. 그렇게 해서 49일 과정을 마친 후에 정식으로 공부를 청하는 것입니다. 21일 과정을 마치고 나서 '나는 아직 공부에 관심이 많지 않다.'라고 하면 근원과 통하는 마음만 가지고 있으면 됩니다. 그러다가 공부에 관심이 생기면 49일 과정을 통해서 자기 조정을 합니다. 그때부터 내가 회로를 지도해 줍니다. 회로지도는 내가 돌아다니면서 가르쳐주는 것이 아니라, 여러분 스스로 회로를 통해서 자기를 조정하고 정돈하게 합니다. 그 후에 '나는 이제 본격적으로 수도를 해야겠다.'라고 결정하면 '제도계로의 안내'를 받아서 정식으로 공부를 시작하게 됩니다. 그때부터는 내가 여러분의 공부를 사무처리 합니다. 단계별로 사무처리 하는데 그때 별도의 공부조건이 나오게 됩니다. 좌제도 지도 전까지는 수도를 하기 위한 준비단계라고 할 수 있습니다. 그렇다고 21일 과정만 하고 49일 과정으로 안 들어왔다고 해서 그 사람을 가볍게 보지 않습니다. 자기 스스로 생명을 싹틔워야 자라는 것이지 누가 억지로 권한다고 자라는 것이 아닙니다. 그렇기 때문에 스스로 싹틀 수 있는 기회를 주는데, 싹이 안 텄다고 해서 결코 무시하거나 가볍게 여기지 않습니다. 여러분 중에서도 '나는 21일 과정만 하고 주계와 마음을 통하고 살겠다.'라고 하면 그것으로도 좋은 것입니다. 그러니 아무 부담 갖지 말고 스스로 선택하시기 바랍니다.

나는 사람을 만나는 데 다음의 세 가지 원칙을 세우고 있습니다.

첫째, 나는 나를 초대하는 자에게 응하고자 합니다.

초대하지 않는 자에게 '이것을 믿어라. 이것을 해라. 저것을 해라.'라고 하지 않습니다. 동시에 나를 초대하는 사람을 거부하거나 무시하지 않고 성실하게 초대에 응하겠습니다.

둘째, 나는 세상 사람들을 묶으려 하지 않습니다.

세상 사람들을 묶어서 '오라', '가라' 하지 않겠다는 것입니다. 우리는 부질없고 쓸데없는 일로 인생을 소모해서는 안 됩니다. 이 우주는 아주 효율적으로 되어있습니다. 이 지구는 구형입니다. 구형은 가장 작은 표면적으로 가장 큰 부피를 만들 수 있습니다. 별이 구형인 것은 이 우주가 지향하는 것이 가장 합리적이고 효율적이기 때문입니다. 허황된 사고를 하는 사람은 공부를 못합니다. 환상에 사로잡힌 허황된 사고를 가지고 단번에 크게 깨닫고자 하는 사람은 공부가 안 됩니다. 공부를 하는 사람은 합리적이고 효율적인 사고를 해야 합니다. 그래야 인생을 낭비하지 않습니다.

셋째, 나는 세상터에 토대를 세우려고 하지 않습니다. 세상에 무엇을 세우거나 집단을 만들려고 하지 않습니다. 나는 영원한 곳에 변하지 않는 법을 펴고 싶지 세상에 터전을 만들어서 뭘 하려고 하지 않습니다. 그렇다고 다 풀어놓고 마음대로 하라는 뜻은 아닙니다. 다 풀어놓고 '네 마음대로 해라.'라는 것은 언뜻 보면 자유 같지만 대단히 위험하기도 합니다. 그래서 인도하고 이끌어줄 수 있는 최소한의 구조만으로 가져갈 것입니다. 이런 내 뜻을 잘 이해하시고 모든 것을 스스로 선택하고 행하시기 바랍니다.

8

영적 탄생을
공부하다

절대자는 내 속에 있어 계시하기도 하고, 내 밖에 있어 계시하기도 합니다. 그래서 우리가 찾아낸 진리는 내 속에서 일어나는 각성(覺醒)으로부터 나오기도 하고, 밖의 사물들을 관찰함으로써 얻어지기도 합니다.

....
일 시 : 2001년 9월 16일
장 소 : 용인시 한울연수원

영적 수련을 위한 좌통

이번 지도자 교육에서는 좌통[1] 수련을 주로 했다.

다음은 이번 지도자 수련을 위해 큰스승님께서 준비하신 기술 말씀이다.

새 지도는 설명이 도움이 되지 않으니 설명하려 마시고,
주께서 주는 젖들을 쓸 수 있도록 허락이 필요합니다.

구제는 병㊈ 처리를 시작으로 지도하여 멸함으로 되는 것이므로 멸해짐으로써 새로운 탄생을 이룬다.

중도에 젖 주는 명을 거두면 실패하고 만다.
초대를 거절하면 명을 잃는 조건이 된다.

전생업장이 멸하여지지 않아도 명을 잃는 조건이 된다.
저주를 받게 되어도 젖 주는 명을 잃게 된다.

병㊈은 수력(**數力**)으로 커지지 않게 해야 한다.
병㊈ 처리는 소리로 하십시오.

큰스승님 : 모두 귀한 시간을 내서 오셨으니 지금부터 바로 공부에 들

---

1. 좌통 : 영적 지도를 위해 만든 수련 보조기구이다. 육면체의 틀을 천으로 감싸고, 위쪽에는 원형의 구멍을 내고, 앞에는 반원형의 출입문을 낸 통을 말한다.

어가겠습니다. 지금부터 앞에 설치해 놓은 좌통에 들어가는데, 좌통 하나에 4명씩 조를 지어 들어가서 25분 동안 있다가 나오도록 합니다. 좌통 안에서 명상을 하든지, 동작이나 회로를 하든지, 앉아서 쉬든지 그것은 각자 자유입니다. 좌통 속에 있게 하는 것은 '주 젖 공급'을 받기 위한 것입니다. '주 젖'은 주께서 주는 젖으로서 영적인 에너지라 할 수 있습니다. 영적인 에너지가 공급되지 않으면 영적인 탄생을 맞을 수도 없고, 영적으로 성장할 수도 없습니다. 그러니 좌통 속에서 '주 젖 공급받는다.'라고 생각하고 있으면 됩니다. 이해되었지요? 자, 그럼 시작 하세요.

벽면에 '좌통에서 4명씩 25분간 들어가 앉아 주 젖 공급 요망하십시오.'라는 지도 말씀이 붙어 있었다. 먼저 좌통 21개에 4명씩 84명의 수련생이 들어가서 문을 닫았다. 남은 수련생들은 '한울계시록'과 '氣지도'를 가지고 좌통 밖 여기저기에 앉아서 공부를 하고 있었다. 좌통 속으로부터는 회로 돌아가는 소리가 파문을 그리며 새어 나오고 있었다.

25분이 지나자 밖에 있던 사람들이 교체해 좌통에 들어갔다. 좌통은 5개를 남기고 다 채워졌다. 2차로 들어간 사람들까지 마치자 모두 나와서 큰스승님을 향해 모여 앉았다. 큰스승님께서 수련생들을 향해 질문을 던지셨다.

큰스승님 : 누가 좌통에 대해서 설명해 보시겠습니까?

이정○ : 먼저, 좌통은 천으로 둘러싸여 있습니다. 천으로 싸여 있어서 외부와 차단되어 있는 것이 아니라 선택적으로 통하게 되어 있는 것 같습니다. 다음으로 지퍼로 된 문이 있는데, 문은 열고 닫을 수 있어서 원하면 안팎으로 통할 수 있습니다. 그리고 좌통 위에는 둥근 구멍이 나 있는데, 그것은 깨달음이 일어나면 위의 둥근 원으로 승화한다는 의미를 담고 있는 것으로 알고 있습니다.

큰스승님 : 좋습니다. 더 보충할 사람 없습니까?

한순○ : 좌통은 네모 형태인데 위에 둥근 원이 뚫려 있습니다. 그것은 좌통이 천원지방(天圓地方)의 원리로 만들어져 있음을 의미한다고 생각합니다.

큰스승님 : 좋습니다. 또 다른 사람은?

이 ○ : 좌통은 ○계와 물질계가 서로 이어져 오고갈 수 있도록 설계되어 있어서, 그 안에 들어가 있는 사람이 영적으로 새롭게 탄생할 수 있도록 하는 자궁과 같은 역할을 한다고 봅니다.

큰스승님 : 좋습니다. 모두 잘 알고 있는 것 같습니다. 사실 좌통은 정해진 규격이 있습니다. 이번에는 인원이 많아서 네 사람이 같이 들어가서 공동으로 썼는데, 본래는 1인용입니다. 혼자 쓰면 편하게 누울

수 있는 공간은 안 되지만, 그렇다고 팔다리를 펴지 못해 고통스러운 크기도 아닙니다. 몸을 잘 조절하면 어느 정도 편하게 쉴 공간은 됩니다. 대자연은 우리를 항상 고통스럽게도 하지 않고, 그렇다고 마음 대로 휘젓도록 내버려 두지도 않습니다. 적당하게 긴장을 주기도 하고, 풀어주기도 하는 것이 대자연의 법칙입니다. 그래서 좌통 안에서는 가로로도, 세로로도 바로 누울 수 없지만 비스듬하게 사선으로 누우면 그런대로 쉴 수 있는 정도의 공간은 됩니다. 내가 좌통의 크기를 일부러 그런 크기로 만들었습니다. 큰 사람도 있고 작은 사람도 있는데, '작은 사람은 좌통 안에 들어가면 되게 편하겠구나.'라고 생각하기 쉬운데 그렇지 않습니다. 실제로는 작은 사람이나 큰 사람이나 별 차이가 없습니다. 거의 비슷비슷합니다. 아주 크거나 아주 작은 사람은 예외이지만 대부분이 어느 정도의 한계 내에 있기 때문에 사용하는데 별 문제가 없을 것입니다.

좌통은 천으로 되어 있어서 좌통 안에서 밖을 보면 움직이는 형태가 정확하게는 안 보이지만 어렴풋이 보입니다. 좌통 밖에서 안을 봐도 움직이는 모습이 어렴풋이 보입니다. 그런데 좌통에서 수련을 깊이 하다 보면 안에서도 밖의 움직임이 뚜렷하게 보일 수 있습니다. 그런 현상이 수련하는 과정 중에 있을 수 있는데, 그렇다고 들어가자마자 바로 그렇게 되지는 않습니다.

그리고 좌통이 천으로 되어 있기 때문에 외부하고 완전히 단절되지 않습니다. 형태도 어렴풋하게 비치지만 밖의 소리도 다 들립니다. 우리는 어디서도 완벽하게 고립되거나 차단되어서는 안 됩니다. 서로 통하고 있어야 합니다. 서로 통하고 있으면서 보호받을 수도 있어야 합니다. 이것은 공동체 내에서도 지켜져야 합니다. 각자마다 자기만을 지키기 위해 서로 단절하고 막아서 고립되면 공동체로서의 의미가 없습니다. 좌통이 지닌 의미가 이렇게 깊습니다. 좌통은 내가 생각해서 만든 것이 아니라 자동기술에 의해 제도해서 만든 것입니다. 그런데 요즘 좌통과 비슷한 것들이 나와 있습니다. 조그맣게 만들어서 아이들의 놀이공간처럼 만들어놓은 것들이 있는데, 그런 것과 좌통은 그 의미가 전혀 다릅니다.

만약에 자기 집에 좌통을 설치할 공간이 된다면 설치해 놓고 수시로 들어가서 공부하면 참 좋습니다. 좌통에 들어가면 아늑해서 그렇게 편안할 수가 없습니다. 분명히 밖의 소리가 다 들리고, 형태도 어렴풋이 비치는 데도 왠지 모르게 자기가 보호받고 있는 것 같은 느낌이 듭니다. 가정에서 가족이 어울려 살지만 가족이라고 해서 항상 잘 통하는 것은 아닙니다. 때로는 자기 혼자 조용히 있고 싶을 때도 있습니다. 그럴 때도 이런 공간이 필요하다고 생각합니다. 좌통은 자기를 별도로 보호해주는 공간으로서만 아니라 영적인 힘을 길러줄 수 있는 공간이라서 더욱 좋을 것입니다.

앞에서 얘기했듯이 여러분이 좌통 속에 들어가 있으면 밖에서 일어나는 것들이 거의 다 감지됩니다. 그런데도 안에 있는 자신은 외부로부터 보호받고 있다는 느낌이 듭니다. 그것은 좌통이 모체 안에서 발육하는 수정란을 보호하는 자궁과 같은 역할을 하기 때문입니다.

다음으로 좌통 속에 들어가 있으면 영력 즉, 주 젖을 공급받을 수 있습니다. 영적인 힘은 어떤 조건이 갖추어지면 저절로 흘러듭니다. 좌통은 영적 수련을 위한 조건에 딱 맞도록 설계되어 있습니다. 그렇기 때문에 좌통 안에 들어가서 공부할 때, 유체 이탈과 같은 영적인 현상이 일어나는 것입니다.

형상을 가진 모든 것은 '○'으로부터 비롯되었습니다. '○'이란 만물의 근원을 일컫는 개념입니다. 태초에 자체충동에 의해 우주의 근원인 ○이 스스로 운동을 시작했습니다. ○이 운동을 시작하면서 氣가 발생했고, 氣작용에 의해 모여서 응축된 에너지가 일정한 한계점을 넘으면서 형상을 가진 존재 즉, 물질(□)이 생겨난 것입니다. 이것을 하나의 그림으로 나타내면 ○/□ 이와 같습니다. 이것은 '○계(○)'와 '물질계(□)'가 경계(—)를 사이에 두고 이어져서 오고 가는(│) 이치를 나타내는 그림입니다. 氣, 혹은 氣의 집합체인 물질은 어떤 조건이 갖추어지면 언제든지 다시 ○으로 돌아갈 수 있습니다. 이런 것을 일컬어 '우주만물 속에 ○이 들어와 함께 하고 있다.'라고 하는 것입니다. 우리는 그것을 ◯ 이렇게 표현할 수 있습니다. 좌통은 바로 이런 원리를 바탕으로 해서 만든 것입니다. □는 육면체로 이루어진 좌통이고, ○은 좌통 속의 빈 공간입니다. 이런 원리로 여러분이 좌통 속에 들어가 있으면 여러분 속에 들어있는 영이 힘을 받아서 활성화됩니다.

좌통에서 수련을 해서 영적으로 일정한 한계점을 넘어서게 되면 여러분 내부의 유체가 위로 떠오르게 됩니다. 그러면 좌통 위에 뚫린 구명을 통해서 자신의 영이 밖으로 나올 수도 있습니다. 지금 여러분이 이런 수련을 하는 것은 물질상태(□)에서 영적인 상태(○)로 나아가는 힘을 기르려고 하는 것입니다.

몇 년 전, 캐나다에서 온 '필립'이 좌통 속에 들어가서 수련하다가 깜짝 놀라서 밖으로 뛰어나왔습니다. 그는 수련 중에 위에 뚫려있는 구멍을 통해 영적으로 떠올라 밖으로 나오는 경험을 했던 것입니다. 영적으로 떠올라서 좌통 위로 나오니까 자신의 눈앞에 광대한 바다가 펼쳐져 있더랍니다. 그런데 바로 눈앞에서 개구리가 눈을 크게 뜨고 자기를 빤히 쳐다보고 있더랍니다. 그것을 본 순간 깜짝 놀라서 좌통 안으로 다시 쏙 들어가 버렸다고 합니다. (좌중 웃음)

이번 1박 2일의 수련 과정에서 여러분은 두 번 정도 좌통 안에 들어가서 수련할 기회가 있을 것입니다. 그때 혹 그런 경험을 하게 되면 놀라지 마시고 담담하게 바라보세요. 나중에는 자신이 원하는 대로 방향이나 속도 등을 조절하거나 조종할 수도 있게 됩니다. 그리고 그런 경험을 하고 나면 생각이 많이 바뀝니다. '아! 내 속에 영적인 존재가 있구나. 내가 죽으면 남는 것은 영혼이겠구나. 살아 있을 때 영혼을 일깨우는 것이 가장 보람된 일이겠구나.'라는 생각을 자연스럽게 하게 됩니다. 영을 인정하지 않고는 영적인 세계를 추구할 근거를 갖기 어렵습니다. 그래서 우리가 제일 먼저 알아야 할 것은 우리는 명을 지니고 있는 영적 존재라는 사실입니다. 다른 사람을 일깨우려고 해도 영이 있다는 것을 인식시키지 못하면 일깨워지지 않습니다.

존재하는 모든 것은 ○을 지니고 있는데, ○들이 특정한 방식으로 조합되면 '영'이 됩니다. 영을 지니지 않고서는 '명(瞑)'을 짜지도 운영하지도 못합니다. 명을 운영하여 살다가 명이 다하면 그 명 속에 들어 있던 영이 나와서 다시 근원인 ○으로 돌아갑니다. 이것을 그림으로 나타내면 ⛫ 이와 같습니다. 근원인 ○과 물질인 □가 이렇게 안팎으로 모양을 바꾸면서 서로 이어져서 오고 간다는 생각은 대단히 중요합니다. 근원인 ○과 물질인 □가 각각 별도로 독립되어 있으면 단절됩니다. 그렇게 단절되어 명이 다해 죽으면 물질을 근거로 한 □는 사라져서 남는 것이 없게 됩니다. 그러면 ○적인 존재인 하나님과 통하여 하나가 될 수 있는 길도 단절되어 버립니다. 기독교인들이 이 점을 깨달으면 좋겠습니다. 하나님은 '하나'이지만 없는 곳 없이 모든 곳에 있습니다. 내 속에도 있고, 내가 먹고 있는 음식 속에도 있습니다. 우리는 하나님의 분화된 모습이고, 하나님의 일부이지 하나님의 피조물이나 종이 아닙니다. 그런데 일부 사람들은 예수의 가르침을 편협하게 만들어서 사람들을 하나님의 종으로 만들어 버리고 있습니다.

절대자는 내 속에 있어 계시기도 하고, 내 밖에 있어 계시기도 합니다. 그래서 우리가 찾아낸 진리는 내 속에서 일어나는 각성(覺醒)으로부터 나오기도 하고, 밖의 사물들을 관찰함으로써 얻어지기도 합니다.

깨달음이란 영적으로 어떤 경계를 넘어선 곳에서 일어납니다. 깨닫고 싶다면 영적 에너지가 한계치 이상 모아져야 합니다. 진리를 추구하는 사람들이 영적인 힘을 키우고, 세상을 보는 바른 눈을 가지기 위해 노력해야 하는 이유가 바로 여기에 있는 것입니다.

지도자가 되려는 자는 먼저 영적으로 깨어나야 합니다. 그리고 바른 표가 되어야 합니다. 지도자는 단순히 앞장서서 끌고 가는 자가 아닙니다. 스스로 깨어나 있어 생각과 뜻이 바르고 행동이 바른 자가 지도자입니다. 그리하여 자신이 안내하는 사람들이 자기보다 더 커지게 안내할 수 있어야 진정한 지도자라고 할 수 있습니다.

내가 고등학교 때에 한 교장 선생님이 계셨는데, 우리가 졸업하기 1년 전에 다른 학교로 전근을 가셨습니다. 그 후에 교감 선생님으로 계시던 분은 교육감으로 가고, 지리 선생님으로 있던 분은 장학사로 갔습니다. 그 학교에서 평교사로 있던 분 중에 대학 강사나 전임강사로 간 분들도 많았습니다. 그러니까 그 교장 선생님이 쟁쟁한 실력자들을 다 품고 있었던 것입니다. 그 교장 선생님 별명이 '찹쌀모찌'였습니다. 그 교장 선생님은 학생들을 모아 놓고 교단에 올라가면 말을 잘 못했습니다. 뭐가 부끄러운지 속으로 우물우물하는 모습이 꼭 찹쌀모찌를 먹은 것 같았습니다. 그래서 우리가 '찹쌀모찌'라는 별명을 지어 드렸던 것입니다. 그렇게 혼자서 우물우물하다가 웃으면서 "에이, 말 안 해도 여러분이 다 아는데 뭐……" 하고 내려가시곤 했습니다. 내가 1학년 때 지리 선생님이 계셨는데 이분도 참 재미있었습니다. 그분이 그 교장님 전근가시고 나자 장학사로 가신 분입니다. 이분이 머리를 빗는데, 늘 한 쪽 머리만 빗고 다른 한쪽은 더부룩하게 그냥 놔두었습니다. 그래서 한 선생님이 "선생님은 왜 머리를 그렇게 한쪽만 빗고 다니십니까?" 하고 물었더니 아주 당당하고 자랑스럽게 "아, 이거? 내가 어느 날 머리를 한참 동안 손질하고 나서 출근을 했는데 교무회의에 지각을 했어요. 그때 우리 교장 선생님이 '이건○ 선생, 오늘 늦었습니다.' 하시는 겁니다. 가만히 생각해보니까 머리를 손질하다가 그렇게 됐더라고요. 그래서 그 후로 머리 빗질을 한쪽만 하기로 결심했어요. 그 교훈을 잊지 않기 위해서요."

(시범을 보이는 큰스승님을 보고 좌중 웃음)

여러 사람 앞에서 말도 제대로 못하고 부끄러워서 우물우물하는 교장 선생님이 어떻게 그런 수용력과 감화력을 가질 수 있었을까요? 꾸짖은 것도 아니고, "이건○ 선생님, 오늘 좀 늦었습니다." 하는 그 부드러운 말 한마디가 평생 머리 빗질을 딱 한 번만 하게 한 것입니다. 그런 것이 바로 지도자의 바른 표인 것입니다. 지도자는 말을 잘하고 재주가 많다고 되는 것이 아니라 사람을 감동하게 하는 감화력을 갖추어야 합니다. 지도자의 가장 밑바탕에 갖추어져야 하는 것이 바로 감화력인 것입니다.

감화력의 가장 기본이 되는 것은 에너지입니다. 에너지도 육체적인 에너지가 아니라 영적인 에너지입니다. 말하자면 영력입니다. 영적인 힘이 큰 사람은 큰 감화력을 가지게 됩니다. 살포시 웃는 것만으로 사람을 꼼짝 못하게 합니다. 여러분이 지도자가 되려면 그런 힘을 길러 나가야 합니다. 설명을 잘 해서가 아니라 옆에 가만히 앉아만 있어도 저절로 감화되고, 저절로 나쁜 마음이 사라지고, 미움이 사라지고 사랑이 싹트게 할 수 있어야 합니다. 그 사람에게 무슨 조치를 해주고, 그 사람이 살고 있는 터전을 조정해주는 그런 것이 아닙니다. 단지 다른 사람 집에 한 번씩 드나들기만 해도 그 집안이 점점 밝아지고 잘 되어가는 그런 것입니다.

이런 사람이 있습니다. 그 사람이 어느 식당에 가면 그다음부터는 사람들이 줄줄이 들어옵니다. 그가 가는 길이 아주 자연스럽게 열리는 것입니다. 천수경에 보면 '제가 만약 도산지옥 향하올지면 칼산이 스스로 꺾어지오며, 제가 만약 화탕지옥 향하올지면 화탕이 스스로 소멸되오며, 제가 만약 지옥으로 향하올지면 지옥이 스스로 없어지이다.'라는 표현이 있습니다. 나는 불교 신자는 아니지만 표현을 참 잘 했다고 생각합니다. 여러분 또한 진정한 지도자가 되면 여러분이 스쳐 가는 곳이 점점 좋아지고, 여러분과 만나고 있는 사람의 마음속에 미움이 없어지고 사랑이 싹트며, 고통과 서글픔이 기쁨으로 변하게 되어야 합니다. 그렇게 되도록 영적인 힘을 길러 나가야 합니다. 여러분에게 그런 영적인 힘이 있으면 옆에 가만히 있기만 해도 다 좋아집니다. '뭘 해주고 안 해주고 간에 그저 같이 있기만 해도 좋습니다.' 이렇게 되도록 여러분은 영적인 힘을 길러 나가야 합니다.

이와 같이 지도자가 되기 위해서 가장 먼저 갖추어야 할 조건이 영적인 힘 즉, '영력'입니다. 그렇다면 영력은 어떤 힘일까요?

영력은 기공처럼 몸에 쌓아두는 그런 힘이 아닙니다. 기력(氣力)은 길러가고 쌓아놓을 수 있습니다. 그러나 영력은 스스로를 낮추어 받아들이고, 영적으로 해방되어야 커지는 힘입니다. 영력은 젖처럼 받습니다. 엄마가 자식에게 젖을 주고 자식이 그 젖을 먹듯이 그렇게 통함으로써 받게 됩니다. 영력은 물과 같이 움직입니다. 있는 곳에서 없는 곳으로, 높은 곳에서 낮은 곳으로 흘러가듯이 그렇게 움직이는 것이 영력입니다. 그래서 영력이 높은 사람과 함께 있으면 저절로 편안함이 생기고 기쁨이 생기고 자연스럽게 악한 마음이 사라집니다. 이렇게 영적인 능력이 있는 사람은 감화력을 가집니다. 영력은 마치 태양이 떠서 주위를 밝게 하고 주위를 따뜻하게 하는 것과 같습니다. 있는 곳에서 없는 곳으로 저절로 흘러 감화를 일으키는 힘입니다.

자, 이제부터는 내가 기술로 준비한 내용을 설명해 드리겠습니다.

**새 지도는 설명이 도움이 되지 않으니 설명하려 마시고,
주께서 주는 젖들을 쓸 수 있도록 허락이 필요합니다.**

이번의 지도는 설명이 도움이 되지 않으니 설명하려 말고, 주께서 주는 젖을 쓸 수 있도록 허락이 필요하다는 것입니다. 즉, 설명하지 말고 영적으로 통해서 주의 젖을 받을 수 있도록 허락해 주라는 의미

입니다.

앞에서 얘기한 것처럼 많이 안다고 지도자가 될 수 있는 것이 아닙니다. 부모가 자식을 기를 때에 자식에게 젖을 주지 처음부터 설명하여 기르지 않습니다. "지방이 몇%, 비타민과 미네랄이 어떻고……" 이렇게 설명해주지 않습니다. 자식은 배고프면 울고, 엄마는 젖이 불면 그 아이를 안고 젖을 줍니다. 자식이 젖을 먹고 어느 정도 자랐을 때 비로소 설명이 필요한 것입니다. 그래서 우리가 이 공부를 시작할 때 가장 먼저 필요한 것이 젖을 먹고 자라도록 해주는 것입니다. 그렇게 젖을 먹고 자랄 수 있도록 하려면 허락이 필요합니다. 주의 허락이 필요합니다. 지금 공부지도 과정이 열려 있지만 열려있다고 누구나 다 들 수 있는 것은 아니라는 것입니다. 주의 허락이 없으면 주계에 들 수 없다는 것입니다. 이런 허락의 과정에서는 여러 가지 조건이 따르게 됩니다. 받는 것에 익숙해져 있는 사람들만 있으면 공동체를 이루기 어렵습니다. 받기만 하려는 사람은 나그네이거나 걸인입니다. 그런 사람은 지도자가 될 수 없습니다. 그런 사람은 공동체를 발전적으로 이끄는 데 중심이 될 수 없습니다. 지도자는 그런 사람들을 일깨워내야 합니다. 그런 사람들을 일깨우기 위해서 조건을 주는 것입니다. 그리고 지도자가 되려면 사물을 깊이 관(觀)하고, 마음에서부터 서로 통해야 합니다.

중국 선종의 5조 홍인대사가 6조 혜능대사에게 법을 전하는 얘기가 있습니다.

행자들이 모두 좌선을 하기 위해 선방으로 몰려갔으나 혜능은 혼자 방앗간에 남아 방아를 찧고 있었습니다. 그런 혜능의 모습을 본 홍인대사가 방앗간으로 들어서며 "도를 구하는 사람이라면 모름지기 법을 위하여 자신을 잊고 법을 구해야지. 암." 그러면서 "방아는 다 찧었느냐?" 홍인대사의 물음에 혜능이 "예. 방아는 다 찧었습니다만 아직 키질을 못하고 있습니다." 홍인대사가 고개를 끄덕이고는 지팡이로 절구의 확을 때렸습니다.

"딱……딱……딱."

확을 세 번 두드린 홍인대사는 이렇다 저렇다 말없이 뒷짐을 지고는 방앗간을 나섰습니다. 그 순간 혜능은 스승 홍인대사의 의중을 헤아리고 있었습니다. 자신에게 방아를 다 찧었느냐고 물은 것은 마음속에 쌓인 번뇌의 껍질을 벗겨내었느냐는 뜻임을 알았기에 혜능은 번뇌의 껍질은 벗겨냈지만 본래의 자성(自性)을 드러내기 위해서는 스승의 가르침이 필요하다는 뜻으로 아직 키질을 못했다고 암시적인 대답을 한 것이었습니다. 홍인대사는 혜능의 대답을 들으며 흡족해서 야밤 삼경(三更)에 자신의 당우(堂宇)로 찾아오라고 절구의 확을 세 번 두드리고 뒷짐을 져서 자신의 마음을 전한 것입니다. 스승의 뜻을 알아차린 혜능이 삼경에 홍인대사를 찾아갔습니다. 그날 홍인대사는 혜능에게 법을 전해 주었습니다. 법은 그렇게 통해야 하는 것입니다. 이렇게 저렇게 애써서 온갖 설명을 하고 나서, "어떠냐?" 하고 물으면 전혀 알아듣지 못한 표정으로 "뭐가요?" 이러면 그런 사람은 공부를 가르치기 힘듭니다. 그래서 의미를 제대로 읽어내는 힘을 길러내야 합니다. 그런 힘을 길러 놓으면 우리가 일상생활에서 어떤 징조가 일어나면 '아, 이것은 이렇고, 저것은 저렇구나.' 하고 바로 알아차리게 됩니다. 그것이 관(觀)하는 것입니다. 꿰뚫어보는 것입니다. 내면에 들어 있는 것이 무엇인지, 그것이 어디에서부터 비롯되어 표현되는 것인지, 그다음에는 무엇으로 이어질지를 확연하게 알 수 있습니다. 우리는 일어날 일을 예견하고 미리 준비할 수 있어야 합니다.

지금은 변화의 속도가 엄청나게 빠른 시대입니다. 미래를 미리 알고 준비할 수 없으면 갈수록 살아가기가 어려워집니다. 그래서 내가 선필을 할 때 제일 좋아하는 글자가 '관(觀)' 자입니다. 우리가 모든 사물을 뚫어 볼 수 없으면 항상 껍데기만 보게 됩니다.

어제 자이언트라는 영화를 다시 한번 봤습니다. 그 자이언트에서 '제프'라는 사람이 연설문에 이렇게 썼습니다. "콜럼버스는 미국의 껍데기를 발견했다. 나는 미국의 알맹이를 발견했다." 그는 텍사스에서 석유를 채굴했습니다. 그가 자기를 콜럼버스에 비유해서 얘기한 것입니다. 우리는 껍데기만 보고 사는 삶에서 알맹이를 보고 사는 삶으로 전환을 이루어내야 합니다.

알맹이를 보는 삶으로의 전환에 대해 말할 때, 우리가 놓쳐서는 안 되는 개념이 있습니다. 그것은 '구제'와 '부활'입니다. 껍질을 깨고 구할 것은 무엇이고, 껍질이 깨지고 다시 태어나는 것은 무엇인가에 대해 바로 알아야 합니다.

먼저, 구제가 무엇일까요?

구제라는 단어가 나오면 사람들은 기독교를 연상하면서 그렇게 되는 것을 구제로 오해합니다. 그러나 구제는 그와 같이 들어 올려주는 개념이 아닙니다. 일부 기독교에서는 **'휴거(Rapture)'**[1]라고 해서, 어느 때가 되면 하나님이 번쩍 들어 올려 구제해 준다고 생각합니다. 어떻게 그런 사고(思考)를 하는지 나는 정말 이해가 안 됩니다. 또 기독교인들이 쓰는 심판과 부활에 대한 개념에도 이해하기 어려운 점이 있습니다. 심판을 통해서 육체가 부활된다고 생각하는 사람이 많습니다. 그럴 때 제일 먼저 떠오르는 것이 어느 시점으로 부활시킬 것인가 하는 것입니다. 만약에 '사망 당시의 상태로'라고 하면, 늙어죽은 사람은 늙은 몸으로, 차에 치어 팔다리를 잃은 사람은 팔다리가 없는 모습으로 부활해야 하는데, 여러분 같으면 그것을 원하겠습니까?

부활은 육체가 아니라 영적으로 생각해야 합니다. 영적으로 부활된다는 것입니다. 예수님도 영적으로 부활한 것입니다. 영적으로 부활해서 제자들 앞에 나타났기 때문에 제자들이 알아보지 못한 것입니다. 그렇지 않다면 예수님을 따라다니던 제자들이 왜 알아보지 못했겠습니까? 제자들이 알아보지 못하니까 예수님이 잠시 자기의 모습을 현실로 보여주며 "와서 내 몸을 만져보라. 내 옆구리에 창에 찔린 자리가 있을 것이다."라고 합니다. 여러분 같으면 내가 죽었다가 사흘 만에 다시 이 몸을 가지고 살아나서 여러분 앞에 나타나면 못 알아보겠습니까? 몸이 부활한 것이 아닙니다. 예수는 영적인 존재로 부활한 것

---

1. 휴거(Rapture) : '공중에서 만나리.'라는 의미이다. 천상에서 신을 만나는 것을 '공중 들림' 즉, 휴거(携擧)라고 하는데, 원래는 환희라는 뜻이다.

입니다. 그렇게 부활했기 때문에 여러 곳에서 동시에 나타날 수도 있었던 것입니다. 지금 기독교에서 화장을 안 하는 이유가 부활할 때 육신이 없으면 부활할 수 없기 때문이라고 들었는데, 그것은 정말 어리석은 생각입니다.

자, 다시 구제의 문제로 돌아가서 정리해 봅시다. 구제는 몸이 번쩍 들어 올려져서 황홀한 세계로 옮겨지는 것이 아닙니다. 영적으로 낮은 수준에서 높은 수준으로 들어 올려지는 것입니다. 구제는 스스로 영혼을 갈고 닦아 영적 진화를 이룬 경우와는 다른 개념입니다. 절대자나 어떤 큰 힘에 의해서 영적으로 끌어 올려지는 것이 구제입니다. 그들은 스스로 깨달아서 이를 수 없으니까 누군가에 의해 구제되어야 하는 것입니다. 영적으로 구제되려면 우선 영적으로 덕지덕지 붙어 있는 때부터 벗겨내야 합니다. 우리 영혼을 붙들고 늘어지는 것이 '병'입니다. 병이란 육체적인 병도 있고 정신적인 병도 있습니다. 얽히고설킨 병들을 가지고 있는 상태로 들어 올리면 구제가 될 수 없습니다. 그런 상태로 구제해서 뭐하겠습니까? 그걸 고쳐서 부활시켜야 합니다.

구제는 병㉠ 처리를 시작으로 지도하여 멸함으로 되는 것이므로

구제는 병㉠ 처리가 시작입니다. 병적인 요소를 없애는 것이 구제의 출발인 것입니다. 여러분이 지도자가 되어 세상자를 구제하려고 하면 세상자를 병에서 구제하는 것부터 시작해야 합니다. 육체적 정신적 영적인 부조화가 병입니다. 세상자들이 잘못되고 헝클어져 병들어 있는 상태에서 벗어날 수 있게 도와주어야 합니다. 그것이 구제의 시작입니다.

그런데 병ⓒ 처리가 시작이라는 말은 무슨 의미일까요? 병이란 그가 본래 가지고 있거나, 반복해서 저지른 잘못들 때문에 생기는 현상입니다. 그런데 그 병을 누군가가 조정해주어 일시적으로 풀렸다고 합시다. 그러나 근본적으로 그가 변하지 않는다면 그 치료는 일시적일 수밖에 없습니다. 그러면 언제든지 다시 병적인 상태로 돌아갈 수 있습니다. 그러면 그는 구제로부터 멀어집니다. 그러니까 병ⓒ 처리로 끝날 수 없는 것입니다.

따라서 다음에는 지도를 해야 합니다. '병이란 무엇인가?', '우리는 어떻게 살아야 하는가?', '병으로부터 근본적으로 벗어날 수 있는 길은 무엇인가?' 하는 문제들에 대해 바르게 깨닫도록 지도해야 합니다. 그 지도가 이루어졌을 때 근본적으로 병이 멸해질 수 있습니다. 그런 이야기를 이번 수련 조건에서 '구제는 병ⓒ 처리를 시작으로 그 지도를 하여 멸함으로 되는 것이므로.'라고 말하고 있습니다.

그렇다면 멸해지는 것은 무엇일까요? 멸해지는 것은 과거의 낡은 껍질이고, 새로 나는 것은 본질입니다. 무언가 완성되면 기존의 것으로부터 새로운 것이 태어납니다. 그러니까 기존의 물질은 멸해지는 것입니다.

티베트 불교에서 '**만다라(mandala, 曼陀羅)**'[1] 를 만들어 완성이 되면 지우는 과정이 있는데, 그것은 모든 것은 멸해진다는 의미를 깨닫게 하기 위함입니다. 멸해짐으로써 비로소 완성이 된다는 진리를 가르치고 있는 것입니다.

'자이언트'라는 영화에서 보면 '레즐리'와 '록 허드슨'의 딸이 환상에서 깨어나 자기 길을 가는 장면이 나옵니다. 평소에 동경하던 '제프'라는 사람의 독백을 듣고 나서 그렇게 됩니다. 레즐리의 딸은 제프가 자신을 사랑하는 줄 알았는데, '너무나 아름다운 여인 레즐리.'라고 하면서 한 평생 레즐리를 마음에 품고 살았다는 것을 알고서 돌아섭니다. 자기의 착각으로부터 깨어난 것입니다. '아, 나를 사랑한 게 아니라 내 엄마를 사랑했구나. 나는 내 엄마의 대용이었구나.' 환상이 깨어지고 비로소 자기 자신을 찾게 됩니다.

구제는 병㊜ 처리를 시작으로 지도를 하여 멸함으로 되는 것입니다. 멸함은 곧 새로운 탄생이고, 새롭게 탄생하는 것이 부활입니다. 여러분은 세상자를 새롭게 태어나게 안내하려는 뜻을 가지고 지금 공부하고 있는 것입니다.

자이언트라는 영화는 인상 깊은 대목이 많은데 그 중에는 이런 대목도 있습니다. 록 허드슨이 역을 맡은 '빅 베네딕트'는 대단한 부자입

---

1. 만다라(mandala, 曼陀羅) : 밀교(密敎)에서 발달한 상징의 형식을 그림으로 나타낸 불화(佛畵)를 말한다. 신성한 단(壇:성역)에 부처와 보살을 배치한 그림으로 우주의 진리를 표현한 것이다. 원래는 '본질(manda)을 소유(la)한 것'이라는 의미였으나, 밀교에서는 깨달음의 경지를 도형화한 것을 일컬었다.

니다. 빅 베네딕트는 자기 철도도 있고, 자기 땅이 2억 4천 평이나 됩니다. 자기 기차를 타고 와서 자기 역에서 내려 차로 자기 집까지 가는데도 하루가 걸립니다. 아침에 출발해서 저녁에 집에 도착합니다. 제프는 자기 땅에서 석유를 발견해서 재벌이 되었습니다. 석유 재벌이 된 후에 자기 집에 큰 풀장을 짓고 놀다가 하는 말이 참 인상적입니다.

'나도 석유로 엄청난 부자가 되었다. 그런데 달라진 게 뭐지? 마당에 수영장 하나 생긴 거 외에 무엇이 달라졌지?'

여러분도 한번 생각해 보세요. 과연 여러분 현실에서 뭐가 얼마나 대단하게 달라지는가 보세요. 별로 달라지는 것이 없습니다. 자신이 영적으로 깨어났을 때 외에는 크게 달라지는 것이 없습니다. 그것 말고는 달라지는 것이 아무것도 없습니다. 영적으로 깨어나 새로운 걸 느껴본 사람과 그렇지 못한 사람 사이에는 엄청난 차이가 있습니다.

멸해짐으로써 새로운 탄생을 이룬다.

자기의 고정된 이미지가 깨어졌을 때 감동이 일어나는 이야기가 '자이언트'라는 영화에 나옵니다. 빅 베네딕트 부부가 파티에 갔다 돌아오다가 조그마한 햄버거 가게에 들어갔습니다. 거기에서 일하는 사람이 멕시코 사람들을 쫓아내려고 하는데, 베네딕트가 쫓아내지 말라고 막으니까 당신 일이나 하지 왜 간섭하느냐며 주먹을 휘두릅니다. 그래서 싸움이 붙어서 치고받다가 주먹을 맞고 여지없이 나가떨어집니다. 집에 와서 소파에 누워있는데, 아내가 그 모습을 보며 말합니다.

"당신이 너무너무 사랑스러워요. 당신은 오늘 비로소 영웅이 되었어요."라고 합니다. 그래서 "그게 무슨 말이오? 내가 싸움에서 졌는데 무슨 영웅이란 말이오?"라고 하니까 "당신이 멕시코인을 위해 싸웠잖아요. 오늘 당신이 그들을 위해 싸우다가 음식물 쟁반 위에 쓰러진 모습을 보니 정말로 영웅적이었고 너무나 사랑스러웠어요." 하면서 진실로 사랑을 느낍니다. 인종차별을 하던 그가 시각을 바꾸어 재탄생한 그 모습이 감동을 준 것입니다. 자식들 다 키우고, 손자 키우고 살면서도 느끼지 못한 사랑을 거기에서 느낀 것입니다.

그 '자이언트'라는 서양 영화가 '멸해짐으로써 새로운 탄생을 이룬다.'는 우리 동양사상과 맥을 같이하고 있습니다. 그러니까 그 영화가 최고의 명화가 된 것입니다. 그것처럼 우리가 무엇인가를 완성하고, 그것을 유지하고 누리고 있을 때는 진정한 완성은 아닙니다. 그것이 멸해져서 재탄생해야 비로소 완성되는 것입니다. 다시 말하지만 여러분이 그렇게 새롭게 태어나 지도자가 되고, 세상자를 그렇게 낡은 껍질과 병들로부터 해방시켜야 합니다.

중도에 젖 주는 명을 거두면 실패하고 만다.

여러분, 이 말이 이해됩니까? 이것을 제대로 이해하려면 '젖 주는 명을 잃는 조건이 무엇인가'를 알아야 합니다. 이것은 누구나 알 수 있는 상식적인 이야기입니다. 그러나 지키기 어렵습니다. 먼저, 배신이 명을 잃는 조건입니다. '배신.' 나는 이 세상에서 가장 나쁜 것이 배신이라고 생각합니다. 성경에서도 원죄를 배신이라고 하고 있습니다. 하나님을 배신한 것이 원죄입니다. 내가 이 공부를 가르치면서 가장 크게 좌절할 때가 배신이 일어날 때입니다.

초대를 거절하면 명을 잃는 조건이 된다.

초대하는데 거절하면 젖 주는 명을 잃는 건 당연합니다.

전생업장이 멸하여지지 않아도 명을 잃는 조건이 된다.

전생업장이 멸하여지지 않았다는 것은 새롭게 나려는 나를 잡고 있는 무엇이 붙어있다는 것입니다. 나를 붙들고 있는 것이 있는데 어떻게 나를 온전하게 구할 수 있겠습니까? 지난번에 '전생 소제 1단계'를 했던 것은 바로 그러한 이유 때문이었습니다. 앞으로 2단계, 3단계를 계속 이어서 전생 소제를 할 것입니다. 지금은 2단계가 구체화되어 가고 있는 상황입니다. 구체화되면 여러분에게 이야기하고, 우리 홈페이지에도 올려서 많은 이들이 전생 소제를 할 수 있도록 할 것입니다. 나는 이 전생업장을 털어내는 파문이 여기 중심에서부터 펴져나가서 온 세상자들을 다 건져줬으면 좋겠다는 생각입니다.

종교적으로는 전생의 업장을 닦아내는 것을 굉장히 중요하게 여기고 있습니다. 전생의 업장을 닦기 위해 한 평생 수도하는 곳도 있습니다. 그러나 우리는 다릅니다. 전생의 업장을 닦는 것은 공부를 하기 위해서입니다. 온갖 업장을 너덜너덜 붙여 가지고는 공부가 안되니까 전생 소제부터 하는 것입니다. 우리가 전생업장에서 벗어나야 하는 것은 영적인 진화를 이루기 위해서입니다. 내가 영적으로 높은 단계로 구제되기 위해서 자신의 전생소제부터 하는 것입니다.

저주를 받게 되어도 젖 주는 명을 잃게 된다.

내가 저주를 받는다는 것은 누구에겐가 원한을 심었다는 것입니다. 그런데 원한을 심어도 저주로 되돌아오지 않는 경우도 있는데, 그것은 반사해주는 거울이 없는 경우입니다. 돼지가 뱀을 잡아먹을 때 뱀이 저항하며 돼지를 뭅니다. 그런데도 돼지는 끄덕도 안 합니다. 왜냐하면 돼지는 뱀의 독에 대항하는 항체가 없기 때문입니다. 뱀의 독에 대항을 안 합니다. 대항해서 싸워야 안에서 열이 나고 중독되어 죽을 텐데 돼지는 상대를 안 하니까 끄떡없는 것입니다.

그리고 내가 좋은 일을 했는데 누군가 나를 저주해도 나는 저주를 받지 않습니다. 상대를 안 하니까 저주를 받지 않습니다. 내가 나쁜 짓을 저질렀을 때는 내부에 온갖 갈등과 두려움 등이 일어나면서 저주를 받게 됩니다. 본래 상대가 잘못되기를 기원하는 저주는 매우 강력한 기운으로 형성되어 있습니다. 그런 기운을 계속 받으면 나는 영적으로 응어리지고 탁해져서 좋은 기운을 받을 수 있는 통로가 차단됩니다. 그러면 자동으로 젖 주는 명을 잃게 되는 것입니다.

병㉿은 수력(數力)으로 커지지 않게 해야 한다.

병㉿이라는 것은 고정된 형태로 있지 않고 스스로 발전도 합니다. 그래서 점점 커집니다. 그렇게 커져서 병㉿이 배(倍)로 배로 커지면 구제가 되지 않습니다. 병㉿이 조그마할 때는 제거하면 되는데, 배로, 배로 커져 감당하기 어려운 상태가 되면 구제할 수가 없습니다. 예를 들어, 암세포가 배로 커져서 나보다 커져버렸다면 나를 다 잘라내도 모자라니 절대로 구할 수 없습니다. 그러니까 우리한테 병㉿이 계속 크도록 놔두면 안 됩니다. 작을 때 제거하고 소독해서 구해내야 합니다. 이때 병㉿을 크지 못하게 하는 방법이 있는데 그것은 수력 즉, 수(數)의 힘을 쓰는 것입니다. 수(數)는 각각 의미와 힘을 가지고 있습니다. 1과 3과 5와 7은 그 개념이나 성질이 다르고 지니고 있는 힘도 다릅니다. 일반적으로 수가 높아지면 무거워지고 힘이 커집니다. 그런데 항상 그런 것은 아닙니다. 수를 최소로 끌어내리면 오히려 힘이 커지는 경우도 있습니다. 1은 단순해서 힘이 아주 큽니다. 그래서 우리가 선서를 할 때 앞에 붙이는 번호를 1, 2, 3 이렇게 하지 않고 "하나, 우리는……." 또 "하나, 우리는……." 이렇게 합니다. 힘이란 질량이 커졌을 때도 힘이 되지만 극히 단순화해도 힘이 됩니다. 사람도 마찬가집니다. 다양한 지식과 많은 것을 갖추고 있는 사람도 힘이 있지만 극히 단순화되어 있는 사람도 엄청난 힘을 가지고 있습니다. 경전을 공부해서 다양한 지식을 가지고 있으면서 힘을 갖춘 사람도 있고, 화두 한 가지를 잡고 집중해서 힘을 갖게 된 사람도 있는 것입니다.

수(數) 중에서 자기는 수가 아니면서 다른 수를 크게 하는 수가 있습니다. 그것이 뭘까요? 그렇습니다. '0'입니다. 그래서 어떤 수에 동그라미가 하나씩 붙을 때마다 10배씩 늘어나는 것입니다. 그것이 우리가 얘기하는 ○의 성질과도 유사합니다. 육체적으로 물질적으로 길러놓은 힘은 기른 만큼 커지는데, ○은 실제로 존재하지 않으면서도 실재하는 것과 만났을 때 그렇게 큰 힘을 주는 것입니다. ○은 숫자가 아니라 사상(思想)입니다. ○은 아라비아에서 나온 것이 아니라 인도에서 나왔습니다. 아라비아에서 숫자를 완성하기 위해 ○이라는 인도 사상을 받아들인 것입니다. 그래서 십진법이 생긴 것입니다.

그런데 수(數)를 가지고 어떤 것을 제한할 수도 있습니다.
자, 한번 생각해봅시다. 3진법을 쓰면 수가 3을 넘지 못합니다. 기껏 커봐야 2까지 갔다가 다시 0으로 갑니다. 1로, 2로 갔다가 2에서 다시 0으로 돌아가기를 반복합니다. 엄청나게 제한하는 힘을 갖고 있는 것입니다. 앞으로 여러분이 공부하는 과정 중에 수를 쓰는 방법도 배우게 될 것입니다. 어떤 수를 쓰면 기운을 중화시키고, 어떤 수를 쓰면 기운을 배가시키는 등의 수리에 대한 공부를 할 것입니다. 예를 들어, 5는 기운을 중화시키는 힘을 가지고 있는데, 그 작용을 두 배로 증폭시키려면 어떻게 하면 될까요? 그때는 5를 하나 더 쓰면 됩니다. 7이라는 숫자를 쓰면 어떤 氣를 세상에까지 구체화시키는 힘을 가지고 있습니다. 그런데 ○으로부터 풀려나온 氣가 8이 되면 그 기운이 흩어집니다. 7까지 오면 구체화되어서 남는데 8에 가면 흩어져 버리는 것입니다. 그렇게 해서 9까지 가면 마무리되어 버립니다. 더 이상 성장이 안 되고 마무리되어 원래의 자리로 되돌아 가버립니다.

 이런 것들이 수리(數理)입니다. 이것은 앞으로 여러분이 공부할 내용입니다. 어쨌든 병㉪을 수력으로 발전하지 못하게 해야 하며, 질주하지 못하게 하여야 합니다. 병㉪이 제 맘대로 질주하게 내버려둬선 안 됩니다. 수에 깊이 다가가려고 애써 보시기 바랍니다. 그렇게 해서 그 뜻을 터득하면 자유자재로 쓸 수 있게 될 것입니다.

 (잠시 휴식시간을 갖고)

큰스승님 : 병㉪에 대해서 계속 공부하겠습니다. 우리가 살아가다 보면 무너뜨리고 부수고 흩트리는 기운을 가진 사람들을 만나게 됩니다. 그런 사람들이 나와서 일의 성과를 못 내게 하거나 가로채려 합니다. 그렇게 만드는 것이 ㉪입니다. 그럴 때를 대비해 ㉪ 처리법을 배우는 것입니다. 이제부터 우리는 ㉪ 중에서도 병㉪에 대해 공부할 것입니다.

 우선, 병㉪이 어디에 붙어 있을까요?

제자 : 정신과 육체와 영적인 모든 곳에……

큰스승님 : 그렇습니다. 병㉪은 '틈', '틀', '터' 어디에든 다 끼어 들 수 있습니다. 그래서 우리가 병을 체크할 때, 틈·터·틀을 나타내는

◈ 이것을 가지고 체크합니다. 그래야 병의 근원을 제대로 밝혀낼 수 있습니다. 단지 몸에서만 병의 원인을 찾으려고 해서는 안 됩니다. 그것이 지난번에 공부한 **'생명장 이론'**[1] 의 기초였습니다. 그때 **'기형(氣形)'**[2]을 그리고 난 다음에 틈, 터, 틀에서 그 원인을 체크해 보라고 했습니다. 그런데 아마 처음부터 잘 되지는 않았을 것입니다. 왜 그런가 하면, 거기에는 반드시 ○력이 뒷받침되어야 하기 때문입니다. 원리를 안다고 누구나 정확히 해낼 수 있는 것은 아닙니다. 원리를 알아도 해낼 수 있는 힘이 있어야만 합니다. 그것은 아무리 좋은 사업 아이디어가 있어도 그것을 실행할 힘이 없으면 못하는 것과 같습니다.

자, 병㉠이 '틈'에서 체크되었다고 합시다. 그것을 구체적으로 어떻게 이해해야 될까요?

제자 : 영적인 부분에 병적인 기운이 있다는 뜻으로 이해됩니다.

큰스승님 : 먼저 틈 속에 병㉠이 있으면 약을 써서는 낫지 않습니다. 일시적으로 증상이 진정될 수는 있지만 이내 다시 드러납니다. 영적인 영역이나 생각 등 의식적인 것, 그리고 감정적인 문제 등에 이르기까지 비물질적인 부분들에 원인이 있기 때문에 그런 부분들을 처리해

---

1. 생명장 이론 : '터'와 '틀'과 '틈'으로 된 세상장(世上場)에서, '몸기'와 '영기'와 '지기'로 이루어진 생명장을 조화롭고 균형 있게 운영함으로써 온전한 생명활동을 할 수 있다는 이론.
2. 기형(氣形) : 氣의 장(場)으로 이루어진 생명장을 그림 형식으로 시각화한 것이다. 우리는 기형 점검을 통해 부조화의 모든 원인을 파악할 수 있다.

야 합니다. 물론 틈 속의 병ⓐ이 물질화되어 몸에까지 드러난 경우에는 몸의 치료를 병행해야 하지만, 근본 원인인 틈 속의 병ⓐ을 제도하지 않으면 안 됩니다. 이 틈의 문제는 사실 굉장히 중요하면서도 깊이 깨닫지 않으면 제대로 처리하기 어려운 부분입니다. 다음에 더 깊이 들어갈 기회가 있을 것입니다.

다음에, '틀'에 부착된 병ⓐ으로부터 비롯된 기운이 병이 되어 드러난 경우가 있을 수 있습니다. 내가 가지고 다루고 사용하는 것들이 다 '틀'입니다. 물론 틀은 물질로 구성되어 있습니다. 반면에 사람의 마음을 움직일 수 없어서 병이 되었다는 것은 틀의 문제가 아니라 영적인 요소와 관련된 것입니다. 틀이라는 것은 반드시 물질로 된 것이면서 동시에 움직일 수 있는 것이어야 합니다. 완전히 딱 붙어 있어서 절대로 움직일 수 없는 것은 틀이 아닙니다. 틀은 상대적인 것입니다. 나에게는 틀이었던 것이 남에게는 터가 될 수도 있습니다. 틀이었던 것 위에 무엇이 움직인다면 그 틀은 움직이는 것의 바탕이 되어 '터'가 되는 것입니다. 이것 역시 찾아 들어가면 무궁무진합니다. 이런 도리를 여러분이 터득해 들어가야 합니다. 내가 미리 다 설명해 주면 머리로만 알고 실제로는 아무것도 못하게 되는 수가 많습니다. 그러니 스스로 터득해 가도록 해서 잘 써 보시기 바랍니다.

그다음에, 나에게 영향을 주는 것 중에는 '터'가 있습니다. 터는 자기에게 영향을 대단히 많이 주는 요소입니다. 가장 큰 영향을 미치는 요소는 영적인 것이고, 영적인 요소 다음으로 영향을 많이 주는 것이 터입니다. 물질로 구성된 틀은 내가 한동안 안 볼 수도 있습니다. 안 보려면 감춰놓거나 떼어놓으면 됩니다. 그러나 터는 떠나기 어렵습니다. 어떤 터든지 계속 붙어 있어야 합니다. 터 중에서도 내가 가장 많이 머무는 '집터'가 가장 중요합니다. 그중에서도 '잠터'가 더욱 중요합니다. 잠을 어디에서 자느냐 하는 것이 아주 중요합니다. 그다음은 '일터'입니다. 그런데 사실 요즘은 집터보다 일터에서 영향을 더 많이 받습니다. 일터에는 수많은 틀이 있습니다. 거기에서 일어난 일들과 사람들 관계 등등이 상당한 영향을 줍니다. 그러니까 요즈음은 일반적으로 일터, 잠터, 집터 순서로 영향을 받습니다. 이 밖에도 나에게 영향을 주는 터가 또 있는데 거기가 어디일까요?

제자 : 쉼터가 아닐까요?

큰스승님 : '묘터'입니다. 묘터는 그 땅의 지기가 직접 영향을 미치는 것이 아니라 선조의 유전적인 성질과 관련하여 영향을 미칩니다. 사람은 일순간에 죽는 것이 아니라 죽어가는 것입니다. 이 말이 이해됩니까? 사람의 죽음을 진단하는 방법이 심장의 박동 여부, 동공과 항문이 열려 있는지의 여부 등 여러 가지가 있는데, 사망 진단이 내려지면 그만이라는 생각이 일반적입니다. 그러나 사실은 그렇지 않습니다. 죽었다고 생각했는데 살아난 경우도 많이 있습니다. 또 완전히 죽었다고 진단이 내려졌어도 아직 몸은 그대로 남아 있습니다. 몸까지 완전

히 소멸된 것은 아니라는 것입니다. 사람이 죽고 나서 완전히 분해될 때까지 유해(遺骸)가 남아 있는 것입니다. 그렇게 남아 있는 부분들은 계속해서 파(波)를 내며 진동합니다. 죽은 사람의 남은 파동이 무엇과 공명하겠습니까? 유사한 파동을 가진 가족들과 공명합니다. 그런 이유로 죽은 사람이 자손에게 영향을 미치는 것입니다. 죽은 사람의 근육이나 뼈 등이 상당한 기간 동안 남아 있습니다. 그렇게 남아 있는 부분들이 진동하면서 자손들에게 영향을 미치는 것입니다. 유전적으로 같거나 유사한 관계에 있는 사람과의 공명현상이 일어나는 것입니다. 그러니까 묘터를 잘못 조성하면 그 묘터의 지기(地氣)가 선조의 파동에 실려 자손에게 전달되어 교란현상을 일으키게 됩니다. 하지만 아주 오래된 묘터로부터는 영향을 받지 않습니다. 10대 할아버지나, 경주의 천마총 등은 영향을 안 미칩니다. 옛날에는 5대까지 영향이 살아 있을 것이라고 보았는데, 언젠가부터 3대까지라고 하다가 요즈음은 더 줄어들고 있습니다. 3대까지 이어지던 것이 2대로 줄어들고, 2대가 1대까지로 줄어드는 등 영향을 미치는 시간 간격이 줄어드는 것이 나는 옳다고 생각합니다. 어떤 현상이든 시작점에서부터 결과 쪽으로 가면 갈수록 파동이 급박하고 조밀하게 됩니다. 파동이 조밀하게 되기 때문에 기간이 짧아도 파동을 펼쳐보면 길이는 같습니다. 사실 옛날의 100년이 지금의 1년만큼도 안 됩니다. 그렇게 파동이 조밀해지고 있습니다. 이렇게 파가 조밀하기 때문에 우리는 변화를 극심하게 느낍니다. 금방금방 변하는 것을 느끼는 것입니다. 그래도 아직은 변화의 속도가 인간이 수용할 수 있는 능력 안에 있습니다. 예를 들면 지금도 컴퓨터가 바뀌는 속도가 엄청나지만 아직은 수용할만합니다. 그런데 오늘 아침에 컴퓨터를 샀는데 오늘 저녁에 새 컴퓨터가 나오면 어떨까요? 배우기도 전에 바뀌고, 바뀌고 하면 제대로 쓸 수가 없습니다. 지금 가장 두려운 것이 변화의 속도입니다. 사실 지금도 최첨단에 서 있는 사람들은 눈이 핑핑 돌아가고 있습니다. 우리는 한참 뒤에 따라가니까 모르고 있습니다. 그렇게 급박한 속도가 보편화되어 우리에게까지 왔을 때를 생각해 보세요. 지금 최첨단에서 달려가고 있는 사람은 정보 하나 놓치면 대단한 충격을 받습니다. 최첨단에서 개발하고 있는 사람이 누가 무엇을 개발하고 있는지 그 정보 하나를 놓쳐버리면 애써 연구해봐야 아무 소용이 없게 됩니다. 내일 발표하려고 했는데 오늘 다른 사람이 발표해버리면 완전히 헛수고가 되어버리는 것입니다. 그래서 지금을 '정보 전쟁'이라고 하는 것입니다.

여러분, DNA 유전자를 가지고 컴퓨터를 만들고 있다는 소식을 들었습니까? AGTC 네 개의 유전자 부호들이 결합하려고 하는 요소 외에는 결합하지 않는 성질을 이용해서 특수칩을 만드는 것입니다. 유전자 부호를 조립해서 닫히게 하거나 열리게 하여 목적에 맞게 쓰는 것입니다. DNA 컴퓨터를 응용하면 다른 것에는 전혀 영향을 주지 않고 암세포만 공격하게 할 수도 있습니다. 항암제를 털어 넣어서 성한 부위까지 상하게 하면서 암세포를 제거하는 것이 아니라 미사일 식으로 정해진 것만 공격하게 하는 것입니다. 그런 것을 유전자 부호로 만드니 칩이 아주 작아집니다. 그렇게 되면 이것들이 전부 인체 속으로 들어오게 됩니다. 그야말로 컴퓨터가 우리 인체로 들어오는 것입니다. 세포 하나 속에 있는 유전자만 해도 어마어마한 양입니다. 내 전체를 만들 수 있는 유전자가 다 들어 있습니다. **엮은이 註**[1]

인간이 지금 거기까지 가고 있습니다. 인간이 인간을 완벽하게 만들어 낼 수 있는 상황으로 급속히 치닫고 있는 것입니다

여기에서 진화론에 대한 의문이 생깁니다. '우리가 정말 원인류(猿人類)에서 인간으로 진화한 것일까? 아니면, 우리보다 훨씬 고도의 지능체가 있어서 우리를 창조해 내었을까?' 하는 의문입니다. 지금 우리 인간이 이 정도인데, 그런 가정이 불가능하겠습니까? 나는 있을 수 있다고 봅니다. 지금 창조론과 진화론이 극적으로 대립하고 있습니다. 우리는 창조론은 못 배우고 진화론만 배웠습니다. 그런데 진화론을 이해하는 데 도저히 풀리지 않는 문제가 있습니다. '모든 것이 진화한다면 왜 중생대 쥐라기(Jurassic Period) 때의 상어는 아직까지도 바다에서 살아가는가?', '왜 고생대의 해파리가 아직까지 진화를 하지 않고 바다에 그대로 살아가고 있는가?' 하는 등의 문제입니다. 정말 진화론이 진리라면 모든 것이 진화해 왔어야 하고, 진화하지 않은 것은 도태되어야 하지 않을까요? 만약에 진화를 해서 성공하는 것은 살

1.엮은이 註 : DNA, 단백질, RNA 등 세포 안에서 찾을 수 있는 물질들로 회로를 만들어서 컴퓨터처럼 사용하고 자유롭게 조작할 수 있게 한다는 몇 차례 연구가 있었다. 세포 내에 이러한 정교한 장치를 구축하기는 어려우며, 단순한 계산은 가능할 수 있으나 현재의 기술로 이를 확장해 범용성을 갖추기는 쉽지 않다. 2017년, RNA만 이용하여 간단한 논리 회로를 만들어 범용화 가능성을 제시한 논문이 네어처지에 발표되었고, 2018년에는 DNA 나노 로봇팔을 개발했다고 사이언스 학술지에 발표되었다.

아남고 실패하는 것은 도태되었다면 이 지구상에는 최후에 남은 단 한 종만 있어야 하지 않을까요? 그런데 선캄브리아기에 출현한 박테리아, 바이러스 이것들이 인간보다 더 지혜로워서 인간을 꼼짝 못하게 하고 있는 측면도 있습니다.

자, 여기에 DNA 로봇이 있다고 합시다. 어떤 조건에서는 닫히고 어떤 조건에서는 열리고 하는 DNA 로봇을 우리 몸속에 심으면 그 로봇이 다니면서 온갖 걸 다 합니다. 병 세포하고 싸워서 병을 치료해 냅니다. 말이 로봇이지 완벽한 생명체와 같습니다. 우리가 광우병을 두려워하는 이유가 뭘까요? 광우병 바이러스는 단백질이 없습니다. 그래서 구워도 삶아도 안 없어집니다. 부호만 있습니다. 그 바이러스가 박테리아로 들어가서 그 속에서 자기를 복제해서 나옵니다. 그러면 막을 길이 없습니다. 자, DNA로 만든 로봇은 생명체입니까? 아닙니까? 생명체라고 할 수 있습니다. 생명이라는 개념도 우리가 옛날에 배울 때는 너무 단순하게 배웠습니다. 단순하게 배워서 생명이 뭔지를 모르고 지금까지 온 것입니다.

나는 사람들이 유전자 칩을 인간에게 심으려고 하는 것을 보고 놀랐습니다. 우리는 지금 상상을 불허하는 시대에 살고 있는 것입니다. 지금 인간은 거기까지 접근해가고 있습니다. 요즘은 감정을 가진 로봇도 만들고 있습니다. 분명히 로봇인데, '이리와' 하면 오고, 무섭게 '으르릉' 하면 깜짝 놀라서 비명을 지르며 도망칩니다. 로봇 안에다가 그런 정보에 반응을 할 수 있는 DNA를 심는 것입니다.

사실 우리도 그렇게 되어 있습니다. 어른이 겁내는 것을 아이는 오히려 겁을 안 냅니다. 어른은 더러워서 못 먹는 똥도 아이는 먹습니다. 그것은 정보가 있고 없고의 차이입니다. 로봇이 공부하는 것과 인간이 공부하는 것이 별 다를 게 없이 되어 가고 있습니다. 지금 인간이 우리 몸 부위 중에서 못 만드는 부분이 그렇게 많지 않습니다. 아직 못 만드는 기관이 무엇일까요?

제자 : 아직 뇌를 만들지 못합니다.

큰스승님 : 그렇습니다. 뇌와 눈의 각막 등을 제외하면 피부, 살, 심장, 신장 등 다 만들 수 있습니다. 각막이나 뇌도 머지않아 만들 수 있으리라 생각합니다. 여기에서 속도의 문제로 다시 돌아가 봅시다. 우리가 이런 대단한 능력을 갖기 시작한 것은 불과 몇십 년입니다. '왓슨(James Watson)'과 '크릭(Francis Crick)'이 DNA 구조가 이중나선으로 꼬여있다는 것을 얘기한 것이 얼마 안 됩니다. 그런데 불과 몇십 년 만에 복제 생물이 나오고, 지금은 DNA를 조립해서 만든 생물이 나오고 있습니다. 단세포 생물이지만 완벽한 창조물입니다. 우리는 이런 엄청난 시대에 살고 있으면서도 이 엄청난 시대의 것을 향유하지 못하고 살아갑니다. 깨닫지도 못하고 누리지도 못하고 살아갑니다. 먹고살기 바빠서 그렇게 살고, 눈이 떠지지 않아서 그렇게 살아갑니다.

나는 이런 극심한 변화의 시기, 창조의 시대를 살아가고 있으면서도 미래를 바로 보지 못하고 일상에 안주해버리거나, 먹고살기에 급급해하며 살아가고 있는 사람들이 대부분이라는 것이 정말 안타깝습니다. 나는 사람들에게 이런 것을 일깨워주고 싶습니다. 그래서 다음과 같이 말하고자 합니다.

"여러분이 살고 있는 삶이 어떤지를 바로 보라. 그 삶이 여러분을 어떻게 만들어 가고 있는지를 바로 보라. 눈을 뜨면 어마어마한 세계가 널려 있다. 그러니 눈을 떠라." 이것이 내가 말하고자 하는 것의 기본입니다.

"너 자신을 보고, 나아가서 이 세상을 보라."

이번 공부 과정 중에는 세상 모순을 점검하는 시간도 들어 있습니다. 눈을 뜨고 세상을 보라는 것입니다. 자신과 세상을 바로 보고 세상에서 무엇을 놓고, 무엇을 추구하며 살아갈 것인지를 결정하라는 것입니다. 일상적인 생활이 전부인 것으로 생각하고 거기에 묻혀 사는 사람과 그래도 시간을 내서 무언가 새로운 것을 추구해 보겠다는 태도를 가진 사람이 얼마나 다른지 깊이 생각해 보라는 것입니다. 자신을 밝히고, 자신의 영혼을 높여가고, 스스로 성장해 나가는 것이 주인 된 삶입니다. 나머지는 그것들을 위한 보조적인 것이어야 합니다. 그런데 대부분의 사람들은 반대의 삶을 살아가고 있습니다.

예를 들어 보겠습니다. 어떤 사람이 강에서 배를 타고 가는데 어느 순간 유속(流速)이 빨라집니다. 보니 앞에 폭포가 있는 것입니다. 깜짝 놀라서 안 떨어지려고 반대로 노를 젓습니다. 하지만 아무리 저어도 자꾸자꾸 그리로 밀려갑니다. 곧 떨어지려 하는데 어느 순간에 배가 멈추어서 안 내려갑니다. 그래서 보니까 얼음이 얼어 있는 것입니다. 그것처럼 위기에서 자기 힘으로 벗어날 수 없으면 급하게 흘러가는 이 흐름을 멈춰야 합니다. 그런데 이 흐름이 어디에 있느냐? 우리의 의식 속에 있고 우리의 삶 속에 있습니다. 내 의식과 생활 속에 있는 숨 막히는 흐름을 멈춰야 내가 살아날 수 있습니다. '달려야 한다.', '배를 저어야 한다.', '누구를 만나야 한다.', '무슨 일을 해야 한다.'라며 쫓고 쫓기는 삶으로부터 벗어나야 합니다. 어떤 사람은 공부를 하다가도 "오늘 누구를 만나야 해서 미안합니다."라고 하면서 돌아가는 경우를 봅니다. 물론 먹고 사는 문제가 정말로 절박한 경우도 있습니다. 그러나 그렇지 않은 경우에도 재물을 모으고, 세상 위치를 높이는 데 인생의 대부분을 보내는 사람들이 대부분입니다. 이것이 문제입니다. 어느 정도 절박한 상황을 벗어나고 생활의 기초가 잡혔는데도 머릿속으로는 계속 그것밖에 생각을 안 합니다. '벌어야 한다.', '모아야 한다.', '올라가야 한다.' 우리는 거기에서 깨어나야 합니다. 세상은 허무한 것이니 오로지 수도에 전념해야 한다는 이야기가 아닙니다. 옛날 현자들의 이야기가 왜곡되어 전해져서 그렇게 알고 있는 사람들이 많습니다. 무조건 하나님을 믿고 따르라는 사상으로부터도 벗어나야 합니다. 세상 모든 것을 공(空)으로 보는 사상으로부터도 벗어나야 합니다. 그저 흘러가는 대로 자신을 맡기라는 사상으로부터도 벗어나야 합니다. 이것이 개혁입니다. 이것이 혁명입니다. 우리의 삶

속에서 개혁이 일어나야 하고, 우리의 마음속에서 영적인 혁명이 일어나야 합니다. 끊임없이 쳇바퀴처럼 도는 삶 속에서 남아도는 시간에 무엇을 해보겠다는 생각은 낭만적인 생각입니다. 그렇게 해서는 혁명이 일어나지 않습니다. 개혁이 되지 않습니다. 변화되지 않습니다. 새롭게 나지 못합니다. 자기한테 혁명이 일어나면 지금까지와는 완전히 달라집니다. 어제까지 알 수 없었던 것이 저절로 알아지게 됩니다. 그렇게 알게 되는 것입니다. 그렇게 깨닫게 되는 것입니다. 그렇게 자기에게 새로운 세계가 열리게 되는 것입니다. 그런 변화가 일어나야 합니다.

여러분이 여기서 공부를 해도 영적인 새로운 세계가 열리지 않으면 항상 쳇바퀴 돌기만 계속합니다. 진실로 새롭게 나야 새로운 세상이 열립니다. 새롭게 나는 방법 중에 아주 좋은 방법이 있습니다. 우리가 씨앗을 싹트게 하려면 따뜻하게 해주고 물을 주면 됩니다. 그러면 우리가 새롭게 나는 방법은 뭘까요? 우리가 새롭게 나는 멋진 방법은 사랑하는 것입니다. 싸워서 독이 바짝 올라있을 때는 뭘 봐도 새롭게 보이지 않습니다. 오히려 세상 모든 것이 밉고 꼴도 보기 싫습니다. 그러면 열리던 세계도 닫히고 맙니다. 그런데 사랑을 하고 있을 때는 왠지 모든 것이 새롭게 보입니다. 이걸 봐도 예쁘고 저걸 봐도 예쁘고, 이것도 신선하고 저것도 신선합니다. 바람이 살랑살랑 불어 살갗이 간질간질한 것이 그렇게 기분이 좋을 수 없습니다. 병ⓒ이 제거된 상태가 바로 그런 상태입니다.

그렇듯이 사랑을 하면 새롭게 날 수 있습니다. 사랑을 하려면 우리 마음속에서 미움을 털어내야 합니다. 그렇게 우리가 새롭게 나려고 하니까 병을 없애야 합니다. 내가 새롭고 온전하게 나려면 덕지덕지 병들어 있는 나를 치료해야 합니다. 상처 나고 찢기고 독이 들고 오물이 덕지덕지 낄린 세상에서 병을 털어내야 합니다. 그것이 이 시대의 지도자가 가져야 할 능력입니다. 틈, 틀, 터로 이루어진 세상에 스며있는 병들을 쓸어내야 합니다.

병ⓐ 처리를 위한 첫 번째 방법으로 여러분 집에 가서 집 구석구석을 청소해 보세요. 쌓인 먼지들이 구석구석에 끼어있을 것입니다.

내가 불광사라는 절의 주지스님 초청으로 가서 설법을 할 때였습니다. 그 절에서 내가 법문을 하면 다른 절에서도 신도들이 와서 같이 들었습니다. 그러자 그쪽 절 주지스님이 이쪽 절에 와서 "아이고, 우리 신도들이 이리로 다 와서 우리 부처님은 어떻게 하나?"라고 하니까 듣고 있던 이쪽 절 주지스님이 "그러면 그 부처님을 이리로 모시고 오시지요."라고 했습니다. "그러면 여기 부처님은 어쩌죠?" "우리 부처님은 내다 버리지요." 그것이 다 법문입니다. 겉에 드러난 상에 놀아나지 말라는 깨우침이었던 것입니다.

내가 "우리가 앉아있는 이 자리부터 소제를 합시다."라고 하면서 청소를 시작했습니다. 팔을 걷어붙이고 닦으니까 땟물이 그렇게 많이 나올 수가 없었습니다. 찌든 땟물을 닦아내니까 기둥에서 단청(丹靑)이 드러났습니다. 깨끗이 닦으니까 그 속에 그렇게 아름다운 것이 들어있었던 것입니다. 사람들이 모두 감탄을 했습니다. 청소를 다 했다고 해서 보니까 불상은 아무도 닦지 않았습니다. 그래서 내가 "저 불상은 왜 청소를 하지 않았습니까?"라고 했더니 "우리가 어떻게 불상 위에 올라갑니까?"라고 하는 것이었습니다. 그래서 "불상은 우리가 본받아야 할 모습인데 저렇게 때를 묻혀놓아서야 되겠습니까?"라고 했더니 여자 신도들이 '와' 하고 올라가서 걸레로 닦으니까 거기서도 시꺼먼 먼지가 나오는 것이었습니다. 정말 신나는 하루였습니다.

그다음에 내가 "오늘 여러분이 나에게 뭘 배웠습니까?"라고 물으니까 "우리를 깨끗이 닦으면 그 속에 아름답고 빛나는 것이 들어있다는 것을 배웠습니다. 우리를 닦아야 한다는 것, 그리고 우리가 경배할 대상과 우리가 본받아야 할 대상이 무엇인가를 알았습니다. 부처님은 우리 속에 있고, 우리가 지금까지 절을 했던 것은 우리가 본받으려고 표상으로 만든 불상이었다는 것을 깨달았습니다."라고 하는 것이었습니다. 그래서 내가 "부처님이 여러분 속에 있다는 것을 깨달았으면 됐습니다."라고 했습니다. 그랬더니 신도들이 '와' 하고 일어나더니 불상을 들고 밖으로 나가 산에 버리고 왔습니다. 좀 심했지요? 그래서 "여러분, 너무 심했습니다. 나한테 필요 없다고 갖다 버릴 것까지야 없잖아요. 그래도 여러분이 지금까지 애정을 가지고 경배하던 대상인데, 그걸 깨달았으면 되었지 내다버릴 것이 무엇입니까? 사실 그 또한 공부입니다. 내가 스승에게 다 배웠다고 해서 스승을 버리지는 않지 않습니까?"라고 했더니 다시 들고 들어와서 제자리에 가져다 두었습니다.

우리는 삶의 과정 전체를 공부화해야 합니다. 공부라는 것은 지식을 취득하는 것만이 아닙니다. 그런데 우리나라 교육자들의 의식이 예전에는 너무 낮았습니다. 한때는 학교 수업 일수에서 소풍, 운동회 이런 것은 제외했었습니다. 그 말은 수업 일수를 짜는 사람의 머리에는 책으로 된 것을 배우는 것만 수업이라는 생각이 들어 있었던 것입니다. 인간과 인간이 서로 교류하거나, 영적인 교감을 불러일으키거나, 배운 것을 실천에 옮기는 장(場)은 수업으로 여기지 않았던 것입니다. 지금 여러분이 하고 있는 공부도 마찬가지입니다. 조(組)를 짜고 풀고, 법문을 듣는 이런 모든 과정들 하나하나가 모두 공부입니다. 눈을 열고 이 모두를 공부화해야 합니다. 아침에 일어나서 밥 먹고 청소하고 출근하고 전철이나 버스에서 시달리고, 또 장사를 하면서 만나는 사람과 대화하는 것 모두를 공부화해야 합니다. 그것이 진실로 공부하는 자세입니다. 그런 열린 시각을 갖지 못한 사람은 뒤쳐질 수밖에 없습니다. 모든 것을 공부화해야 짧은 인생에서 우리의 영혼을 극적으로 높일 수 있습니다. 그러니 지금부터 여러분의 삶 전체를 공부화해보시기 바랍니다. 여러분의 삶이 달라집니다. 지금까지 만나왔던 사람도 다르게 대해지고, 지금까지 보아왔던 것도 다르게 보이고, 내가 하고 있는 일도 달라집니다. 오늘 손님을 만나면 손님 만나는 공부를 하고, 집에서 설거지를 하면 설거지하는 공부를 하고, 사랑하는 사람과 있으면 사랑하는 공부를 하는 것입니다. 그것이 우리를 거듭나게 합니다.

병ⓙ은 세상 구석구석에 끼어있습니다. 내가 다루고 있는 틀에도 끼어있을 것입니다. 어떤 물건을 들추어보면 그 밑에 먼지가 수북이 쌓여있을 것입니다. 청소해 보면 '이것이 내게는 필요 없는 것이로구나.' 하고 정리를 하게 됩니다. 또 창고를 열어서 쓰지 않고 쌓아 두었던 것들을 주위에 나누어주어야 합니다. 그것이 진정한 '방생(放生)'입니다. 그냥 의미 없이 쌓아두는 것은 '살생(殺生)'입니다. 우리 입었던 옷들, 아이들이 가지고 놀던 아직 멀쩡한 장난감들을 다 나누어 쓰도록 해야 합니다. 이렇게 열어야 자기에게 새로운 세상이 열립니다.

자기 마음속을 들여다보면 시기하고 질투하는 마음, 미워하고 독을 품고 있는 마음 등이 있습니다. 생각도 삐딱해서 조금만 걸리는 것이 있으면 상대를 인정해주지도 않고 보완해주려고도 하지 않고 깎아내리고 무시합니다. 자신을 잘 들여다보면 고쳐야 할 부분이 많을 것입니다. 그 마음과 생각과 감정 속의 찌꺼기들을 털어내는 것이 틈 속의 병㊛ 소제입니다.

그런데 고치고 싶다고 해서 마음이나 생각이나 감정 등이 쉽게 바뀌는 것은 아닙니다. '미움을 없애자!', '아, 다 없어졌네.' 그렇게 안 됩니다. 감정도 외롭고 쓸쓸한 상태에서 '아, 기쁘다!'라고 한다고 바로 기뻐집니까? 그렇지 않습니다. 우리는 인간입니다. 숨이 끊어지고 나서도 완벽하게 소멸되려면 3대 4대 내려가야 하는데, 자기가 가지고 있는 영적인 요소들, 자기가 가진 사상, 모든 감정들이 일순간에 반짝 빛났다, 없어졌다 하겠습니까? 많은 노력이 필요합니다. '짠' 하고 순간적으로 빛나는 사람보다 끊임없이 노력하는 사람이 아름답습니다.

가슴 아파 죽을 지경인데도 다른 사람들에게 지장을 안 주려고 속으로 끙끙거리고 있는 그 모습이 우리한테 교훈이 됩니다. 예수님이 십자가에 매달려서 고통스러움을 견디고 있는 그 모습이 우리에게 진한 교훈으로 남아 있는 것입니다. 스스로를 하나님의 아들이라고 선언했고, 많은 사람이 자기를 하나님 같이 섬기고 따랐는데도 마지막에 예수님이 뭐라고 했습니까. '엘리, 엘리 라마 사막다니!', '아버지, 아버지, 왜 저를 버리시나이까!' 였습니다. 그게 감동적인 인간의 모습인 것입니다. '아! 저렇게 견디며 자기를 발전시키고 영적으로 승화하기 위해 노력하는구나. 저런 아픔을 견디면서도 자신의 믿음을 지키려고 노력하는구나. 저런 배반을 당하고서도 저렇게 그 길을 가는구나.' 그것이 감동을 주는 것입니다. 우리가 공부해야 하는 것이 바로 그런 것입니다. 물론 어떤 경지를 넘어서면 특별한 능력을 가지게도 됩니다. 그게 가능하다는 것을 나는 그동안 수없이 증거 해 왔습니다. 여러분도 그렇게 될 수 있습니다. 그러려면 그렇게 노력하는 모습을 본받지 않으면 안 됩니다. 어떤 상황, 어떤 고통 속에서도 그 길을 끝내 견디며 가려는 자세가 중요한 것입니다.

여러분이 나중에 지도자가 되어 세상 사람들을 일깨워 줄 때도 그런 것을 일깨워 줘야 합니다. 여러분이 세상 사람들한테 무엇을 조치해 줘서 아픈 사람을 낫게 해주는 그런 생각으로는 세상 사람들을 영적으로 일깨울 수가 없습니다. 기적은 사랑을 실천해 가는 과정에서 일어나는 하나의 현상에 불과합니다.

병㊀ 처리는 소리로 하십시오.

다시 병㊀의 문제로 돌아가 봅시다. 틈, 틀, 터 속에 끼어있는 먼지, 때, 독을 전부 소제해 내는 것이 기본입니다. 이것이 기본인데 어느 차원을 넘어가면 그 처리가 소리로 됩니다. 그것이 '병㊀을 소리로 조치한다.'라는 뜻입니다.

어떤 의사는 환자가 호소하는 것을 들어만 줘도 낫습니다. 환자가 호소하는 이야기를 듣고 나서 "자, 이제 되었습니다. 가보세요." 하면 낫습니다. 이것이 소리로 하는 것입니다. 사실 소리로 하는 것이 최상의 처리법입니다. 이것을 여러분이 공부하는 과정 속에서 경험할 수 있을 것입니다. 병들어서 힘들어하는 사람한테 가서 얘기 좀 해 주고 같이 놀아주고 왔는데, 그 사람이 이튿날 벌떡 일어났습니다. 병이 나아버린 것입니다. 약이나 침을 준 것이 아닌데 병이 나은 것입니다. 그것이 그 사람이 가지고 있는 영력의 힘입니다. 영력이 소리화된 것입니다.

자, 이제 한 단계 더 들어가 봅시다. 치료하는 음악들의 경우 대체로 음악의 천재들이 만든 작품을 많이 씁니다. 그런데 치료하는 음악들은 과격하지 않습니다. 과격하고 째지고 깨지는 소리가 아니라 아름답고 깊고 부드럽습니다. 그러면 내가 다른 사람을 치료하려고 할 때 고함지르고 깨지는 소리를 하면 치료가 될까요? 아닙니다. 그야말로 아름답고 부드러우며 온갖 멋진 상상을 불러일으키는 소리들이어야 합니다. 그 사람의 말을 가만히 듣고 있으면 마음이 아주 편안해지고, 온갖 세계가 열리게 되어야 병이 낫는 것입니다. 거칠고 강한 말들은 적을 몰아낼 때 쓰는 소리입니다. 적을 몰아낼 때 아름답게 얘기를 하면 적이 물러가겠습니까? 무당들이 칼을 쓰는 것을 본 적이 있을 것입니다. 물을 퍼붓고 욕을 해가면서 칼을 집어 던집니다. 그것이 적을 몰아내는 방법입니다. 하지만 스스로 활력을 키워서 병을 낫게 하는 것은 그렇게 해서는 안 됩니다.

그렇다면 병㉠은 어떨까요? 한번 소리화 해 봅시다. 스스로 활력을 키워서 살아나게 하는 소리처럼 아름다운 소리일까요? 적을 물리칠 때 쓰는 소리일까요? ㉠을 몰아내는 것은 강하고 찢어지는 그런 큰 소리입니다. 겁나는 소리입니다. 기합을 넣듯이 '아악~' 이런 소리입니다. 사람이 겁을 먹으면 왜 순간적으로 '악' 하는 비명을 지르는지 아십니까? 그것은 소리를 써서 자기한테 못 오게 막는 것입니다. 그러다가 안 되면 기절해 쓰러져 버리는데, 그것은 자기가 먹을 가치도 없다는 것을 알리려는 것입니다. 우리가 마구 고함을 지르는 것은 자기가 거부해야 할 것을 거부하고, 자기에게 침입하는 것을 막기 위한 본능적 대응입니다. 집에 가서 한번 해 보세요. 다른 사람을 놀라게 하지 말고 이불을 뒤집어쓰고 녹음기를 들고 들어가서 '병㉠을 조치하는 소리를 하겠다.'라고 생각하고 가만히 있어보면 소리가 나오게 되는데, 처음에는 좀 이상한 소리가 나옵니다.

그런데 활성화시키는 아름다운 소리부터 먼저 배우지 않고 몰아내는 것부터 배우느냐 하면 그것이 더 급한 것이기 때문입니다. 불교에서 말하는 고액(苦厄)에서 고(苦)는 내부에서 일어나는 고통이고, 액(厄)은 외부에서 다가오는 고통인데, 우리가 고액 중에서 무엇을 먼저 처리해야 할까요? 액(厄)을 먼저 막아야 합니다. 액이라는 것은 재앙입니다. 재앙이 일어나지 않도록 하고 나서 자기 내면을 다스려 가는 것이 순서입니다.

여러분이 집에 가서 먼저 터, 틈, 틀을 정리한 후에 '병㉢은 어떻게 조치하지?' 하고 이불 뒤집어쓰고 해 보면 처음에는 소리가 아주 격렬하게 나올 것입니다. 파동이 아주 격렬하게 되면 유리도 깨집니다. '이런 소리를 무기로 쓸 수 없을까?' 하고 연구하고 있는 데도 있습니다. 운동할 때 쓰는 기합도 그런 힘을 쓰는 것입니다. 기합을 넣어 상대의 신경을 끊는 것입니다. 순간적으로 아주 강한 파를 보내서 상대방의 신경을 끊어 맥을 못 추게 하는 것입니다. 기합이라는 것은 그런 것입니다.

여러분, 소리를 녹음해서 와인 잔을 앞에 두고 소리를 팍 높였다가 껐다가 해보세요. 그러다 보면 그런 현상이 일어날 수도 있습니다. 만약에 자기가 그걸 정확하게 찾아낸다면 무기도 될 수 있습니다. 적이 덤벼들 때 '악' 하면 꼼짝 못합니다.

자, 병㉢ 조치까지 했으니 잠시 쉬도록 합시다.

9

우주본질인
○의 도리

○을 열면 우주의 모든 것이 그 속에 다 들어 있습니다.
그 '○을 열어서 각성한다. 깨달음을 얻는다.'는 것이 '○覺'입니다.

....
일 시 : 2001년 5월 19일
장 소 : 서울 삼성동 한울센터

오늘은 『한울계시록』을 통해서 우주의 근본도리에 대해 공부해 보겠습니다.

　　태초에는 ○들이
　　춤추지도 않고 자전도 않으며
　　주도 종도 아니며
　　제도도 하지 않고 좌들만 있으며
　　설명이 없으니라.

먼저, 여기에서 '태초의 ○들이'라고 했습니다. 즉, ○을 복수로 나타내고 있습니다. 근원이고 본질인 ○을 복수로 나타낸 것은 단일한 속에 무한한 가능성을 내포하고 있다는 의미입니다. 다시 말하면 ○은 근원이요 본질인 동시에 의미소(依微素)라고 할 수 있습니다. 아

273

직 드러나지 않았지만 태초에는 수많은 의미로 가득 차 있는 세계라는 것입니다.

그다음에, 태초에는 ○들이 춤추지 않는다고 한 것은 아직 어떤 운동도 일어나지 않은 상태를 얘기하는 것입니다. 우주의 근원이고 본질인 ○이 작용을 시작하면 밀도 차이에 따라 움직이게 되는데, 그 움직임이 마치 춤추는 것과 같습니다. 그런데 아직 어떤 작용도 시작하지 않았기 때문에 춤추지 않는다고 한 것입니다.

그다음에, 자전도 않으며 주도 종도 아니라고 했습니다. 자전은 스스로 도는 것인데 아직 어떤 운동도 일어나지 않은 상태이기 때문에 스스로 돌지도 않습니다.

그리고 주와 종은 주도와 보조를 뜻합니다. 즉, 주도하는 것이 있고 그에 따르는 것이 있는데, 아직 그런 것이 없다는 것입니다. 그리고 주와 종은 상대적인 관계인데, 태초에는 아직 드러나지 않은 상대이기 때문에 주와 종이라는 개념도 없습니다.

그다음에, 제도도 하지 않는다고 했습니다. 제도를 하려면 리(理)가 있어야 하는데, 리는 상대가 있어야 합니다. 만약에 이 우주에 자기 홀로 존재한다면 어떤 법칙도 필요 없을 것입니다. 상대가 없으면 서로 맞출 리도 필요하지 않습니다. 그저 존재하는 것입니다. 그래서 제도하지 않고 다만 좌만 있다고 한 것입니다.

그리고 '설 명'은 '설 수 있는 명'이라는 의미입니다. 선다는 것은 존재한다는 것인데, 존재하게 하는 명 즉, '설 명'이 아직 없다는 것입니다. '명'이라는 것은 구체화 된 것입니다. 그렇게 명으로 이루어진 것은 언젠가는 멸하게 되어 있습니다. 그러니까 아직 '설 명'이 없다는 것은 소멸되어야 하는 유한한 존재가 아니라는 것입니다. ○은 유한하지 않고 무한한 상태라는 것입니다. 태초의 ○들을 이렇게 얘기한 것입니다.

    태초○은 알
             리며
    절대로 돔이니
    태초○은 ○ ○하니라.

여기에서 '태초○은 알 리며'라고 되어 있는데, '알'과 '리'를 분리해 놓았습니다. 왜 이렇게 분리해 놓았을까요? 그것은 '알'이 체(體)를 의미한다면 '리(理)'는 알의 작용을 의미하는 것이기 때문입니다. 우리글에서 'ㄹ'이 들어간 것은 출렁거리는 상태 즉, 불균형을 나타냅니다. 'ㄹ'은 태극운동과 같습니다. 태극은 움직이는 상태를 나타냅니다. 그런데 움직이는 작용 없이 체(體)만으로는 존재하는지 알기 어려우므로 체와 용(用)을 같이 해서 알리는 것입니다. 그래서 둘로 분리해서 '알 리며'라고 써놓은 것입니다.

그다음에, '절대로 돔이니'라고 했습니다. 태초의 우주가 돌기 시작했는데, 다른 우주가 있어서 그의 작용에 의해서 돈 것이 아닙니다. 다른 우주가 있어서 돌았으면 상대로 도는 것입니다. 그런데 여기에서는 상대가 있어서 도는 것이 아니라 절대로 도는 것입니다. 절대로 돈다는 것은 자성(自性)을 얘기하는 것입니다. 상대가 있어서 도는 것이 아니라 스스로 도는 것입니다. 상대가 없이 오직 하나밖에 없으니 절대입니다. 절대란 상대가 없다는 것입니다.

'태초○은 ○ ○하니라.'라는 것은 무한한 세계, 영속의 세계를 의미하는 것입니다.

우리『한울계시록』에 보면 '○ ○'이라고 떼어놓은 것도 있고, '○○' 이라고 붙여놓은 것도 있습니다. 떼어놓은 경우는 개체 개체를 얘기할 때이고, 붙여놓은 것은 서로 연결되어 있을 때입니다. 그것을 달리 표현하면 '나는 나눌 수도 있고 이을 수도 있다.' 이렇게 됩니다. 또 '열 수도 있고 닫을 수도 있다.'라고 합니다. 이 우주를 단적으로 얘기하면 열고 닫음에 지나지 않는다는 것입니다. 떼느냐 붙이느냐. 즉, 떼어서 상대계로 존재하게 하느냐, 아니면 붙여서 절대계로 통합하느냐에 달렸다는 것입니다. 동그라미를 생각해 봅시다. 동그라미를 '○' 이렇게 닫느냐, 아니면 '∪' 이렇게 여느냐 하는 것입니다. 결국 모든 것은 ○을 떼었다 붙였다, 열었다 닫았다 하는 것입니다. 내가 쓴 시(詩)『앞으로 빛이 되어』에 '모든 것은 열고 닫음에 지나지 않으니'라고 되어 있습니다. 이걸 동그라미로 표현하면 동그라미 두 개를 붙였다 떼었다 하는 것입니다.

불교에서는 인연을 얘기합니다. 세상 모든 것이 12인연법에 의해서 살아나고 사라진다고 합니다. 모든 것은 '인(因)' 즉, '원인'이 있다는 것입니다. 그 인에 연이 생겨서 연결이 되고, 그에 따른 '과(果)' 즉, '결과'가 나온다는 것입니다. 그 원인에 의해서 그에 따른 결과가 나온다는 것입니다. 그래서 법당 안에는 동그라미를 이렇게 붙여놓았습니다. 그런데 법당 밖에 나오면 떼어놓았습니다. 시작한 자리가 '생(生)'이면 끝나는 자리는 '멸(滅)'입니다. '○'에서 붙였다 떼었다 하는 자리가 '생'과 '멸'이 같이 있는 자리입니다. ○ 자체는 생과 멸이 분리되어 있지 않습니다. 생과 멸이 분리가 안 되어있으니 생멸이 없습니다. 나고 죽음이 없습니다. 시작과 끝이 없습니다. 분리되어야 시작이 있고 끝이 있습니다. 분리해 놓으면 생멸(生滅)이 있는 것입니다. 나고 죽는 것이 있는 것입니다. 시작이 있으면 끝이 있습니다. 그러니까 시작은 원인이 되고 끝은 결과가 됩니다. 그래서 '인과'가 있게 됩니다.

법당 안에는 인과의 미분상태, 생멸의 미분상태, 선악의 미분상태, 성속(聖俗)의 미분상태를 의미하고, 바깥세상은 인과가 있고, 생멸이 있고, 선악이 있고, 성속이 있는 세상이라는 것을 ○ 이렇게 동그라미로 그려 놓은 것입니다. 이것을 우리 계시록에서는 열고 닫음에 지나지 않는다고 한 것입니다.

여러분에게 온갖 것이 다 스치고 지나가도 여러분이 스스로 여느냐 닫느냐에 따라 결과는 전혀 다르게 됩니다. 그래서 "마음을 열어라. 마음을 열지 않으니까 다 스쳐지나간다."라고 합니다. 이 간단한 것이 잘 안 됩니다. 열어야 할 때 열지 못하고 닫아야 할 때 닫지 못합니다. 그러면 세상 일이 뒤죽박죽 엉망진창이 됩니다.

이것을 자유자재로 할 수 없을까요? 열고 닫는 것이 '수'입니다. 수의 근본은 ∧ 이것입니다. ∧ 이것을 (∧) 이렇게 좁힐 수도 있고, (∧) 이렇게 넓힐 수도 있고, ─ 이렇게 닫아버릴 수도 있습니다. 이렇게 수에는 여는 수가 있고 닫는 수가 있습니다. 이것을 응용하면 세상에서 쓰지 못할 수가 없습니다.

세상에서는 1, 2, 3……가 있지만 더 깊이 들어가면 '∼ 할 수 있다'와 같이 온갖 가능성의 수들이 있습니다. 나무 밑둥치가 이와 같은 의미의 세계, 가능성의 수를 얘기하는 것이라면 나무 끝에 있는 가지나 잎은 그 후에 일어나는 세계를 얘기하는 것입니다. 우리가 밑에 있는 근본 원리를 터득하면 위에 있는 보편적인 원리도 터득이 됩니다. 그것은 위에 있는 잔가지를 흔들면 밑둥치를 흔들지 못하지만 밑둥치를 흔들면 온 나무가 다 흔들리는 것과 같습니다.

○은
태초의 앎이니
태초의 알림이니라.

'○은 태초의 앎이니'라고 했습니다. 우주의 근원이고 본질인 ○은 모든 것을 다 지니고 있습니다. 그렇다면 그 ○을 찾아서 작동하게 하면 우주의 모든 것을 다 알려줄 것입니다. 우리는 ○을 통해서 이 우주를 알 수 있습니다. ○을 통해서 깨달음을 얻을 수 있습니다. 그것이 '○각(○覺)'입니다. ○을 통해 각성을 한다는 것입니다. ○을 통해서 깨달음을 얻는다는 것입니다. 이것이 우리공부가 얘기하는 것입니다. 자성(自性)을 본다, 견성(見性)을 한다, 양성(養性)을 한다는 것이 아닙니다. ○이 본래의 태초 알이므로 그 알 속에는 모든 지혜가 다 들어 있습니다. 그 사람의 유전 정보가 세포 하나 속에 다 들어 있듯이 다 들어 있습니다. ○을 열면 우주의 모든 것이 그 속에 다 들어 있습니다. '○을 열어서 각성한다. 깨달음을 얻는다.'는 것이 '○覺'입니다. 이런 이유로 우리는 이 우주의 근원을 ○으로 보는 것입니다. 이 우주를 어떻게 설명하느냐 하면 '○으로부터 비롯되었다.'라고 보는 것입니다. 그래서 '유○론적 각성법'이라고 하는 것입니다. 우주본질인 ○을 깨달아야 합니다. ○ 안에 들어있는 모든 지혜를 깨달아야 합니다.

○은 도니라.
절대로 도니
열 수도 있으니라.
주도 도니
주도하니라.

'○은 도니라. 절대로 도니 열 수도 있으니라.' ○이 절대로 도니까 스스로 열 수 있습니다. 절대는 그야말로 자기 뜻대로 입니다. 상대가 있으면 상대에 따라서 열고 닫는데, 절대는 상대가 없으니까 자기 마음대로 열고 자기 마음대로 닫는 것입니다. 여기에서 '절대로'라는 것은 상대가 없다는 얘기입니다. 상대가 없으니까 스스로 열 수도 닫을 수도 있다는 것입니다. 그런데 절대의 도는 전체의 흐름에 맞게 주도하는 주도 같이 돈다는 것입니다. 같이 도니까 주가 주도를 할 수 있는 것입니다.

여러분이 지도자로서 반드시 알아야 하는 것이 있습니다. 여러분을 따르고, 여러분을 통해서 지도를 받으려고 하는 사람들의 흐름과 그 도는 모습을 이해하지 못하면 절대로 지도할 수가 없습니다. 주도하는 자도 같이 돌아야 주도를 할 수 있습니다. 어떤 장(場)에서 그 장의 분위기나 흐름을 모르면 주도할 수가 없습니다. 그 흐름과 같이 돌아야 주도할 수 있습니다. 흔히 무조건 밀어붙이면 다 될 수 있다고 착각을 합니다. 그것은 아주 낮은 차원의 얘기입니다.

옛날에 한국통신에서 '종전대로'라고 광고한 적이 있었습니다. 전화비용을 다른 통신사에서 싸게 하니까 다른 통신사에 고객을 다 빼앗기게 되었습니다. 통신비를 낮추는 흐름에 맞추어 어떻게 하면 수요자에게 싸고 좋은 여건으로 전화를 제공할까 연구하지 않고 그저 끌어가려고만 했습니다. 그래서 비싸건 말건 종전대로 돌리라고 한 것입니다. 그것을 홍보하기 위해서 전국에 광고판을 만들었는데, 그로 인해 돈을 얼마나 들였는지 모릅니다. 옥상에 광고판 하나 만들려면 최하 수천만 원 이상 듭니다. 거기에 사용료로 주는 돈도 적지 않습니다. 그런 광고판을 전국에 얼마나 많이 세웠는지 모릅니다. 아마 엄청난 비용이 들었을 것입니다. 정말 합리적이지 못합니다. 그것은 주도를 하려면 주도 돌아야 한다는 것을 몰랐던 것입니다. 같이 분위기나 기운을 타야 하는 것을 모르고 무조건 끌어가려고 한 것입니다. 사장이 회사를 끌고 가려면 회사의 흐름과 맞추어서 주도해야지 억지로 마구 끌고 가면 회사 운영이 제대로 안 됩니다. 곳곳에서 반발이 일어나고 데모도 일어납니다. 윽박지르면 눈에 보이는 곳에서는 일하는 척하고 눈에 안 보이면 일을 안 합니다. 그러면 회사가 안돌아 갑니다. 그것은 주도를 잘못하는 것입니다. 그러니까 주도하는 자도 같이 돌아야 주도할 수 있는 것입니다.

모든 본질은 ○이니
정할 크기가 없으며
극대에서부터 극소에 이르기까지 이르지 못할 것이 없으며
힘을 쓰지 않으니 들지 못할 것이 없으며
모양이 없으니 어떤 속에도 들어갈 수 있으며
무게가 없으니 어떤 것에도 부담되게 하지 않으며
절대자이니 상대자들로서는 잴 수 없으니라.

이것은 모든 것의 본질인 ○의 성질을 얘기하고 있습니다. ○은 크기가 없습니다. 크기가 있으면 자기보다 더 작은 것에는 못 들어갑니다. 크기가 없으니까 아무리 작은 것에도 들어갈 수 있습니다. 극소에서 극대에 이르기까지 모든 것 속에 다 들어있습니다. 그렇기 때문

에 ○은 무소부재(無所不在)합니다. 크기가 있는 것은 절대로 무소부재하지 못합니다. 크기가 없으니까 무소부재 할 수 있는 것입니다.

그다음에, 힘을 쓰지 않으니까 들지 못하는 것이 없는 것입니다. 힘을 쓴다면 자기가 가지고 있는 힘밖에는 못씁니다. 내가 이미 죽어있다면 누구도 나를 죽일 수 없습니다. 그것처럼 이 우주는 어떤 대상이 있어서 힘을 쓰고 있는 상태가 아닙니다. 절대는 상대가 없기 때문에 무엇을 들기 위해서 힘을 쓰지 않아도 되는 것입니다.

그다음에, 특정한 모양이 없으므로 어떤 모양이든 다 들어갈 수 있습니다. 그리고 무게가 없기 때문에 부담되지 않습니다. 만약에 여러분에게 氣가 가득 차 있다면 부담이 될까요? 부담이 됩니다. 그래서 氣를 잘못 운영하면 氣가 막혀서 죽겠다고 하는 것입니다. 그와 같이 氣로서는 부담이 되는데 ○으로는 부담이 되지 않습니다. 즉, 내가 ○을 받아들이고 있으면 부담이 안 되는데, 그 ○을 운영할 때는 그의 작용으로 부담이 생기기도 합니다. 그와 같이 氣에는 부담이 있는데 ○에는 부담이 없습니다. 자칫하면 사람들이 ○에 대한 부담을 생각하는데 그렇지 않습니다. ○이 작용하면서 ○력을 발휘합니다. 그래서 '○력 부담'이라고 하는데, 그것은 정확하게 하면 ○의 부담이 아니라 氣의 부담입니다. 사실은 ○이 기화(氣化)되었기 때문에 ○력 부담을 받는다고 생각하는 것입니다.

자, 여기까지 하고 잠시 얘기를 바꿔보겠습니다.
계시는 '말씀'입니다. '말'이 근본 도리라면 '씀'은 도리의 실행이라고 할 수 있습니다. 말씀은 '말'과 '씀'이 하나로 이어질 때 온전하게 됩니다. 즉, 말이 그대로 실행될 때 온전해지는 것입니다. 그렇게 되었을 때 비로소 '말씀'이 되는 것입니다. 지금부터 '말'이 '씀'이 되게 하기 위해서 나와 몇 가지 약속을 합시다.

여러분이 여기 와서 공부를 할 때는 열심히 하는데, 집에 돌아가면 꾸준하게 안 합니다. 그것은 여러분 모두 느끼실 것입니다. 일상에서 무엇을 바쁘게 하다 보면 그만 공부를 잊고 넘어갑니다. 그렇게 넘어가서 며칠 지나고 나면 자기가 공부를 하는 것인지 안 하는 것인지도 모르게 됩니다. 그래서 집에서도 열심히 공부할 것을 나하고 약속합시다.

첫째, 계시록 읽는 것을 생활화합시다. 계시록을 하루에 세 페이지만이라도 꼭 읽도록 합시다. 이것을 놓치지 맙시다. 우리는 공부를 생활화한다는 것을 늘 염두에 두어야 합니다. 생활 속에서 공부를 해야지 공부할 시간 따로 있고, 생활하는 시간 따로 있으면 공부할 시간이 자꾸 줄어듭니다. 그러다 보면 공부를 못하게 됩니다. 그러니 생활 속에서 공부하자는 것입니다. 하루에 계시록 세 페이지를 읽고 쓰는 것은 크게 어려운 일이 아닙니다. 그렇게 해서 아무리 바쁜 생활 속에서라도 공부의 끈을 놓지 말자는 것입니다. 공부의 끈을 놓지 않으려면 적어도 하루에 세 페이지는 꼭 잡고 집중해야 합니다.

그리고 계시록을 읽을 때 그냥 눈으로만 읽지 말고 그 말이 지닌 의미 속으로 깊이 들어가도록 합시다. 어제 읽은 세 페이지, 오늘 읽는 세 페이지, 내일 읽을 세 페이지, 똑같은 세 페이지를 똑같이 세 번 반복해서 읽어도 자기에게 닿는 깊이는 전부 다릅니다. 그래서 깊이 들여다볼수록 깊어지게 됩니다. 그렇게 해서 내면에 힘이 가득 차면 부양(浮揚)하게 됩니다. 풍선에 바람을 불어넣어야 올라갑니다. 그렇듯이 내면에 ○적인 힘이 차야 올라가게 됩니다. 그것이 '○적 진화'입니다. 그것을 갖추지 않고는 진화를 바랄 수 없습니다. 그래서 공부를 생활화합시다. 어떤 일이 있어도 세 페이지는 읽고 잘 수 있도록 합시다. 그렇게 할 수 있겠습니까?

모두 : 네

좋습니다. 두 번째로는 슬기를 생활화하는 것입니다. 우리는 서로 간의 어울림이라는 장(場) 속에서 살아갑니다. 그 장 속에는 질서도 있고, 통제도 있고, 제재도 있고, 성장도 있고, 오고 감도 있고, 움도 틈니다. 우리는 일상의 장 즉, 삶 속에서 창조성을 깨워내야 합니다. 우리 내면에 내재되어 있는 신성을 발휘하려면 창조성을 깨워내야 합니다. 신성은 창조성이라고 할 수 있습니다. 따라서 창조성이 깨어날 때 신성이 발휘됩니다. 창조성이 발휘되게 하려면 슬기를 깨워내야 합니다. 그래서 슬기를 생활화합시다. 어떤 사물이든지 그냥 지나치지 맙시다. 지나치면 위험도 스쳐 가고, 행운도 스쳐 가고, 사랑도 스쳐 가고 다 놓치고 맙니다.

우리는 모두 정말 어려운 인연으로 인간의 육신을 가지고 이 세상에 태어났습니다. 불교에서는 이 세상에 인간의 몸을 가지고 태어나는 것이 십리 밖에 있는 바늘구멍에 화살을 쏘아 맞히는 것만큼이나 어렵다고 합니다. 실제로 그렇습니다.

여러분, 산이나 들에 가서 돌을 하나 들추어 보세요. 그 밑에 얼마나 많은 생명들이 있는지 알 수 있습니다. 바닷가에 있는 바위에도 수많은 생명들이 살아가고 있습니다. 흙을 한번 뒤집어 보세요. 전부 생명입니다. 세상 곳곳에 온갖 중생들이 살아가고 있습니다. 우리는 지금 인간으로 살아가고 있습니다. 세상 모든 것을 관찰할 수 있는 눈을 가지고 과거로부터 인간이 쌓아놓은 지식을 습득할 수도 있고, 서로 간에 대화를 통해 교류함으로써 더욱 확장시킬 수 있는 장(場) 속에서 살아가고 있는 것입니다. 우리는 지금 얼마나 대단한 행운의 기회를 맞이하고 있는지 모릅니다. 그런데 모든 것을 스쳐 보낸다면 얼마나 아깝습니까?

우리는 어마어마한 확률에 의해 이 세상에 태어났습니다. 하나의 난자에 하나의 정자가 들어가서 우리가 된 것입니다. 보통 2억에서 3억 개의 정자 중의 한 개가, 그것도 2등도 안 되고 1등만 됩니다. 그러니 여기에 우수하지 않은 사람은 단 한 사람도 없습니다. 2억에서 3억 중에서 당당하게 1등 한 자만이 인간으로 태어나서 존재하고 있는 것입니다. 모두가 정말 대단히 우수한 존재들입니다. 그러니 절대로 좌절하면 안 됩니다. '나는 형편없어.' 이러면 안 됩니다. 모두가 1등 한 자들입니다. 한 반에서 1등 하기도 힘든데 2억 내지 3억에서 1등한 것입니다. 그렇게 1등을 해서 인간으로 태어난 것입니다.

그런데 이토록 어렵게 인간으로 태어나서 바른 법을 만나기는 더욱 어렵다고 합니다. 세상 곳곳에서 큰 목소리로 온갖 미사여구(美辭麗句)로 유혹하는 데가 얼마나 많습니까. 그 많은 곳에서 사람들을 거짓으로 유혹합니다. 너무도 많은 유혹이 있는데 그 유혹을 뿌리치고 바른 법을 만나는 것입니다. 이것도 인간이 되는 것만큼 어렵습니다. 자칫 잘못하면 종같이 되고 노예같이 됩니다. 가지고 있는 재산 다 가져다 바치고 패가망신 합니다. 여러분은 그런 온갖 유혹을 물리치고 바른 법을 만난 것입니다. 진실로 자신의 ○을 구해줄 바른 법을 만난다는 것이 참으로 어렵습니다. 그런데 법을 만난다고 다 깨우치느냐 하면 그렇지 않습니다. 어렵게 법을 만나도 스스로 깨치려고 노력하지 않으면 다 스쳐 지나갑니다. 귓바퀴에서 윙윙거리다가 다 스쳐 지나가고 맙니다. 그래서 법을 만났어도 깨우치지는 못하는 것입니다. 이 얼마나 억울한 일입니까? 그야말로 억울의 삼제곱(억울[3])입니다. (웃음)

인간으로 존재할 때 우리 내면의 슬기를 깨워내야 합니다. 내재되어 있는 신성을 깨워내야 합니다. 그렇게 창의적인 슬기를 깨워내서 신성과 합일하자는 것입니다. 그렇게 하기 위해서는 모든 것이 나를 스쳐가도록 하지 말자는 것입니다. 무엇이든 나를 지나가려면 뭔가를 남기고 가라는 것입니다. 무술에서 상대가 공격을 하면 나는 비워서 받아줍니다. 그리고 그가 나가려고 하면 그냥 못 나가게 합니다. 들어왔으니 대가를 치르고 나가게 합니다. 그래서 들어온 팔을 잡아서 비틀어버립니다. 들어올 때는 그냥 들어와도 나갈 때는 그냥 못 나가게 합니다. 그와 같이 여러분을 지나가는 사물들이 그냥은 못 가게 해야 합니다. 반드시 무엇인가를 남기고 가라는 그 마음을 가지면 세상의 모든 것에서 슬기를 깨워낼 수 있습니다. 온갖 창의력이 다 발휘됩니다. 그러니 절대로 사물들을 그냥 스쳐 보내지 말라는 것입니다.

오늘 누군가를 만나 대화를 했는데, 집에 와서 가만히 생각해 보니까 '아! 그 말을 이러하게 했으면 그 사람의 기분도 상하지 않고, 더 좋은 결과를 만들어 낼 수 있었을 텐데……' 이렇게 다시 생각해 보도록 합니다. 오늘 물건을 하나 샀는데 '좀 더 찾아봤으면 이것보다 더 나은 것을 살 수도 있었을 텐데.' 이렇게 궁구(窮究)해 가면 끊임없이 발전할 수 있습니다. 그렇게 슬기를 생활화하는데, 한 주에 하나씩 만들어 내도록 합시다. 무엇을 만들어 내든지 한 가지씩 만들어보자는 것입니다. 그러면 여러분은 모두 발명가가 될 수 있습니다.

이것을 세상에 널리 펴서 우리나라 국민이 전부 일주일에 한 가지씩 발명할 생각을 한다면 세계에서 우리나라가 최고의 나라가 될 것입니다. 이렇게 슬기를 가지고 바른 표가 되어서 세상에 널리 펴야 합니다. 그저 "잘 살아 보세!"라고 한다고 잘 살아지는 것이 아닙니다. 우리의 바탕을 그렇게 만들어가야 합니다. 올바른 사고를 하고 창의성을 깨워내서 널리 펼 때, 우리나라가 세계에서 제일 부강한 나라가 될 수 있습니다. 세계를 주도하는 민족이 될 수 있습니다. 우리 국민이 세계에서 머리가 제일 좋다고 합니다. 조금만 일깨우면 온갖 것들을 다 만들어낼 수 있습니다. 우리나라는 자원이 별로 없습니다. 석유도 안 나고 특별한 자원도 없습니다. 있는 것은 우리의 머리입니다. 우리의 창의력을, 우리 내면의 신성을 일깨워 내는 수밖에 없습니다. 내면에 있는 신성을 일깨워 내서 신나게 살자는 것입니다. 그러니 여러분은 나와 약속합시다. 무조건 한 주에 한 가지씩은 개선, 개량할 수 있는 창의적인 생각을 해봅시다. 흙으로 만들든지, 나무로 만들든지, 생각으로 하든지, 무엇으로 하든지 이런 것을 생활화해보면 세상이 전혀 다르게 보이고 자기가 완전히 바뀝니다. 그런 시각을 가지고 시장이나 백화점에 다니다 보면 '아! 저것을 이렇게 하면 히트 치겠는데!' 하는 것이 바로 나옵니다. 그게 생활화 안 되어 있으면 안 보입니다. 나중에 누군가가 그걸 해놓으면 '아, 저걸 내가 왜 생각해 내지 못했지?' 하게 됩니다. 그러니 모두 슬기를 생활화합시다. 이것은 우리 생활 속에서 바로 실천할 수 있는 것입니다. 우리가 법을 터득하고 깨달음을 얻는다는 것이, 무릎을 '탁!' 치면서 '색즉시공(色卽是空) 공즉시색(空卽是色)', '아, 한 소식 했다!' 이런 시대는 이미 지나갔습니다. 우리가 깨달아서 우리를 어떻게 변화시켜 나가느냐, 우리가 어떻게 재창조되느냐 하는 것이 중요한 것입니다. 그렇게 안 되어 있으면 아무 변화가 안 일어납니다. 공부를 한 사람이나 하지 않은 사람이나 다를 바가 없습니다. 공부하면 변화되어야 합니다. 그야말로 새롭게 다시 나야 하는 것입니다. 나는 여러분 모두가 그렇게 되리라 믿고 있습니다.

부록 1

한울 김준원 큰스승님의 어록
'제3인류를 준비하며'

'제3인류를 준비하며'

　인류는 고래(古來)로부터 우주의 생성, 유지, 소멸의 법칙과 그의 대 통일성을 발견하기 위하여 끊임없이 노력해왔다.
　해와 달이 뜨고 지는 현상, 밤과 낮, 초승달에서 보름에 이르기까지의 변화, 봄, 여름, 가을, 겨울의 질서 있는 운행에서부터 싹트고 꽃피고 열매 맺는 생명의 순환 고리에 대한 관찰, 구름이 모이고 비가 오고 눈이 오는 현상, 북극성을 중심으로 별들이 순환하는 현상 등의 많은 관찰로써 우주의 이치를 읽어내고, 그것에 따라 질서 있게 우주 법칙을 체계화했을 뿐만 아니라 이제는 그 법칙들을 조작할 수 있기에 이르렀다.

　또한, 영감과 직관을 개발하여 의식의 심층에까지 닿으려고 노력했고, 근저(根底)에 집단 무의식이 바탕이 되어 서로 이어져 있음도 발견하게 되었다.
　직관이나 영감을 개발하기 위하여 조신(調身)과 조심(調心)과 조식(調息)을 통하여 몸과 마음을 다스리고 숨을 다스려, 생명으로서의 자연적 특성인 불균형과 무질서를 균형과 조화를 이루게 하고, 비가역적(非可逆的)인 시간을 거슬러 과거를 읽고 미래를 예측하기도 하며, 자연환경과 사회환경의 개방과 폐쇄를 조절할 수도 있게 되었다.

　이런 여러 가지의 꾸준하고도 끈질긴 추구는 종교, 철학, 예술, 무술, 의술 등 다방면에서 구체화되고 발전되어 왔으며, 그 나름대로 이론적 체계를 갖추고 그 이론을 신봉하는 자들에 의해 굳건한 단체를 이루게 되었다. 그런 집단들은 자신의 성(城)을 지키거나 넓히기 위해 수많은 충돌과 투쟁을 해왔고, 아직도 계속하고 있으며, 미래에는 가장 해결하기 힘든 인류의 마지막 문제로 등장하게 될 것이다.

인류의 세심한 관찰과 원리의 응용으로 발달해온 과학문명은 인류 전체를 파멸시킬 수도 있는 어마어마한 힘을 지니게 되었고, 과학을 바탕으로 하는 인간의 끊임없는 욕구의 추종으로 지구가 황폐화되었으며, 이제는 더 이상 온전하게 생명을 보장받을 수 없는 환경에 놓이게 되었다. 또한, 동서 냉전체제가 무너진 지금도 이해집단이 서로 들고 일어나 곳곳에서 충돌하고 있으며, 이들은 종교적 갈등과 복합적으로 얽혀서 더욱 복잡한 양상을 띠고 있다.

종교사상 역시 여러 시도를 하고 있으나 이 또한 인류 진화의 확실한 방향을 제시하지 못하고 있으며, 오히려 원점으로 회귀하는 경향을 나타내고 있다. 지금에 와서 2000년, 2500년 전의 사상으로 복고적 성향을 띠면서 거대한 역사의 새로운 소용돌이 앞에서 맴돌고 있다.

우리는 이러한 시점에 당혹해하며 서 있다. 어쩌면 인류가 자연에 대해 관찰해 온 방법이 크게 잘못되었는지도 모른다. 그렇다. 그러한 증거는 현대과학에서 속속 드러나고 있다. 여러 단순한 논리 속에 우주를 전개했던 과거의 인류가 관찰해온 것은 어쩌면 껍질에 지나지 않을지도 모른다. 물질의 내부에는 전혀 물질과 같은 것이 아닌, 에너지 파동이 존재하는 텅 빈 공간이 있다. 우주는 과거의 우리가 알고 있었듯이 공과 같은 것도 아니고, 직선적으로 무한히 나아갈 수 있는 것도 아니며, 중력장에 의해 꾸불텅꾸불텅한 곡률을 지니고 있다는 것을 알게 되었다. 그러한 공간에 의해 시간의 개념 또한 바뀌게 되었다. 우리는 뿌리가 수중에 노출되어 자라는 수경재배를 보면서 뿌리는 땅 속에 묻혀 있어야 한다는 생각을 바꾸게 되었다. 또한, 생명체에 대한 개념에서도 눈에 보이지 않는 이중나선의 '**DNA, RNA**'[1]에 의해 그것을 조작할 수도 있기에 이르렀다.

빛의 개념도 밝음과 어두움, 또는 음(陰)과 양(陽)이라는 개념에 더 이상 묶여있지 않다. 레이저를 통한 홀로그래피, 광통신, 의료기기 등의 개발은 빛의 개념을 바꾸어 우리 생활 속에 깊숙이 밀어 넣었다. 옛사람들은 우주를 음양의 차원에서, 목화토금수(木火土金水)의 오행(五行)으로 설명하였지만 지금의 '**플라즈마(plasma)**'[2]같은 상태와

---

1. DNA, RNA : **DNA**(DeoxyriboNucleic Acid)는 분자량이 약 20억~30억 정도인 수용성 선형 고분자로, 두 가닥이 서로 왼손 나선 모양으로 꼬여 대부분은 세포핵 속에 그리고 일부는 미토콘드리아 속에 자리잡고 있다. 세포핵 속의 DNA에는 유전자를 비롯한 생체의 모든 정보가 담겨 있다. **RNA**(RiboNucleic Acid)는 DNA와 유사한 구조를 가진 핵산으로, DNA의 명령을 받아 단백질을 생산하고, 세포를 복제하는 일을 하는 DNA의 심부름꾼 고분자이다.
2. 플라즈마(plasma) : 기체 상태의 물질에 계속 열을 가하여 온도를 올려주면 이온핵과 자유전자로 이루어진 입자들의 집합체가 만들어진다. 물질의 세 가지 형태인 고체, 액체, 기체와 더불어 '제4의 물질상태'로 불리며, 이러한 상태의 물질을 플라즈마라고 한다.

같은 것은 설명할 방법이 없으며, 우주를 그렇게 단순한 논리 속에 모두 끼워 넣는다는 것은 설령 과거에는 통했다 하더라도 앞으로는 무리일 것이다. 왜냐하면 우주로 향하는 우리에게는 물이 없는, 공기가 없는, 얼음덩어리 등의 전혀 다른 환경을 경험하게 될 것이기 때문이며, '**음양오행(陰陽五行)**'[1]의 논리는 지구의 중력장이 존재하는 환경 속에서 일어난 발상이기 때문이다.

지금의 과학에서 밝혀낸 것이 고대 성인의 직관과 일치하여 우주는 공(空)이요, 파(波)요, 새그물같이 짜여진 이치라고 해도 앞으로 우리가 우주를 텅 빈 공(空)으로 이해해서야 어떻게 새로운 인류의 미래를 열어갈 수 있단 말인가.

시인 이상(李箱)이 말했듯이 어쩌면 우리는 거울 속의 나와 거울 밖의 나를 대응시켜 자아분열의 심각한 양상을 그리고 있는지도 모른다.
우리는 지금 어떤 상태나 환경에 직면해 있는 것이 아니라 우리 '그 자체'와 마주 서 있는 것이다. 그러므로 우리는 공(空)이, 공이 아니게 하여야 미래를 열어갈 수 있다. 설령 과거 성인(붓다)의 직관에 의해 우주를 바르게 관찰하였다 할지라도 직관이나 영감에 의해 결론을 얻어낸다는 것은 위험한 것이다. 본질에 대한 이해가 깊지 못한 이들은

---

1. 음양오행(陰陽五行) : 음양오행은 기본적으로 음(陰)과 양(陽)의 조화로 이루어진다. 방위를 상징하는 사신들은 음양의 원리에 의해서 파생되고, 그 각각은 고유한 상징 색을 가지고 있다.

명상이나 신법(神法)에 의해 경험한 것이 심리적 장난인지, 영적 혼돈인지, 자기만의 환각인지를 구분할 방법이 없다. 얼마나 많은 자들이 이러한 혼돈 속에 방황했었는지 짐작하고도 남음이 있다. 우리는 이러한 시점에서 우주를 직관하는 시각을 새롭게 할 필요가 있으며, 우리가 믿어야 할 것과 믿지 말아야 할 것을 재정돈 해야 할 필요가 있다. 지금까지 관찰하던 대상이 내적 실존의 것이 아니라 껍데기에 지나지 않았다면, 우리의 시각은 관념적이고 추상적인 데서부터 본질적이고 실제적인 것으로 옮겨져야 한다.

이성적인 무지로 인해 믿지 않아야 할 것을 믿는 것이나, 믿어야 할 것을 믿지 않는 것은 극히 위험할 뿐 아니라 실질적으로 영적 진화에 큰 장애가 되며, 진화의 기회를 상실하고 만다. 그러므로 이제 우리는 내재하는 실체인 ○의 운동에 초점을 맞추어야 한다. ○의 운동은 氣작용에 의해 자신을 드러내므로 氣작용을 통해 운동의 방향과 운동량, 그것에 의한 결과, 이것을 관찰하고 연구하는 것이 가장 확실한 방법이다.

우주의 모든 것과 모든 개체에 작용하는 ○운동은 과거에서부터 현재에 이르기까지 다방면의 여러 사람에 의해 발견되고 추종되어 왔다. 그러나 그것은 우주본질의 움직임이기 때문에 구체적으로 설명하면 할수록 작은 틀 속에 갇혀 옹졸한 이론으로 전락되기 일쑤였고, 쓸수록 무궁무진하여 술수의 개발에만 급급하게 되어 덕(德)은 무너지고, 대도(大道)를 가르치려 할수록 미혹되며, 설명할수록 어지러워져서 수많은 곡해와 오해를 낳았다.

주장이 같은 자들끼리 무리 지어 분열되고 서로 등을 돌리게 되었으며, 그러다 어떤 자는 건강술이나, 무술, 기술 등으로 제한하여 수행의 목표로 삼아 극단적인 이기주의로 빠지는 경우가 있다. 이러한 시도는 인격적으로나 영적으로 추락하는 결과를 낳았다.

또한, 대도를 말함이 현미(玄微)하고, 과거 현인들의 선문답(禪門答) 같은 방식의 잠재적인 영향으로 엉뚱한 행동이나 말을 대도(大道)로 착각하는 경향을 드러냄으로써 그 이치를 아득하게 한다. 그리하여 모든 것을 체계화하고 구체화하려는 자는 오히려 오리무중에 빠지게 되고, 의(義)를 행하는 데에 혼돈과 갈등을 일으키거나 기술, 기예적인 데 맴돌고 있기도 하다.

융통성 없고 얕은 관찰력으로는 근원에 합일할 수 없어 각자 나름대로 해석하고 설명함으로써 대도는 기도(奇道)로 빠지고, 주(註)를 달면 달수록 틀려지고 해석할수록 빗나가게 되어, 지금의 인류는 생물이 물에서 뭍으로 진화해 올라올 때와 같은 새로운 제3인류로의 대도약을 하지 못하고 주저앉을 수도 있으며, 대도를 완성하여 세상을 건질 수 있는 기회를 놓치고 마는 죄인이 되기에 이르렀다.

이에 나는 이러한 사정을 두고 볼 수 없기에, 어두운 것은 밝히고 막힌 것은 뚫고 비뚤어진 것을 바르게 하여 모든 사설(邪說)을 바로잡음으로써 후세에 귀감이 되게 하려 한다.

우리는 우주를 바르게 인식하여 불합리한 관행이나 전례(典禮)로부터 리(理)를 자유롭게 하고, 금욕주의적 윤리관을 탈피하여 기(氣)의 순행에 따른 정당한 욕구충족을 긍정하며, 인문·사회·자연과학을 포괄하면서 영적 세계의 원리에까지 궁구함으로써 선악과 이해와 효율을 포괄하여 판별해야 한다. 이에 나는 주관적이고 관념적인 차원으로부터 객관적이고 경험적인 차원으로 구체화시킨 새 인류의 사상적 근거를 마련하고, 수신(修身)과 치국(治國)의 도리를 제시하는 한편 인의(仁義)를 널리 폄으로써 국가주의, 민족주의, 종교와 사상 등의 위험성과 한계성을 자각하게 하려 한다. 그리고 범민족, 범국가, 범종교의 초월적 사상으로써 능동적이고도 효율적인 영적 승화와 인격의 완성을 열어주고자 한다.

허망하고 부질없는 것을 좇거나 불건전한 관심으로 사사로움에 치우침은 우주질서에 반(反)하는 폐습(弊習)으로써 정신의 추락과 인격의 매몰을 경험하는 우(愚)를 범할 수도 있다. 그렇기 때문에 우주 궁극의 본질인 ○과 ○의 작용력인 氣를 터득하고, ○을 이해하고 모든 사물에 응용함으로써 지적 성장 및 영적 성장을 이루어내며, 가려져 있는 미지의 세계를 열고 숨겨진 의미를 살려냄으로써 진정한 우주방생을 수행해야 한다.

무형(無形)인 氣가 사물에 미쳐 운행되는 것을 유형(有形)과 더불어 사고하지 않고 무형에만 관심을 가진다면, 누군가의 그럴듯한 말솜씨에 오도(誤導)되고, 허망하고 허황된 궤변에 속아 인격적으로 도리어 이상한 경향으로 흘러 인생을 허비하고 말 것이다.

氣는 모든 것의 생성·양육·소멸을 관장하고 전후·좌우·상하·안팎과 모두 접하고, 깨끗하고 더러운 것, 착하거나 독하거나 움직이거나 멈추고 있거나 또는 흉하거나 길하거나 슬프거나 기쁘거나 늘 氣작용에 의하고 있으므로 우리는 무조건 수용하거나 긍정할 것이 아니라 氣의 운행을 감시하고 조절하면서 어떤 때는 제어하고 어떤 때는 증강하여야 할 것이다.

氣를 온전하게 터득하고 바르게 운행하면, '스스로 기(氣)'와 '저절로 기(氣)'의 운행을 미루어 만유의 진실을 헤아리고 미래를 예측, 관리할 수 있게 된다.

氣를 통해서 교화할 때는 알아듣기 쉽게, 그리고 자상하면서도 확실하게 설명함으로써 스스로 느끼고 움직이게 해야 한다. 차근차근하게 氣를 이해하고 수용함에 있어 인격적 소양과 품위 있는 태도, 순탄한 감정과 올바른 사고, 바르고 성실한 생활방식을 유지해야 한다. 그렇지 않으면 본원(本源)에 도달하기 전에 착오에 빠지고 혼돈에 빠져 서로 비판하고 헐뜯고, 때로는 무리를 범하여 기이한 가르침이 되어 사람들을 더욱 혼란하고 어리석고 미혹되게 할 것이다.

사람들이 氣를 체득함에도 크고 작은 분별이 있고, 그것을 이해하는 데도 깊고 얕은 구별이 있어서 느낌이 강해도 의식에 닿지 않을 수 있고, 의식에는 확연하나 느낌은 희미할 수도 있다. 그러므로 지도자는 사람들의 氣를 고르게 하여, 서로 침범하거나 서로 상하게 하거나 이간시키거나 불쾌하게 하여 서로 추락시키지 않게 해야 한다. 이에 따라 일정한 규칙과 순서와 전례를 제정하고 집행하여, 수도가 혼돈에 빠지고 무질서해지는 것을 방지해 주어야 한다.

일찍 터득하는 자도 있고 늦게 터득하는 자도 있으며, 일찍 터득하였다가 후에 그것을 무너뜨리는 자도 있으니, 이 모든 것은 氣의 성쇠(盛衰)일 따름이다. 보지 못하고 듣지 못해서 모르는 사람이 있다. 그러나 듣고 보고도 모르는 사람이 있는데 이는 본○의 ○질이 낮거나 氣가 혼탁하여 깨닫지 못하는 것이다. 또한, 이끌고 가르쳐도 모르는 사람과 지나치는 중에 보고 들은 것으로 크게 깨닫는 이도 있다. 그러므로 모든 사람을 다 깨닫게 한다든지 단시일에 무한히 널리 편다는 것은 극히 어려운 일이다. 다만, 꾸준히 사물을 바라보는 시각과 삶의 바른 태도를 지켜가면서 氣를 운행하고, ○계와 접하고 주(主)와 함께하고 있다면 부지중(不知中)에 깨우치는 자도 적지 않을 것이다.

대도를 통한 氣를 잘못 인식하는 첫 번째는, 氣를 체득하고서 모든 조화를 무형의 영(靈)과 유체, 귀신 등에서 찾는 것이고, 두 번째는 허령(虛靈)한 심기(心氣)에서 찾고, 세 번째는 문헌이나 언행. 태도. 사람 관계에서 찾고, 네 번째는 기도나 기복으로 흘러버린 경우들이다.

氣를 체득하여 우주 진리를 터득하지 못하는 경우, 어떤 자는 윤리 도덕에 빠져 왈가왈부할 것이고, 또 어떤 자는 현실의 개혁에 급급해 할 것이고, 또 어떤 자는 문장과 기예에 빠져 소일할 것이다.

모름지기 氣를 궁구하여 ○계를 밝혀 모든 사물의 리(理)를 깨닫고, 진실로 우주근원의 절대자와 하나가 되어 氣를 씀으로써, 세상자들의 무지를 일깨우고 행사(行事, 모든 일)에 드러내어 모두를 순화하고 조화를 이루어, 서로 평화롭게 되고, 스스로 서게 되며, 고요한 기쁨이 충만하게 되도록 해야 할 것이다. 이렇게 되었을 때 우리는 고도의 영적 진화를 이루게 되며, 그로써 오늘날 현생인류가 안고 있는 제반 문제를 극복하고, 제3인류로 대도약하게 될 것이다.

부록 2

한울 김준원 큰스승님의
'한울인'

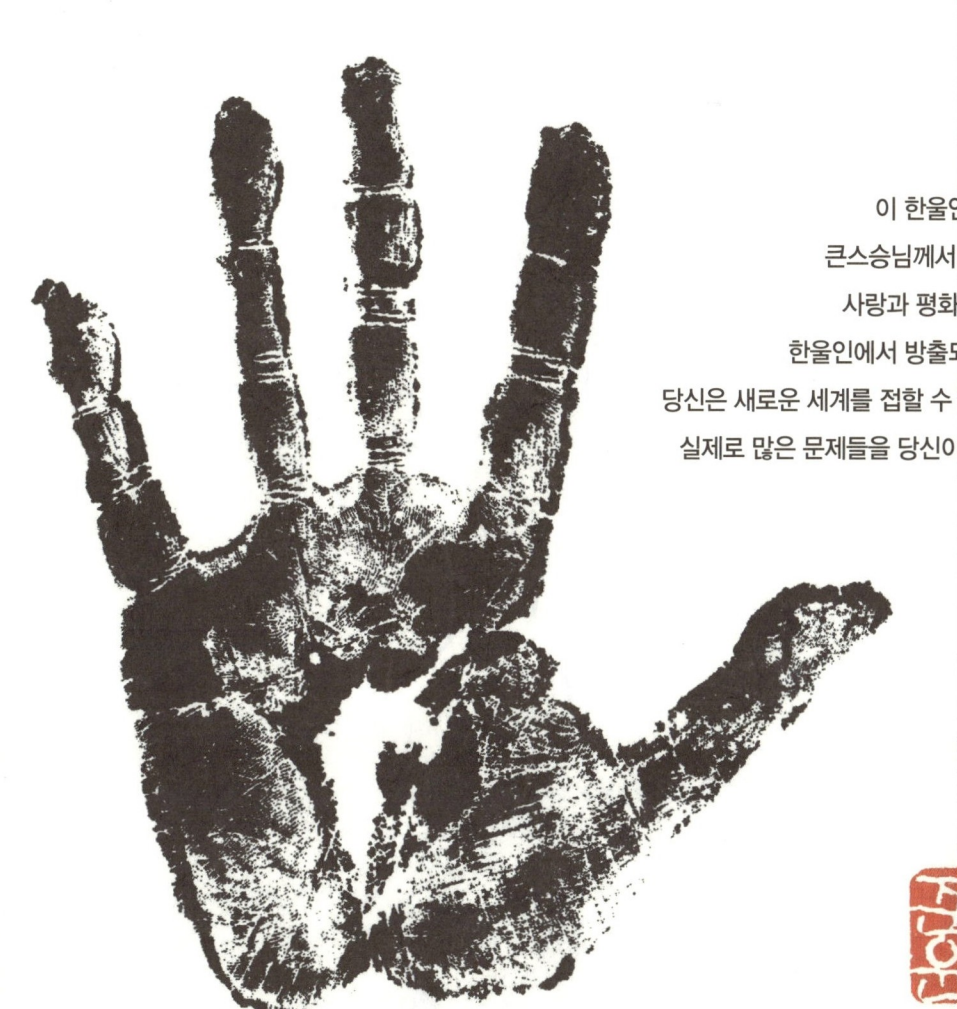

이 한울인
큰스승님께서
사랑과 평화
한울인에서 방출도
당신은 새로운 세계를 접할 수
실제로 많은 문제들을 당신이

몸과 마음의 긴장을 풀고 자세를 바르고 편하게 하여 한울인 위 약 10
점차 깊은 명상에 몰입되면서 당신은

!(손도장)은
인류에게 보내는
의 손길입니다.
는 氣를 체험하면서
있는 좋은 기회를 얻게 될 것이며,
직접 해결할 수 있을 것입니다.

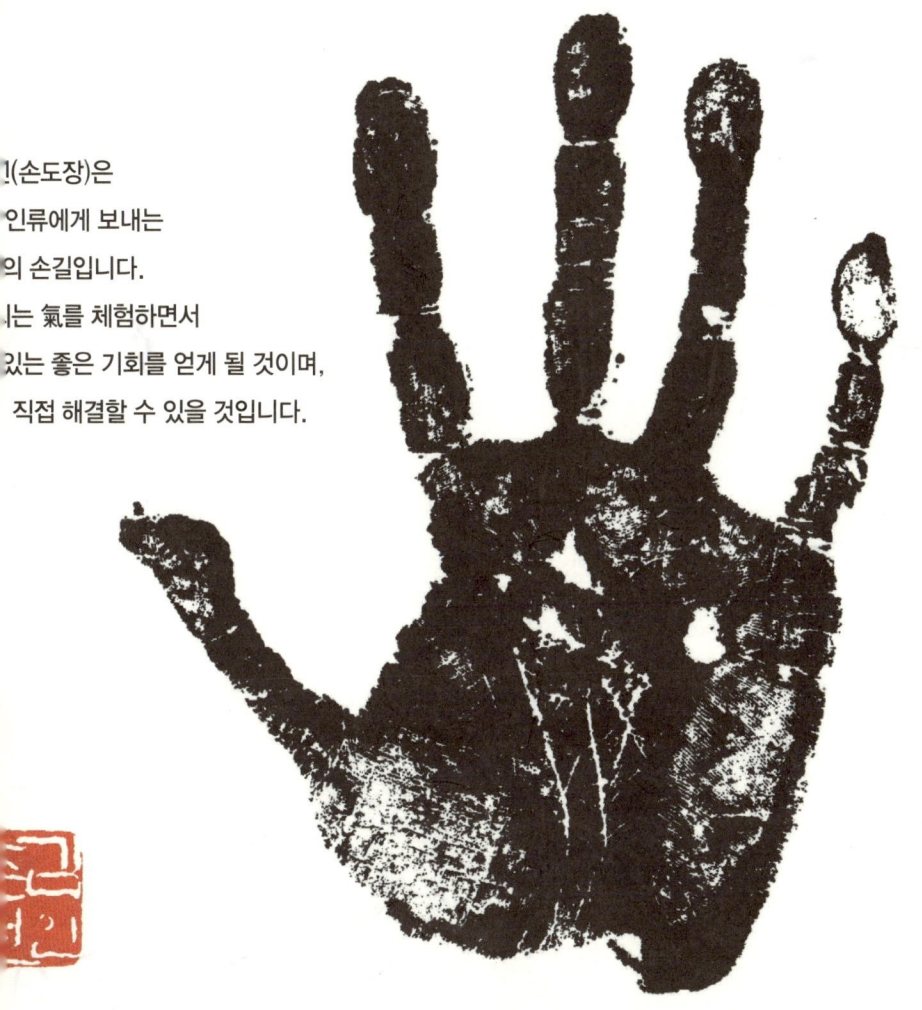

~20㎝ 정도의 높이에 양손을 가볍게 들고 불을 쬐듯이 하여 집중하십시오.
우주의 근본 지혜와 통하게 될 것입니다.